新思想　新观念　新视角

BANJI GUANLI
XINSIWEI

班级管理 新思维

徐金海 ◎ 著

从班级保姆到班级管理专家

班级控制·班级经营·班级共同体·班级再造

知识产权出版社
全国百佳图书出版单位

图书在版编目（CIP）数据

班级管理新思维/徐金海著. —北京：知识产权出版社，2017.7
ISBN 978-7-5130-4892-7

Ⅰ.①班… Ⅱ.①徐… Ⅲ.①班级—学校管理 ②班主任工作
Ⅳ.①G424.21 ②G451.6

中国版本图书馆 CIP 数据核字（2017）第 103792 号

责任编辑：贺小霞　　　　　　　　　责任校对：谷　洋
封面设计：刘　伟　　　　　　　　　责任出版：刘译文

班级管理新思维

徐金海　著

出版发行：知识产权出版社有限责任公司	网　　址：http://www.ipph.cn
社　　址：北京市海淀区气象路 50 号院	邮　　编：100081
责编电话：010-82000860 转 8129	责编邮箱：2006hexiaoxia@sina.com
发行电话：010-82000860 转 8101/8102	发行传真：010-82000893/82005070/82000270
印　　刷：三河市国英印务有限公司	经　　销：各大网上书店、新华书店及相关专业书店
开　　本：720mm×1000mm　1/16	印　　张：13.5
版　　次：2017 年 7 月第 1 版	印　　次：2017 年 7 月第 1 次印刷
字　　数：220 千字	定　　价：48.00 元
ISBN 978-7-5130-4892-7	

出版权专有　侵权必究
如有印装质量问题，本社负责调换。

前 言

从班级保姆到班级管理专家

班主任是班级管理中的重要角色，承担着班级教育管理的重要任务，班主任自身角色的不同定位将会给班级管理带来不同的班级气氛，也会使班级学生自身生活在不同的班级环境中，既会影响到班级的班风趋向，也会影响到学生的成长心理，同时也左右着学生的价值取向。就学生发展而言，有什么样的班主任，就能看出他能培养出什么样的学生。

随着基础教育改革的不断深入发展，班主任在班级中所扮演的角色也发生了相应的变化，我们所关注的是班主任应该成为班级管理专家，而不是成为一位班级保姆，保姆的思想、行为及做事的基本方式等都不能够更好地适应教育发展的需要，班级管理很显然不需要保姆式的班主任。班级保姆留给我们的是什么呢？

首先，班级保姆在思想上具有"四平八稳"之特性。保姆的工作在很大程度是追求"不求有功，但求无过"的心理，在工作中处处谨小慎微，不敢越雷池半步，唯恐做得不好或不够好而被雇主训斥。这种"四平八稳"的工作心理，也就决定了班主任在班级教育管理中，必然因循守旧，也就不可能有任何创造性工作出现，假如班级到处充满着没有任何创造性的工作机理的话，班级必然会缺乏应有的生机与活力。班级作为一个育人的机构与场所，也就不可能发挥其教育人、引导人及陶冶人的价值与功能。所谓基础教育改革、学校变革甚至班级变革等的设想也只能是纸上谈兵，根本不可能付诸实践。这与教育本身的内在价值追求又是不相符的。因此，作为班级学生精神成长的关怀者、引导者的班主任真的应该以班级保姆的形象出现在学生面前吗？

其次，班级保姆在工作上以"越俎代庖"为己任。班级保姆在工作中，事无巨细，事事都是自己出面解决，不管是学生的学习、生活，还是班级的纪律、规章制度等，都是由其一人大包大揽，根本没有给学生以任何展示自我的机会，学生也会在这一教育观的影响下"顺其自然"，毫无自我实现的愿望与动力，在这一过程中，学生更多的是学会了等待、学会了服从、学会了盲从，久而久之，也就没有了自己的思考与思维。正如《毛毛虫》的寓言故事所体现的价值倾向一样：

>有一种奇怪的虫子，叫列队毛毛虫。顾名思义，这种毛毛虫喜欢列成一个队伍行走。最前面的一只负责方向，后面的只管跟从。生物学家法布尔曾利用列队毛毛虫做过一个有趣的实验：诱使领头毛毛虫围绕一个大花盆绕圈，其余的毛毛虫跟着领头的毛毛虫，在花盆边沿首尾相连，形成一个圈。这样，整个毛毛虫队伍就无始无终，每个毛毛虫都跟着它前面的毛毛虫爬呀爬，周而复始。直到几天后，毛毛虫们饿晕了，从花盆边沿掉下来。

毛毛虫的失误在于失去了自己的判断，盲目地跟从，进入了循环的怪圈，永无休止耗尽自己的生命而不自知。试想，人们若进入这样的怪圈会是怎样的结局呢？是否也会为自己的盲目而付出无法预知的代价呢？很显然，盲从的人在别人的思维方式和行为模式下进行日常的工作和生活，没有自己的想法和正确的定位；盲从也意味着想象力和创造力的缺失，丧失所有的锐气和进取心，这样的人缺少的是一种独立思考的信心和意志。所以，班级保姆的"越俎代庖"也必然带给学生思想与行为的盲从，进而使学生在盲从中丧失自我，这难道是我们班主任的职责所在吗？

最后，班级保姆在与学生关系上有"若即若离"之嫌。班级保姆在工作中，没有能够真正走进学生的内心世界，只是班级教育发展的"局外人"，既然是"局外人"的角色，也就必然与学生之间保持着一种"若即若离"的关系，而这与教育的本质在于实现人与人之间的心灵的交流与沟通的价值倾向是不相吻合的，也就不可能在班级教育发展中真正实现其教育的使命。《钥匙与锁》的寓言故事则阐明了这一道理：

>一把坚实的大锁挂在大门上，一根铁杆费了九牛二虎之力，还是无法将它撬开。钥匙来了，他瘦小的身子钻进锁孔，只轻轻一转，大锁就"啪"的一声打开了。铁杆奇怪地问："为什么我费了那么大力气也打不开，而你却轻而易举地就把它打开了呢？"钥匙说："因为我最了解他的心。"每个人的心，都像上了锁的大门，任你再粗的铁棒也撬不开。唯有关怀、理解，才能把自己变成一把细腻的钥匙，进入别人的心中，打开别人的心结。

钥匙之所以能够很轻松地就打开锁，是因为钥匙真正走进了锁的内心世界，而锁也真正地接纳了钥匙。而铁杆更像是一个不了解锁的内心世界的"局外人"，任凭其使出浑身解数也很难达到预期的效果。所以，班级保姆在没有真正理解学生并走进学生内心世界的情况下，是不可能与学生保持良好关系的，也就很难体会教育的意蕴。因为教育本身就意味着：一个灵魂唤醒另一个灵魂。如果教育未能触及人的灵魂深处，它就不成其为教育，因为教育的智慧是有灵魂的教育。教育本质上是一种心与心交融的艺术，真正成功的教育应该是深入学生内心的教育。班级保姆能够满足这一教育要求吗？

这些显然都不应该是现实教育中班主任的所为，果真如此的话，还要奢望教育带给我们所谓的惊喜与惊奇吗？所以，我们更愿意看到班主任应该成为班级管理专家，即班主任应该成为一个善于发现问题、发现规律的智者，是一个能够在班级教育中真正做到"有所为，有所不为"并实现自我超越的人，也是一个能够真正懂得教育规律、理解并尊重学生，进而使其获得生命健康成长的人师。

班级管理专家应该是一位善于发现问题、善于发现规律的智者，这样将会给班级学生的成长与发展带来更多有价值的教育因素。正如小故事《破碎的花瓶》带给我们的启示一样：

> 如果花瓶碎了，怎么办？大多数人的做法是，把碎片扔掉！且一扔了事，干脆利索，全然不曾思考与之有关的规律。那么，这里头有规律吗？有。这就是，将碎片按大小排列并称过重量后即可发现：10～100克的最少，1～10克的稍多，0.1～1克的和0.1克以下的最多！尤其有趣的是，这些碎片的重量之间有着严整的倍数关系，即最大碎片与次大碎片的重量比为16∶1，次大碎片与中等碎片的重量比为16∶1，中等碎片与较小碎片的重量比是16∶1，较小碎片与最小碎片的重量比也是16∶1。于是，发现这一倍比关系的人便将此规律用于考古或天体研究，从而由已知文物、陨石的残肢碎片推测它的原状，并迅速恢复它们的原貌！
>
> 这位极善思考的聪明人，就是丹麦科学家雅各布·博尔！
>
> 可是，我们做到了吗？没有。打碎瓶子的经历，我们肯定有过，可是，当包含其间的规律从我们的身边淘气地溜走时，我们拥抱过它吗？没有！就因为迟钝！如此看来，花瓶碎了并不可怕，可怕的是：千万别一不留神，把我们的聪明打碎了！

我们现实教育中缺少的就是这些善于发现规律的班级管理专家，班主任应该在日常教育中实现对工作的再发现，实现对工作的创造与创新，一定不要把我们的聪明打碎了，把学生的智慧打碎了！

班级管理专家是一位不断超越自我的人。班主任所面对的学生千差万别，个性各异，若以一种固有的眼光或已有的经验对学生进行教育的话，也就可能会使班级学生的发展路径越来越窄，思想越来越局限，并最终导致学生发展停滞不前，班主任的思想也会越来越僵化，产生思想的瓶颈。因此《愚蠢章鱼》的寓言告诉了我们这一问题的真谛：

> 一只章鱼的体重可以达到70磅。但是，如此庞大的家伙，身体却非常柔软，柔软到几乎可以将自己塞进任何一个它想去的地方。章鱼没有脊椎，这使它可以穿过一个银币大小的洞。它们最喜欢做的事情，就是将自己的身体塞进海螺壳里躲起来，等到鱼虾走近，就咬住它们的头部，注入毒液，使其麻痹而死，然后美餐一顿。对于海洋中的其他生物来说，它可以称得上是最可怕的动物之一。
>
> 但是，人类却有办法制服它。渔民掌握了章鱼的天性，他们将小瓶子用绳子串在一起深入海底。章鱼一看见小瓶子，都争先恐后地往里钻，无论瓶子有多么小、多么窄。结果，这些在海洋里无往而不胜的章鱼，成了瓶子里的囚徒，变成了渔民的猎物，变成了人类餐桌上的美味。
>
> 是什么囚禁了章鱼？是瓶子吗？瓶子放在海里，瓶子不会走路，更不会去主动捕捉。囚禁章鱼的是它们自己。它们向着最狭窄的路越走越远，不管那是一条多么黑暗的路，即使那条路是死胡同。

班主任承担着实现自我解放的重要使命，承担着对自我的超越，不要做一个自己囚禁自己的章鱼，这既不能实现对教育的真正发展，更不能实现学生的健康成长。同时，班主任自身也可能因此而故步自封。所以，我们期待的是超越自我的班级管理专家的出现。

班级管理专家是一位真正走进学生内心世界并使学生生命获得健康发展的人师；班主任应该始终清醒地意识到他的教育对象是充满生机与活力的生命个体。学生需要的是老师的尊重、理解与平等相待，他们需要的是与老师进行心灵的交流与沟通，任何阻断这一教育需求的行为都应该被消除，要能够真正让教室成为实现学生生命健康成长的场所。日本学者佐藤学在《静悄悄的改革》一书中也指出：

> 让教室里的学习成为每个学生都能得到尊重，每个学生都能放心地打开自己的心扉，每个学生的差异都得到关注的学习。
>
> 不是听学生发言的内容，而是听其发言中所包含着的心情、想法，与他们心心相印。应当追求的不是"发言热闹的教室"，而是"用心地相互倾听的教室"。
>
> ……
>
> 在教室里并不存在"大家"，存在的只是有自己名字和容貌的一个一个

的学生。即使在以教室中的全体学生为对象讲话时，也必须从心底里意识到，存在的是与每个学生个体的关系。教师和学生在同一视线上相互交换目光的关系是教育基本。

这里所体现出来的无疑是要求班主任能够真正理解学生、尊重学生并用心去影响和教育学生，这也是班级管理专家的真正教育意蕴之所在，也正是在这样的教育氛围中才能够实践并实现学生生命的健康成长。

所以，从班级保姆向班级管理专家的转变，既是对传统班主任自我的超越，也是对教育本身价值使命的诉求，更是实现教室"革命"的关键所在。就让我们一同去领略这一教育新思维是如何实现的吧！

目　　录

第一章　班级控制：传统班级管理的审视 ················· 1
　一、一次关于班主任工作问卷调查的启示 ················· 1
　二、两个需要澄清的班级场域中的概念 ················· 7
　三、三种关于班级控制产生的根源解析 ················· 13
　四、四大班级控制的实践隐喻 ························· 24
　五、五种消解班级控制的理念解读 ····················· 35
　六、六项重构班级控制机制的策略分析 ················· 48

第二章　班级经营：班级管理转型的探索 ················· 63
　一、班级经营是什么？ ······························· 63
　二、制度化教育与班级经营 ··························· 72
　三、契约理论与班级经营 ····························· 79
　四、学习型组织与班级经营 ··························· 88
　五、有效学校与班级经营 ····························· 97
　六、班级经营的文化使命 ····························· 108

第三章　班级共同体：班级管理模式的创新 ··············· 121
　一、马赛克班级的"是"与"非" ······················· 121
　二、什么是班级共同体 ······························· 126
　三、班级共同体视域中的师生关系 ····················· 135
　四、班级共同体的道德使命 ··························· 142
　五、重点中学政策的隐喻与班级共同体建设 ············· 150

第四章　班级再造：班级管理智慧的生成 ·················· 160

一、学会激励：从负面发现走向正面启迪 ···················· 160

二、学会表达：从话语霸权转向平等对话 ···················· 165

三、学会创新：开启自我心智模式 ·························· 169

四、学会思维：谨防思维裂痕的出现 ························ 176

五、学会挑战：走向思维的自我 ···························· 181

六、学会管理：学生是"人"不是"物" ······················ 185

七、学会表扬：感受表扬的艺术 ···························· 190

八、学会"游戏"：打破对日常行为规则的迷信 ················ 195

结　　语 ·· 201

参考书目 ·· 204

第一章　班级控制：传统班级管理的审视

> 班级既是教师和学生聚合的一个物理空间，也是一个独特的社会组织，其中蕴藏着复杂多变的结构、情境与内容，是一个充满生机与活力的系统整体，具有鲜活的生命取向。而控制则是指控制者对控制对象进行约束、限制，以便于使控制过程符合控制者意图的活动，具有合目的性、重复性、强制性及潜在性等特点。一方面，班级是一个富有生命活力的充满朝气的组织；另一方面，控制是控制者对控制对象的限制、约束与支配，是对有生命对象主体性的束缚。表明班级控制则是一种班主任对班级学生生命主体的支配、约束、限制及规训并进而导致学生主体性丧失的行为。而这则是我们教育改革不断推进的今天所不允许的，也与教育发展的主流思想是相悖的。

一、一次关于班主任工作问卷调查的启示

研究者在中学班主任行动研究中，曾做过一次关于班主任工作的问卷调查，问卷是以班主任通过对学生进行时间、空间、纪律、规章制度、思维等方面的日常班级管理进行设计的，问卷除三道题为开放式问题外，其余均为封闭式问题。问卷采取集中调查的方法，按照随机抽样的原则，在 K 中学初一至高三的六个年级发放了 360 份，共收回问卷 346 份，回收率为 96.11%；其中有效问卷 309 份，有效率为 89.31%。通过对回收的问卷进行分析处理，

班级管理新思维

学生对很多问题的回答，都给了我们关于班主任班级管理很多有益的思考。
问卷统计结果如下：

1. 性别：（1）男（50.2%）（2）女（49.8%）
2. 年级：（1）初一（2）初二（3）初三（4）高一（5）高二（6）高三
3. 您在学校上课或参加班级集体组织的活动中经常有迟到或早退现象吗？
（1）经常有（2.3%）（2）有时有（25.25%）（3）没有（72.45%）
4. 您在学习或生活中遇到难题时通常会怎样做？
（1）自己想办法独立完成（39.41%）（2）找班主任老师帮助（12.38%）
（3）找父母（5.71%）（4）找同学、朋友（42.5%）
5. 您在班级里表现自我的机会如何？
（1）经常有机会（15.8%）（2）有时有机会（72.2%）（3）没有机会（12%）
6. 您班级通常多长时间调换一次座位？
（1）三个月（40.32%）（2）一学期（23.4%）（3）一学年（10.11%）
（4）_____（自填）
7. 您班主任通常依据什么调换座位？
（1）按成绩（35.65%）（2）按学生身高（41.73%）（3）随便坐（15.04%）
（4）_____（自填）
8. 您对调换座位的态度是？
（1）很喜欢（8.3%）（2）比较喜欢（49.25%）（3）不太喜欢（35.1%）
（4）不喜欢（7.35%）
9. 您班主任是否在班级经常说一些禁止性的语言，比如"不能""不要""不允许"等？
（1）经常说（28.9%）（2）有时说（61.05%）（3）不说（10.05%）
10. 您觉得您的兴趣、爱好、特长在班级里得到发挥了吗？
（1）自己得到了完全的发挥（1.5%）（2）自己得到了一定程度的发挥（40.5%）（3）自己没有得到发挥（58%）
11. 您班级的规章制度及纪律是如何制定的？
（1）班主任自己制定的（19.7%）（2）班主任与班干部一起讨论、协商制定的（42.87%）（3）班主任与全班同学一起讨论、协商制定的（30.15%）

（4）其他（7.28%）

12. 您班主任有经常到班级监督你们的学习生活现象吗？（包括早读、上课、课间操、午休及晚自习等）

（1）经常有（60.8%）　　（2）有时有（35.3%）　　（3）没有（3.9%）

13. 您班主任会经常把自己的主观意愿强加给您吗？

（1）经常这样（12.8%）　　（2）有时这样（42.7%）　　（3）不这样（44.5%）

14. 您班主任经常会用考试成绩的好与差表扬或批评您吗？

（1）经常这样（15.06%）　　（2）有时这样（47.85%）　　（3）不这样（37.09%）

15. 您认为班主任喜欢您的最主要原因是什么？

（1）成绩好（11.7%）　　（2）听话（22.7%）　　（3）自主性强（8.4%）

（4）纪律性强（9.4%）　　（5）其他（47.8%）

16. 关于辩论的爱好，您班主任会为你们创造这样的机会吗？（不管您参与否）

（1）经常会（22.2%）　　（2）很少有（58.95%）　　（3）从来没有（18.85%）

17. 您班主任安排的工作，您能按要求认真完成吗？

（1）经常能（64.7%）　　（2）有时能（33.7%）　　（3）不能（1.6%）

18. 您对班主任说的话质疑过吗？

（1）经常有（20.1%）　　（2）很少有（62.8%）　　（3）从来没有（17.1%）

19. 在学校组织的各级各类活动中，您的班主任态度如何？

（1）很积极（24.6%）　　（2）比较积极（42.6%）　　（3）一般（28%）

（4）很冷淡（4.8%）

20. 您认为作为班主任应具有的良好品质有哪些？（多选）

（1）严格管理（69.6%）　　（2）以身作则（68.6%）　　（3）富有爱心（68.6%）

（4）学识渊博（58.9%）　　（5）风趣幽默（67.6%）　　（6）处事公正（79%）

（7）尊重学生（78.3%）　　（8）善解人意（76.1%）

21. 您每天的时间安排情况为：上课、做作业等学习时间为_____小时，课余活动时间为_____小时，睡觉时间为_____小时。

22. 您最想对班主任说的一句话是：_____

_____

23. 您对班主任的工作意见或建议有哪些？

_____

_____

比如问卷第 4 题：您在学习或生活中遇到难题时通常会怎样做？有 39.41% 的同学自己想办法独立完成，有 12.38% 的同学找班主任老师帮助，有 48.21% 的学生找父母、同学或朋友帮助，由此表明学生自我独立意识或主体意识相对较差。问卷第 9 题：您班主任是否在班级经常说一些禁止性的语言，比如"不能""不要""不允许"等？有 28.9% 的同学反映经常说，有 61.05% 的同学认为有时说，只有 10.05% 的学生反映不说。从学生的回答中可以看出，班主任在班级管理中，更多的是以禁止性或命令性的态度进行的，而没有能够给学生以更多的民主性的发展空间。问卷第 12 题：您班主任有经常到班级监督你们的学习生活现象吗？（包括早读、上课、课间操、午休及晚自习等）反映经常有的占 60.8%，反映有时有的占 35.3%，反映没有的占 3.9%。问卷第 13 题：您班主任会经常把自己的主观意愿强加给您吗？回答经常这样的占 12.8%，认为有时这样的占 42.7%，认为不这样的占 44.5%。问卷第 14 题：您班主任经常会用考试成绩的好与差表扬或批评您吗？有 15.06% 的同学认为经常这样，有 47.85% 的同学认为有时这样，有 37.09% 的同学认为不这样。问卷第 15 题：您认为班主任喜欢您的最主要原因是什么？认为喜欢自己是因为成绩好的占 11.7%，是因为自己听话的占 22.7%，是因为自己自主性强的占 8.4%，是因为自己纪律性强的占 9.4%，是由于其他原因的占 47.8%。

问卷第 12 至 15 题，体现出班主任更多的是以自我为中心的，以对学生进行批评、管制甚至是控制为主要手段，以及利用成绩对学生进行影响或"渗透"，使得学生在这样的班级教育环境中经常处于一种对班级场域的"无知"状态，对个人是一种不自信甚至是自卑的心理，所以也就有了 8.4% 的同学反映班主任喜欢自己是因为自己的自主性强，可见学生在这种班级教育管理要求之下，很难能够体现自己所谓的自主性，更多的是体现为对班主任的一种依赖心理和依附型人格，而很少有所谓的独立自主性。因此，学生的主体性也就不可能得以充分地体现。由此，也引发了对班级是什么的思考，以及在班级场域中学生到底应该做什么和应该处于什么样的状态的反思。

班级由学生所组成，学生的首要属性是"学习者"，其基本任务是学习，是为将来进入社会生活做准备的"奠基性学习"。这就表明班级组织的目标是内生性的而非外在强制性的，它是学生满足自我学习和成长需要的场所。因此，班级组织中的各种规范、角色、人际关系等均是学生每天都在学习的隐

第一章 班级控制：传统班级管理的审视

性课程。这也说明班级是学习者的组织，它与班级所有成员的自身发展密切相关，具有促进成员自身不断发展的功能。所以，在这个意义上，我们把班级称为"自功能性组织"。学生的另一个基本属性是"非成人"，由于中学生基本上都是未成年人，其身心发展水平相对于成人而言还处于未成熟状态，这就致使班级组织在发展中，还不能完全靠学生自身的智慧与力量去管理，而总是在一定程度上借助于成人即班主任（教师）的力量去实现班级组织的发展目标。在这个意义上，我们也可以把班级称为"半自治性组织"。[1] 由于班级既是"自功能性组织"，又是"半自治性组织"，决定了班级组织，一方面需要来自学生主体自我的积极主动的创新与创造，另一方面则需要教师尤其是班主任的监督与控制。但从总体上看，由于学生自主意识水平较低，也就导致了学生自治的心理基础较薄弱，从而也就把自治的天平无形中倾向到成人世界，即把班级组织的管理变成主要是班主任的控制行为。作为成人的班主任由于接受了社会的正式委托和学生自治职责的"谦虚"推让，也就成了在班级管理中对学生的身心施加特定影响为其职责的人。这样，班主任也就是班级组织发展意志的代理人，在学生面前成为理性的典范、道德准则的模范、文化学识的权威和特定价值标准的维护者。正因为如此，班主任实施对学生的监督与控制，学生被动地服从、被动地接受一切也就成为顺理成章之事，进而导致学生主体性的丧失。上述问卷调查结果分析也表明了这一观点，也即在班级教育管理中，班主任实施班级控制，使自己的价值体现"无限"，而学生则处于极其"有限"的责任地位。

我们知道，班级通过班主任进行多方面的严格控制，使我们看到了一个有序、安静、自律的班级形象，也看到了班级学生的守时、遵纪、自觉的现象。无疑，班级控制具有一定的积极意义，能够为班主任的工作带来很多方便，也能够较好地实现学校及班主任的控制意图。首先，班级控制有助于维持班级活动的秩序。班级既是学生学习与活动的场所，亦是学生人格社会化和成长的主要场所，为了使各种活动有目的、有计划、有组织地开展，班级必须维持一定的秩序与常规。但由于在班级开展活动过程中经常会出现各种新的问题，可能产生各种冲突与矛盾，发生各种偶发的干扰事件，从而使正常的班级活动受到影响。因此，班主任通过规章制度等方面的控制，排除不

---

[1] 吴康宁. 教育社会学视野中的班级：事实分析及其价值选择 [J]. 教育研究，1999 (7)：42-48.

利因素，对维持班级活动的秩序具有重要的意义。其次，班级控制有助于为学生创造安静的学习生活环境。由于班级空间的有限性与班级人数较多的矛盾，由于班级学生兴趣、爱好及性格差异的心理特征，使得整个班级环境显得较为嘈杂，若没有班主任的监督与控制，很多学生的学习生活都可能会受到影响。所以，班主任通过制定一系列的规章制度对学生进行约束，大大改变了班级的学习环境。正如一位学生所说的：他们班学生非常调皮，使得班级整天不得安宁，影响了一部分爱学习的同学，通过班主任的严格管制之后，调皮的学生学会了克制与适应，爱学习的同学有了自己的学习空间。因此，班级控制在很大程度上"净化"了学习环境。最后，班级控制有助于完成班级发展目标。通过上述分析，可以发现班级发展目标更多地体现为班级学生的考试成绩优秀率及在整个年级的综合排名，每个班的班主任几乎都要花费大量的时间和精力去抓学生的考试成绩。因为他们相信通过时间、空间及纪律等方面的控制能够提高学生的考试成绩，也就能够完成学校对班级要求的既定发展目标。

班级控制确实能够为班级的有序发展起到促进作用，也在某种程度上能够完成学校教育的发展目标，这是班级控制行为在教育实践中的基本体现。但我们也应该看到班级控制所带来的消极影响。班级既然是一个鲜活的富有生命活力的组织，就应该让其生命力得以体现，就应该让班级中学生的个性得到充分的发展，就应该让班级中学生的主体性得以实现。但我们发现班级控制更多地体现为成人视界的逻辑，体现了成人主观意志在班级学生身上的实现，更多的是外控式的而不是学生自身内在自发的，把学生当成了机器与容器来看待，使学生学会了服从与顺从，学会了忍耐与沉默，学会了听话与依赖，从而导致学生主体性的丧失，学生成了一个个唯唯诺诺、唯命是从、缺乏主见的人。这正如弗洛姆所言："如果一个人按照别人所要求的那样去思维、感觉和决断，正是在这过程中，他失去了他的自我。"[1] 何以如此？为何这种情况在我们今天的班级教育中一直持续而且还有很强的生命力呢？

---

[1] 黄颂杰. 弗洛姆著作精选——人性·社会·拯救[M]. 上海：上海人民出版社，1989：93.

二、两个需要澄清的班级场域中的概念

通过问卷中所反映出的问题，进而引发了研究者对班级控制这一主题的思考，其实班主任进行班级控制，在一定意义上体现了班主任在管理班级过程中走向了管理权力的绝对化，也即出现了教育管理中所谓的"管理主义"倾向，研究者认为这里所谓的"管理主义"其实就是班主任进行的班级控制。曾读过一则小笑话，或许能够为我们更好地思考班级控制带来一些启示。

一位父亲递给女儿一个瓦罐，让女儿拿瓦罐去打水并顺手扇了她一个响亮的大耳光，高声叫喊道："当心，不要把罐子打碎了。"人们看到小姑娘在哭，便对父亲说："你不该无缘无故地打小姑娘，她并没有做错事。"父亲理直气壮地说道："我是要让她知道打碎罐子的结果，以引起她的注意。否则，等瓦罐碎了再处分她，还有什么意思呢？"

对此，日本学者尾关周二也曾做过类比分析，他指出：

"现代孩子们游戏问题的另一个方面，就是影响今天全部生活的管理主义倾向。特别具有讽刺意义的是，因担心'丧失游戏'而主张恢复孩子们的'游戏权'，学校等也对学生的游戏进行指导。在这种场合下导致了'管理下的游戏'，它反而可能损害孩子们游戏本来的丰富多彩性。""因此最重要的是我们必须认识到，孩子们在成年人规定的框框内进行游戏，由于伙伴间相互交往感到紧张，削弱了交流的气氛很可能失去游戏的精华（当然，我并不否定一般的指导，但更值得讨论的是关于现代的'指导'内容）。"

这里一方面体现了成人对学生的不信任，通过对学生的过多"指导"，实现了对学生主体意识的否定与压抑；另一方面也体现了学生对成人"指导"的无意识，体现了学生对成人的依赖与遵从。对管理主义基本内涵的叙事分析，使我们从侧面了解了班主任的班级控制行为。那么，什么是班级控制？什么又是班级管理？班级控制和班级管理有何区别？班主任进行班级控制的类型及特征有哪些？这些问题很值得我们去进行深入的思考。

什么是班级控制呢？班级控制是由班级和控制组成的，因而首先把"班级控制"分解成"班级"和"控制"进行分别的阐释，以便于更好地分析班级控制的具体内涵。那么班级是什么呢？班级并不是一开始就存在，它是随着教育的发展变化才出现的。纵观班级发展的历史可以发现，只是到了资本主义初期才开始有了真正意义上的班级，在资本主义之前的教学形式基本上是个别化的教学，也即是师傅带徒弟式的小范围的个别教学，由于社会生产力的不断发展进步，社会对人才的需求也在不断地加快，原有的个别化教学已经不能满足社会对人才的需求。于是寻求更大规模的、效率更高的教育形式便成为教育理论与实践工作者的共同追求，1632年捷克教育家夸美纽斯在《大教学论》中首次提出班级授课这一概念，随后班级授课这一教学形式便得到了迅速发展，所以个别教学形式逐渐就被班级集体教学形式取代。于是班级也就产生了，发展到今天，班级具有了更加丰富的内涵，也成了多种功能的结合体。

就心理学而言，班级原本是指集体指导学生读、写、算等各种学习的一种组织体。但现在，人们不再把学习视为一种机械性的劳动，而是一种具有挑战性的活动，是一种丰富多样的团体生活。因而，班级也就日益成为培养学生心智发展的互动环境。

就教育学而言，班级已成为师生活动的主要阵地。学生的学习活动主要是在班级进行的，学生在班级的表现和成就直接影响着学生的发展。因此，班级是学校管理中不可缺少的，甚至是最为重要的部分，也是学校行政管理体系中的一个基层细胞。

就社会学而言，班级是一个微型社会，是社会大系统中具有特殊功能的一个小系统。在这个系统中，教师、学生和环境之间不断发生作用，常常产生不可回避的矛盾和冲突。它们之间的相互作用和相互影响促进着班级的不断发展变化。学生也正是在这种作用影响和变化中不断地发展与成长。因此，班级也成为学生个体自行建构生活意义的空间。

由此可见，班级不仅是教师和学生聚合的一个物理空间，而且是一个独特的社会组织，其中蕴藏着复杂多变的结构、情境与内容，是一个充满生机与活力的系统整体，具有鲜活的生命取向。

为了更好地澄清并理解这一概念，还要对控制与管理做出根本性的区别。控制一词的希腊文原义为"舵手"。中文《辞海》中解释，控制是驾御、支配的意思。在《现代汉语词典》中对控制做了两种解释：（1）掌握住不使任意活动越出范围；操纵。（2）使处于自己的占有、管理或影响之下。在普通控制论中，控制就是指通过信息传递，把行为和动作施加于对象，即对控制对象有目的地施加作用，从而使系统的特征和变化保持在规定的限度内的活动。在哲学中，控制是一种社会现象，它是在复杂的社会有机体中，主体为了使其实施的社会活动同其既定的目的计划相符合而进行的管理实践活动。在管理学中，控制是指一个有组织的系统，根据内外部的各种变化情况来进行调节，一次又一次地克服其不确定性，纠正其对于目标的偏差，使系统始终处于某种特定状态，达到既定目标的活动和措施。通过对控制的不同表述，研究者认为控制就是指控制者对控制对象进行约束、限制，以便于使控制过程符合控制者意图的活动。具有合目的性、重复性、强制性及潜在性等特点。

何谓管理呢？在《现代汉语词典》中对"管理"通常做三种解释：（1）负责某项工作使顺利进行；（2）保管和料理；（3）照管并约束（人或动物）。"管理"一词的英文为"management"，它的词根来自意大利语"maneggiare"，在16世纪的意思是驯马，后来到了18世纪早期，它的意思是诡计和骗术。根据《韦氏新国际词典》的解释，"管理"的拉丁文词是"manus"，是"手"的意思，而主人的手在早期的管理历史上是重要的权力之源，因而也就是处置方式，后来引申为控制和指使、使人服从、小心处理及执行业务以达成目标等多种含义。不过随着社会的发展变化，管理的内涵也发生了相应的改变。在19世纪末20世纪初期，泰勒的"科学管理运动"使管理的内涵发生了重要的变化，尤其是20世纪三四十年代出现的行为科学管理理论，更是使管理的内涵发生了质的变化，使管理更加注重效率的提高，更加关注人的需要，使管理从以前管理者对管理对象的绝对控制转变为开始关注管理对象，并能够从管理对象的角度思考管理策略的改变。发展到今天，管理除了是将时间和空间及相关活动做最佳的安排与运作外，还包括组织效率与效益的提升及个人心理的满足。由此可见，管理早已越出了"管束""支配"的界限，越来越超出了控制的范围。管理从注重控制演变为关注生长，被誉为"任何组织的一个生长功能""是知识社会的一个生长器官"。

很显然，控制不能够等同于管理，管理也不仅仅在于控制，管理中含有控制的成分，控制在某种意义上也更有助于管理目标的实现。二者在发展的早期历史过程中带有更多的相似性，都有支配、约束、限制的内涵。而发展到今天，管理的内涵已经发生了较多的改变，已经超越了控制的范围，更加

| 班级管理新思维

注重协调、激励、服务及决策的民主化，而控制基本上是延续了其既有的特征。因此，班级控制与班级管理的概念很显然是不同的，不能把班级控制等同于班级管理。应该说班级管理中含有班级控制的成分，但班级控制绝不是班级管理的全部，而且班级管理在新课程背景下，已经远远地超出了班级控制的范畴，更加具有人性化的气息，也更加关注班级学生生命意义的建构，也正如叶澜教授所倡导的"让课堂（班级）焕发出生命的活力"。

通过对班级与控制概念的分析，表明一方面班级是一个富有生命活力的充满朝气的组织；另一方面控制是控制者对控制对象的限制、约束与支配，是对有生命对象主体性的束缚。由此，研究者认为所谓的班级控制就是指班主任根据学校教育的发展要求，通过学校规章制度、道德纪律、传统习俗等手段，对学生进行教育、支配、约束与限制，使其达到学校既定发展目标的班级管理活动。

那么，班级控制又有哪些类型呢？根据调查结果分析并结合实际的观察与思考，研究者认为班主任的班级控制类型主要包括以下几类。

第一是时间控制。问卷调查显示，学生每天在校上课、做作业等学习时间最多的为16小时，最少的也达到了7小时，平均约为11.5小时，从早读课、上课及晚自习等，都在不停地进行着时间的交替与学科内容的变换，甚至一部分学生回家后还要加班加点，学生很少有休闲的时间。因此，整个班级的学习生活方式基本是按照"一元时间"来进行的，学生不停地从一门学科的学习转向另一门学科的学习。美国学者霍尔在研究隐性文化时曾提出"一元时间"的概念，它与"多元时间"一起分别代表着两种不同的生活组织方式。一元时间意味着给生活（包括活动）安排一个时间表，严格按时间表行事，每次只做一件事，它"着重时间的安排、切割和迅捷"，因而"一元时间的安排被用作使生活井然有序的分类系统"。[1] 霍尔指出："一元时间是随意性的强加于人的……它似乎是被当作了组织生活的唯一自然的'合乎逻辑'的方式，然而，它并非人体节律和创造驱力中固有的东西，也不是自然界中存在的东西。"[2] 所以，"一元时间"的控制，在使学生养成守时习惯的同时，更多的是限制了学生创造性的发展。因为，当学生正愉快地沉浸在一

---

[1] 霍尔. 超越文化 [M]. 韩海深, 译. 重庆：重庆出版社，1990：13.
[2] 霍尔. 超越文化 [M]. 韩海深, 译. 重庆：重庆出版社，1990：17.

种学习中时，他可能会全身心地投入他的想象世界中，完全忘记了时间，可是班主任老师的提醒使他马上意识到另一种约定的到来，使他学会了到什么时候做什么，从而阻止了学生想象力的延续与延伸。

第二是空间控制。教室是班主任与学生日常学习生活的空间，教室的场景布置既体现着班主任老师的内在追求，也体现着学生"身份"与"地位"的高低。走进K中学高二年级的一个教室，教室前台黑板的上方贴着"自律、自强、自立"六个大字，右边上方悬置一台电视，下面墙上贴着课程表和作息时间表，同时还挂着"纪律量化考核流动红旗"和"两操量化考核流动红旗"，教室两边的墙壁上是一些名人名言，内容体现为要求学生立志报国、惜时好学等方面。因此，教室四周空间的这种布置无疑会给学生一个警示：教室是学习的场所，纪律是有效学习的重要保证，不容违反。教室里的课桌椅是秧田型的，前面是教师讲台，讲台后面摆放着整齐的桌椅，座位与座位之间的空间比较小，整个教室显得比较拥挤。每个人被按照成绩并结合身高安排在固定的位置，"这种机制是以一种更灵活、更细致的方式来利用空间。他首先依据的是单元定位或分割原则。每一个人都有自己的位置，而每一个位置都有一个人。"❶ 在这个纵横如秧田般清晰的空间，学生流动、扎堆的可能被根除了。如此则可以清楚地"确定在场者和缺席者，了解在何处和如何安置人员，建立有用的联系，打断其他的联系，以便每时每刻监督每个人的表现，给予评估和裁决，统计其性质和功过"。"这种系列空间的组织，是基础教育的重要技术变动之一。它使得传统体制能够被取代。它通过逐个定位使得有可能实现对每个人的监督并能使全体人员同时工作……它使教育空间既像一个学习机器，又是一个监督、筛选和奖励机器。"❷ 所以，美国教育社会学家吉鲁指出：空间绝非客观的存在——透明的、独立的、表浅的存在，而是为不同的权力所建构的，植根于具体的社会、文化与历史脉络中。

第三是制度控制。制度控制是通过制度的制定、执行及监督来实现的，而且班级学生要遵守的规章制度是非常多的。通常制度的制定主要是由班主任完成的，如"您班级的规章制度及纪律是如何制定的?"19.7%的学生反映是班主任自己制定的，42.87%的同学反映是班主任与班干部一起讨论协商制定的，30.15%的同学反映是由班主任与全班学生一起讨论、协商制定的。在

---

❶❷ 福柯. 规训与惩罚[M]. 刘北成，等，译. 北京：生活·读书·新知三联书店，2003：162.

制度执行过程中，班主任则是制度执行与监督、检查的主要代表，"您班主任有经常到班级监督你们的学习生活现象吗？"60.8%的同学反映经常如此，35.3%的同学反映有时这样，只有3.9%的同学反映没有这种现象。调查结果给我的逻辑结论是：成人制定了规章制度，表明成人不仅知道所谓的"是非曲直"，而且经验丰富，还因为学生是成人教育的对象，他们必须去遵守成人认定的规范，在成人的视界内规范自我，同时也只有成人才有资格实施对班级常规的检查、监督与评论。这就说明在教育实践中，纪律不再是手段，而成为目的；纪律不再是教育的保障措施，而成为教育内容本身。再反观这些规章制度本身，我们也发现它们"基本上不是鼓励学生追询'事实'、反思'现状'、质疑'真理'、挑战'权威'，而是要求学生承认'事实'、赞美'现状'、接受'真理'、维护'权威'；不是激励学生如实表达、自由选择、大胆想象、别具一格，而是有意无意促使学生虚假包装、一味顺从、因循守旧、抹平个性。教育过程实际上变为阻抑学生、剥夺学生的过程，这极大地影响着学生的批判意欲和创构激情，有时甚至会导致学生陷入自我阻抑、自我剥夺的状态"[1]。

第四是语言控制。语言是本体存在的重要形式，语言能够把一切东西界定清楚，规定明晰。在教育中，更能够体现语言的价值功能，教师在运用语言传递文化知识的同时，语言也变成了对学生的一种控制。近80%的班主任会在班级经常使用"不能""不要""不允许"等禁止性的语言；在遇到学生插嘴或顶撞时，很多班主任的语言很偏激，会说出"你给我闭嘴""你没有资格说话"等；遇到学生不交作业，说"忘了"，学生又迟到了，一些班主任的语言很苛刻，会说"你吃饭怎么没有忘记？""怎么又忘了，脑子坏掉啦？"这些语言一方面使学生认识到了班主任的"权威"，认识到了自己"错误"；另一方面更多地使学生的心理受到强烈的震撼，心灵受到激烈的冲撞，并且使学生学会了"闭嘴"，学会了沉默。正如德国教育学家波尔诺夫所言："我们只能像语言为我们描绘的那样去理解周围的以及自己心中的世界。"[2] 学生长期生活在教师的话语霸权之下，使得学生失去了对自我的认同，失去了作

---

[1] 吴康宁. 学生仅仅是"受教育者"吗？——兼谈师生关系的转变 [J]. 教育研究，2003（4）：44－48.

[2] 博尔诺夫. 教育人类学 [M]. 李其龙，译. 上海：华东师范大学出版社，1999：103.

第一章 班级控制：传统班级管理的审视

为主体人所具有的自尊与自信，同时也失去了对外部世界更好的认识。所以，波尔诺夫指出："他一开始就生活在符号世界中，必须按所给定的方式接受任何事物。他生活在一个经过解释（首先是以语言解释）的世界，根本不可能接触到尚未经解释的、纯粹的客观真实。"❶

第五是文本控制。文本控制是以教学内容、作业、考试等形式来实现的。课堂教学内容完全是按照教科书编写内容进行的，教师的讲授没有超越教科书的范围，学生更是充满着对教师讲授内容的期待，没有人问教学内容为什么是这样的，没有人怀疑教学内容的科学性，在这些科学的教学内容面前，学生唯一能做的就是全盘接受，与此同时学生也变成了吸收这些知识的容器。学生的作业简直是多得不得了，他们在学校要做作业，回家更要做作业，作业不完成，回到学校有自己"好看"的，更有甚者则要求家长在学生的作业本上签字，表明家长已检查并且做完了。在大量的作业面前学生只能"惜时如金"，丝毫不敢懈怠，学生这时也就变成了完成额定工作量的机器。考试更是使学生学会了成人的思维模式并且要不断把成人的思维延续下去，因为试卷是教师出的，教师是知识的拥有者，对试卷拥有绝对的发言权和解释权，学生在考试面前必须学会适应，而无权对教师的试卷说三道四。其实，不管是教学内容、作业、还是考试，这里还体现着追求标准化的一面，尤其是考试，对标准化的要求几乎达到了无以复加的地步，比如，在一次数学测验中，有一道试题是这样的："10除以5，得多少？"一学生答曰："10除以5得2。"试卷发下来后，该学生的这一答案被扣了0.5分。请教老师（试卷不由学校出，由学区统一出标准答案），告之曰：原因是没有按规定答题，正确答案应是"得2"。可见，文本对学生而言是重要的，但文本控制对学生来说则是较为苛刻甚至是残酷的。

三、三种关于班级控制产生的根源解析

班主任是受过教育的人，受过教育的人应该知道教育的价值使命在于培

---

❶ 博尔诺夫. 教育人类学 [M]. 李其龙，译. 上海：华东师范大学出版社，1999：103－104.

养人的身心和谐发展，在于使一个自然人更好地社会化，使人成为真正意义上的"人"，而不是使学生丧失自我，成为"政治动物"或"经济动物"。因为学校不是官场、不是企业、不是商场，也不是简单的政治工具或经济工具。既然班主任知道教育的价值使命，学校也不是培养"政治动物"或"经济动物"的机构和场所，那么班主任为何还要把学生当作"物"一样进行班级控制呢？研究者认为，这里既有理论方面的原因，也有实践方面的因素，同时也有班主任自身方面的问题。

（一）班主任班级控制行为的理论视角

1. 传统文化视角

中国传统文化以儒家文化为主、融会了道家佛家等诸文化系统，一直是我国封建社会的主流文化，直到今天仍有旺盛的生命力。我们的很多观念、思想、行为都还深受其影响。所以，人类学家鲍亚士（Boas）指出："决定人类行为习惯的不是遗传因素，而是文化因素。人类行为和信仰所反映的不是他与生俱来的智慧，而是他所生活的文化系统。"[1] 因此，班主任的班级控制行为很显然与传统文化中的很多因素是息息相关的。

（1）共性人格的传统。"中国的几千年来一贯重人伦、重整体，人们习惯于在'大我'甚至'无我'的集体化共同体或等级共同体中生活。"[2] 因此，中国传统文化里一个显著特征即注重整体无视个体（包括个体的生命价值）。它关注群体的目标与需要胜过个体自己，强调群体的规范与责任，而不是个体自身的快乐。这就在中国传统文化发展中导致了主体的失落、人的失落、人的价值的失落。由此也就造成了人们迷信的传统，述而不作、信而好古、知足保守，言必称尧舜、言必称孔孟的怀旧心理，这种文化的产物就是培养了一大批统治阶级需要的谨慎、克制、温顺的"羔羊"。而这种思想无疑也成为我们班主任今天进行班级控制的最好注脚，因为只要控制了班级群体也就等于控制了班级学生个体，学生也深知"枪打出头鸟"，也就会很温顺地服从

---

[1] 转引自：胡东芳，等. 困惑及其超越——解读创新教育[M]. 福州：福建教育出版社，2001：150.

[2] 余潇枫. 人格跨世纪与发展中国"本土化"人格理论的思考[J]. 浙江大学学报：社科版，1996（3）：22－28.

班主任的班级控制,这也可以说是传统文化在我们血液中流淌的体现。

(2) 等级秩序的定位。儒家文化要求人们尊卑有别、长幼有序、谦恭有礼,这种文化特点不仅体现在封建等级制度、人与人的关系方面,甚至在生活中的各个角落都有反映。在教育中非常明显的体现就是教师的权威地位不可动摇,"师为上、生为下;师为主、生为仆;师为尊、生为卑",这样一种长幼尊卑的等级观念贯穿于教育的全过程。在这一过程中,教师完全从自己的意愿出发去管束学生,把学生看成是成人的附庸,学生也必须听老师的话,若有反抗则视为大逆不道,是对师者的不尊。在这种文化氛围下,造就的是大批缺乏个性,不敢越雷池半步,迷信权威,迷信祖宗,没有棱角的"共同体",当然作为人应有的独立人格和鲜活个性及其创造精神则被无情地忽视了,甚至残酷地扼杀了。所以这种等级秩序的定位无疑使教师具有了心理上的优越感,从而使他们能够在对学生的教育管理中无视学生的情感与尊严,无视学生的心理发展特征而进行严格的控制。而最可怕的是无论是社会、家庭,还是学校则对此都毫无反应,认为教师本应如此,甚至部分家长还主动地要求教师能够对自己的孩子实施更加严格的控制。正是因为老祖宗留给我们等级秩序的文化遗传,使得我们今天的班主任进行班级控制有了可靠的"文化底蕴"。

(3) 传统权力的崇拜。由于古代社会的教育一直被统治阶级所把持也即"学在官府",教育与政治不分,教育为政治服务,其最明显的体现即教育为统治阶级培养政治人才,于是"学而优则仕"的思想便贯穿于整个古代社会。因此读书做官就成了实现其自身价值的最高体现,由于做官意味着可以拥有极高的社会地位,可以拥有极大的权力,可以拥有更多的财富,可以使其一生"荣华富贵"。其中,做官最核心的问题便是可以拥有无上的权力,这就形成了对权力崇拜的思想。而这种思想在我们今天的社会中依然可见,教育领域也是如此,比如在学校中有没有行政级别、有什么样的行政级别已成为衡量人身份地位的重要标志,"教而优则仕"成为许多教师的目标取向,以致许多较为优秀的教师也不甘于一直教书,而纷纷弃教从政,觉得还是当上一个什么"长"才能体现自己的价值,心中才有着落。"风光无限"。班主任虽然可能是学校中最小的"官",但也要体现"官"的威严与价值,因此班主任在班级也就拥有了"绝对"的权威,通过对班级学生进行控制来体现自我、展示自我甚至炫耀自我也就成了"水到渠成"之事。

（4）师道尊严的影响。"师者，所以传道、授业、解惑也。"教师作为文化传承的桥梁和社会教化的中介，在社会的发展历程中起着重要的作用。中国几千年的文化历程，逐渐形成了师道尊严的文化观念。《学记》中明确提出"凡学之道，严师为难。师严然后道尊，道尊然后民知敬学。是故君子所不臣于其臣者二：当其为尸，则弗臣也；当其为师，则弗臣也。大学之礼，虽诏于天子无北面，所以尊师也"。当然也有"一日为师，终身为父""师徒如父子"的传统等，这里无疑表明了教师的社会地位之高、影响之大及其尊严得到充分体现的一面。虽然这种状况今天已不复存在，但尊师重教的思想却一直影响至今，以至于在我们的文化观念中把教师和学生分别设定为训导者和听话者的形象，一方是教育权力的控制中心、发祥地，另一方是权力控制的对象。正如玛格丽特·米德所言的前喻文化的思想："为了维系整个文化的绵延不断，每一代长者都会把自己的生活方式原封不动地传喻给下一代看成是自己最神圣的职责。如此，年轻一代的全部社会化都是在老一代的严格控制下进行的，并且完全沿袭着长辈的生活道路，他们当然也就'只能是长辈的肉体和精神的延续，只能是他们的赖以生息的土地和传统的产儿'。"❶ 所以，不论班主任是否在场，班主任是否用明确的指令，班主任的权力渗透与控制始终在进行。

2. 多学科的视角

（1）哲学视角。哲学思潮对于学校教育的影响是非常深刻的，学校中的很多教育思想、教育管理行为等都源于哲学思想的启迪。其中，功利主义哲学思想对当今学校教育管理产生了重要的影响。功利主义又称功用主义、乐利主义。其主要代表人物为英国的边沁和密尔。边沁提出了功利主义的基本观点，密尔继承了他的观点并最早使用"功利主义"一词。功利主义继承发展了历史上幸福论和快乐主义的伦理传统，认为幸福就是免除痛苦，求得快乐，而利益则是幸福和快乐的基础，个人幸福就是个人的利益，人的本性就是追求快乐和幸福，追求利益是道德的标准。功利主义以追求最大多数人的最大幸福为最高道德原则，提出为了增进个人幸福和保障个人利益，也需要增进社会的幸福和利益。但功利主义把个人利益看成唯一现实的利益，而社

---

❶ 玛格丽特·米德. 文化与承诺——一项有关代沟问题的研究 [M]. 周晓红，等，译. 石家庄：河北人民出版社，1987：8.

会利益仅仅是个人利益的总和，所以，功利主义实质上是一种更为精致的利己主义伦理学说。这种功利主义思想使得教师在教育观念里一直重视学生的考试成绩，考试成功与否被视为最高目标，学生品德、知识结构、思维方式、个人兴趣培养统统都要让位于考试。并且在功利主义影响下，师生关系也刻上了功利的烙印，学生通过教师而升学，教师借学生来追求荣誉，彼此之间成为相互利用的"工具"。这也导致了师生在课堂上"功利主义"教学行为的发生：片面强调应考题，忽视基础知识的理解等。因此，在功利主义弥漫的校园，那些追求自我独立、个性自由、不愿受传统教育束缚的学生则往往会被视为另类。班主任为了实现学校教育发展目标——提高升学率，为了实现班级的教育管理目标——提高考试成绩，必然要求学生放弃自我的独立，放弃个性的自由，主动接受教育的束缚，成为能够反反复复做题的考试机器。因此，班主任的种种班级控制行为都与功利主义有着密切的联系，功利主义思想已成为一只"看不见的手"在影响着班主任班级控制行为的发生与发展。

（2）社会学视角。从社会学的角度看，班级是教师与学生在其间彼此共生与互动的特殊的微型系统，社会学的原理与研究无疑会对这个特殊系统产生一定的影响。社会冲突理论为我们提供了分析的视角。社会冲突理论兴起于 20 世纪 60 年代，其代表人物有科塞尔、达伦多夫等，冲突理论认为，每一社会的每一方面都在变化，社会变化是普遍存在的。社会在变化过程中，每时每刻都会出现分歧和冲突，社会冲突亦是普遍存在的，冲突是社会生活中一种自然的和不可避免的现象。同时，冲突并不是统一和秩序的对立面。即使在高度凝聚的社会关系中，也存在潜在的紧张和间发性的冲突，冲突和统一都是正常的形式，是互动形式的不同方面。正是社会中大量的矛盾和冲突，才导致社会结构的不断变迁。冲突理论还注意到了社会关系中的强制性，认为秩序产生于一部分人对另一部分人的统治和支配，是强者对弱者、富者对穷者施以暴力或强制的结果，而不是他们之间的自然合作。在冲突理论影响下，华勒则把学校描绘成了一种强制性的机构，认为教育就是一种驯服，教师高居于学生之上，由成人社会授予权威，而学生只能顺从权威，接受领导。师生关系是一种制度化的"支配与从属""统治与被统治"的关系，他们之间常有一种希望与欲求的冲突，即教师希望把学生当作一种材料来加以塑造，按照自己的愿意来培养学生；而学生则欲求依照自己的方式自动地求知。因此，教师为了维持纪律以增进学习效率，就要采取适当的控制方法，如命令、训斥、惩罚、监督等对学生严加管教。所以，冲突理论无疑给班主任进行班级控制提供了较为充分的理论依据。

（3）教育学视角。在教育学的发展历程中，出现了传统教育派和现代教育派之争，其中对我国产生深远影响的是传统教育派。传统教育派以德国教育家赫尔巴特为主要代表人物，其核心观点即是"教师中心论"，认为教师是知识与智慧的传播者，是专制与权威的代表者，是统治与约束的执行者，因此，教师在整个教育活动中应处于中心位置，教师决定着教育标准、内容、方法，操纵着整个教育过程。学生被认为是被动地接受知识的客体，他们接受教师的指令、命令、监督和惩罚，没有学生主体的自我意识。整个教育方式以"填鸭式"、灌输式为主，这种教育"把学生变成了'容器'，变成了可任由教师'灌输'的'存储器'。教师越往容器里装得完全彻底，就越是好教师；学生越是温顺地让自己被灌输，就越是好学生"。[1] 这种教育思想虽然也使学生获得了一定的发展，但更多地还是"成就"了教师，即教师成了绝对的权威，教师成了话语霸权的占有者，教师成了学生精神自由的束缚者。由此，"教师作为受过教育的人的形象站在正在接受教育的学生面前，其人格的优越性似乎不言而喻。教师被视为已经完成，学生往往被视为刚刚塑造，只是人格的雏形，师生人格便在教师、社会、学生的'共视'里形成事实的不平等"。[2] 这也就意味着教师可以理直气壮地对学生发号施令，可以堂而皇之地"训诫"学生，而学生则被责令"听老师的话"。因此，"教师中心论"思想为班主任进行班级控制提供了有力的保证。

（4）管理学视角。从管理学的角度看，班级是一个特殊的教师与学生共同生活与交往的组织，在班级组织发展过程中，则更多地借鉴了德国管理学家马克斯·韦伯的观点。他提出了"理想的行政官僚体系"即是科层制（Bureaucracy）的思想，在西方也被称为"结构主义"，原因在于科层制理论特别注重组织内部结构设计。其主要观点包括：①分工和专业化；②非个人取向，即做事不讲情面，不受个人感情色彩影响；③权力等级体系；④规章制度；⑤职业导向，即主要依据能力、成就、资历等来提拔、晋升员工。这里体现

---

[1] 保罗·弗莱雷. 被压迫者教育学 [M]. 顾建新，等，译. 上海：华东师范大学出版社，2001：24.
[2] 刘铁芳. 教育者的形象与师道尊严 [J]. 现代教育研究，1999（3）：31—34.

出了以权力为中心的、非常关注组织内部等级体系及过于重视理性的思想，这些思想无疑为组织内部领导者更好地利用行政权力实现对下属的管理提供了很好的注脚。所以，班主任很多带有官僚化的、强制性的思想或行为也就很正常了。当然，这也引起了人们对此的反思，霍姆斯等人认为："所有的学校都是官僚制的，通过规章制度管理成员的行为。结构是等级性的，而且有与各种角色相一致的正式的和非正式的行为规范……官僚制的学校机构有一个难点，即官僚制及其生存变成了它们自身的目的，而学校的目标却成了次要的东西。"❶ 奥斯本也认为："官僚模式也引起了人们注意贬义的管理主义概念，在这种情况下，管理者、组织、系统以及官僚制本身的人为要求取代了儿童的真正需要。"❷ 这对我们理解班主任的班级控制行为提供了很好的思维路径。

（二）班主任班级控制行为的实践分析

1. 学校教育制度使然

我国现行学校制度是在新中国成立之后，在苏联教育模式的影响下而形成的，带有政治上的高度集权、经济上高度集中的计划经济时代的烙印。在20世纪五六十年的发展过程中，现行的学校制度适应了当时政治、经济、文化发展的需要，体现了国家的教育方针，实现了国家既定的教育目标，为各行各业培养了专门的人才，为社会主义现代化的发展建设做出了一定的贡献。但现行的学校制度毕竟是计划经济的产物，带有浓厚的计划经济色彩，其所表现出来的制度化、科层化及官僚化等特点在现实教育中对班主任进行班级控制无疑起到了推波助澜的作用。

（1）学校教育制度化。学校教育制度化是指学校教育活动被严格地限制在学校教育系统内，并且严格按照学校的一套规章制度来行事，即"建立一种具有普遍使命的、结构坚固而权利集中的学校体系。"❸ 具有正规化、封闭化、划一化及等级化等特征。这就表明在学校教育中，个人被赋予了一定的角色，并且每个角色被安排在固定的位置并完全按照学校统一的标准行事，

---

❶❷ 转引自：范国睿. 学校管理的理论与实务 [M]. 上海：华东师范大学出版社，2003：23.
❸ 联合国教科文组织国际教育发展委员会. 学会生存——教育世界的今天和明天 [M]. 华东师范大学比较教育研究所，译. 北京：教育科学出版社，1996：199.

他知道什么时候去做什么及怎样去做，不能超越学校既定规章制度的范围。正如美国学者布瑞德梅叶尔在《文化分析》一文中所言：当人们知道在一种情境中如何行动——即他们知道他们自己希望他人怎样，他人希望他们自己怎样的时候——这种情境对于他们就可以说是"结构化了"。这也就是说，他们对于这种情境有了一个共同的概念。在这些期望不仅被认识到，而且得到积极评价的时候，这种结构就是在这群人当中被制度化了。❶ 由此，可以表明学校教育制度化的过程就是学校教育不断专门化、组织化、规范化及等级化的过程，而这个过程也是教育制度控制作用日益形成的过程。所以，学校教育制度化无疑给班主任进行班级控制提供了制度保证。

（2）学校制度科层化。学校按照校长—主任—教研室主任—年级组长—教师这种严格的等级制度进行管理，这种金字塔式的等级制的管理是单向的、强制式的、非人性化的管理。它是以组织目标、效率为核心的制度。它"不是把权力授予个人，而是把权力授予职务：科层制的组织形式有一种意义相当深远的成就，这一成就为科层制提供了稳定性，又为它提供了持续控制其成员的能力。有权的人不再需要一种闪光的眼睛或者一种洪亮的嗓门了，他或她只需要能够取得某种特殊权威地位的证书就行了"❷。这种持续的控制无疑会导致下级的积极性、主动性被限制，作为主体的责任感、主体性难以形成和发挥。"随着约束性的等级制变成了普遍的组织原则……强制性和压迫性日趋增长了。"❸ 正如《政治、市场和学校》一书所言："科层制破坏了优效组织最基本的条件：它从上而下地对学校目标、组织结构等因素提出种种要求，命令学校管理人员和教师该做哪些工作和如何去做。于是，学校没有足够的自主权发展其专长（expertise）和进行专业评定（professional judgment），也大大丧失了团队所需的灵活性。"❹ 所以，班主任在科层化制度的影响下进行着班级的持续控制则成了"正常"的行为。

（3）学校制度官僚化。今天的学校制度越来越趋向于官僚化，其一表现

---

❶ 克莱德·克鲁克洪，等. 文化与个人 [M]. 高佳，等，译. 杭州：浙江人民出版社，1986：100.

❷ 康永久. 教育制度的生成与变革——新制度教育学论纲 [M]. 北京：教育科学出版社，2003：338－339.

❸ 转引自：李福华. 高等学校学生主体性研究 [M]. 合肥：安徽人民出版社，2004：206.

❹ 约翰·E. 丘伯和泰力·M. 默. 政治、市场和学校 [M]. 蒋衡，等，译. 北京：教育科学出版社，2003：193.

为行政权力的泛化。学校教育应该是在充分尊重教育发展规律和人的身心发展特点的基础上进行的，即在学校教育管理中能够体现学术思想自由、以人为本的特点，但在现实的学校中可以发现，学校失去了学术自由发展的空间，学生失去了自主发展的机会，一切按照行政化的管理规范进行，使学校失去了自身作为教育实体所具有的基本作用，导致学校更像是一个行政机构。其二表现为官本位意识的浓厚。研究者在 K 中学感受很深的就是教师对当官的渴望，有一天中午，与该校几位教师一起吃饭，谈话的主题便是其中的一位张老师有望成为政教处领导的问题，而且从几位教师的谈话及眼神里能够感受到在学校当官的"威风"，所以在很多教师看来，在学校里不混个官当，就不能够体现自身的价值，因此对"官"的追求则远远超过了对教学和学生的研究。其三表现为教育权力的腐败。由于现行学校制度中权力的相对集中而又缺少相应的监督机制，导致在教育管理之中出现了很多教育权力腐败的现象。而这样的氛围无疑是适合班主任进行班级控制的。

2. 学校教育评价机制的影响

学校教育评价机制是与学校教育制度紧密相连的，学校教育制度的价值取向、内在标准及表现形式等都会对教育评价机制产生重要的影响。在学校教育制度的规范与影响下，学校教育评价机制出现了以下一些特征。

（1）评价内容标准化。《现代汉语词典》指出："标准化是指为适应科学发展和合理组织生产的需要，在产品质量、品种规格、零件部件通用等方面规定统一的技术标准。"这主要体现了对"物"的规格的规范和要求。而教育是培养人的身心和谐发展的活动，教育面对的对象是活生生的"人"，如果把对"物"的生产与对"人"的发展的要求一致化、统一化的话，很显然，人在某种意义上也就变成了毫无生机活力、死气沉沉、没有任何创造性可言的所谓的"物"了。而这在我们现实的教育发展中却存在严格地按照这一思想进行着低效的而又令人生厌的育人活动的现象。在标准化的评价标准要求下，我们的教师必须接受标准化的规范，而学生也必须接受标准化的训练。

（2）评价方法、手段单一化。在现实的评价中，我们还缺乏有效的评价工具和方法，过多地注重定量方法而忽视定性的评价手段。不管是对学生进行哪方面的评价，几乎都是以考试和测验形式进行，因此评价结果自然是以量化的分数为表现形式，由于过分强调分数，导致了以分数为对象的"偶像崇拜"，也就有了"分、分、分，学生的命根"的说法，分数高者自然也就成了"优秀"学生的代名词。有一首歌谣也说明了以考分为唯一标准的现象："一张试卷定终身，只看分数不看人；党员团员三好生，不及高考多一分。"❶ 而且这种评价仅仅是横向的相对的比较，而很少对学生个人的发展做纵向的分析，正如《学会生存——教育世界的今天和明天》所指出的"记分制，一般来说，可以使一个人的成绩和他的同伴的成绩进行比较；但记分制却很少考虑一个人的成绩和他开始时的水平相比到底进步了多少"。❷ 而在对教师的评价中无疑也是通过单一量化的手段进行，教师优秀与否也完全是按照教师所带学生的考试成绩而定。所以，这种单一化的评价手段无疑会给教师与学生带来较为片面的价值取向，也可能导致人的片面发展。

（3）评价主体一元化。在传统学校教育评价中，存在以管理者为中心的现象，也就是指在教育评价中，评价思想的定位、指标的制定及评价的实施等都是由管理者来完成的。他们既是管理者，也是评价者，而被评价者只能接受来自管理者的评价和指导。这种拒斥被评价者对评价的介入，不允许被评价者之间的相互交流探讨及反对被评价者与评价者之间的沟通与协商的行为，必然会使评价流于形式，做表面文章，也极容易使被评价者对评价活动和结果产生对立、反感、抵触情绪，非常不利于评价结论的反馈、认同，更谈不上根据评价结果实施改进。

因此，上述学校教育评价机制无论是评价标准、手段，还是评价主体，都是单向度的、缺乏弹性的，存在管理主义倾向。在这种评价机制影响下，班主任无疑学会了以"自我"为中心的观念，也为班主任进行班级控制创造了条件。

（三）班主任自身原因透视

在班级生活中，班主任强调班级控制的目的是创造一个良好的环境，从而有利于学生的学习和生活，以保证教育"目标"的顺利实现。因而班级控制在某种意义上是符合教育"目标"要求的，是为教育"目标"服务的，从

---

❶ 孙孔懿. 教育失误论 [M]. 南京：江苏教育出版社，1997：124.
❷ 联合国教科文组织国际教育发展委员会. 学会生存——教育世界的今天和明天 [M]. 华东师范大学比较教育研究所，译. 北京：教育科学出版社，1996：107.

这方面讲班级控制应该是非常"合理"的,这是任何一个班主任都可能会关注的行为。

班主任为什么如此重视班级控制呢?难道仅仅是因为上述因素吗?然而,掀开这种"合理"的面纱,就会发现事情的另一面。研究者认为班主任自身的因素也不可忽视。

1. 追求第二种目的的需要

如果把班级控制的第一种目的称为实现教育"目标"之目的的话,那么班主任追求工作上的便利便成为班级控制的第二种目的。班主任之所以整天关注班级控制,是因为班级控制能够使学生遵守班级纪律,服从班级规章制度,顺从班主任的工作要求,从而使班级顺利度过每一天。因为在班主任的心中,没有谁愿意为自己的工作添麻烦,毕竟"多一事不如少一事",只要把学生控制住不要出现"问题",不要为自己添乱子就行了。于是,也就不难理解为什么班主任更多的是喜欢听话的学生而很少喜欢自主性强的学生了。当然班级控制的便利之目的只能是班级控制的外在价值的体现,这个外在价值表明受班级控制之外的主体对之的需要。但是,如果过高地估计班级控制的外在价值,可能就会贬低其内在的价值,即一种满足学生的需要,为学生的自我发展服务的价值。因为就班级控制而言,它未必是学生所真正需要的,也未必是符合学生身心发展特点的,但为了适应班级控制的需要,学生则不得不拖延、中断甚至是牺牲自己的需要、兴趣与愿望,不得不抑制自己的积极性、主动性及创造性,从而使自己失去了学生所具有的"特性",失去了主体性,进而使自己变成了"小大人",这难道就是我们教育所要追求的吗?

2. 追求更高"回报"的需要

"严师出高徒"这是我们一直所推崇的,这一思想无疑也影响到了班级管理,认为只有通过对班级进行严格的控制才能取得"理想"的结果。而这在我们现实教育中也确实得到了体现,班主任通过严格地控制班级,致使班级各方面都能够"达标",能够符合学校的发展要求,比如班级纪律严明,无迟到、早退现象,无打架、斗殴现象,无早恋现象,无吸烟、酗酒现象,等等。这些无疑也是学校非常看重的,班级控制越严格,越不出现问题,就表明班主任工作的绩效高,就表明班主任工作能力强,就表明班主任责任心及事业心强等，然后给班主任以物质和精神上的奖励，并且为班主任以后的职务晋升做了铺垫，成为学校干部的后备人选等。正是因为有了如此的"回报"，班主任便会更加关注对班级的严格控制，因为这是学校所看重的，是自己可以获利的，可以达到"双赢"的目的。但如果教育是以实现这种"双赢"为目的话，很显然是值得怀疑的，因为教育是培养人的活动，是实现人的身心和谐发展的活动，在班主任的严格控制下，学生则成了被控制"物"，而一旦学生被当成"物"，教育也就失去了其应有的价值和使命，而这则是我们所不愿看到的。

四、四大班级控制的实践隐喻

班级控制作为一种班主任对学生的管理方式，其理论假设是建立在人性恶的基础之上的，把学生看作犯人、病人和敌人，把班主任视为社会权力的代表，对学生进行强制教学和社会控制。一方面，使班主任产生了心理上的优越感和行为上的专制性；另一方面，也使学生产生了对班主任的依赖和盲从，进而使学生失去了自然发展和自我完善的机会，失去了积极性、主动性和创造性，失去了主体人所具有的尊严和价值，从而导致了教学的低效性和教育质量的低层次。研究者认为在班主任进行班级控制的实践过程中，有四种实践隐喻是值得关注的。

（一）隐喻之一

下面这个例子对我们理解班级控制的实践隐喻提供了思维的视角。

> 邻居家的孩子东东，是个聪明伶俐、惹人喜爱的小男孩，幼儿园的他，是班长，颇得老师的喜爱和赏识。但自从上了小学，东东反而成为不受老师欢迎，使老师感到头痛的孩子，原因是他常常违反纪律。
> 那么，课堂上有什么纪律呢？上课要端坐，双手交叉平放桌上，两脚并拢，举手时一律把一只手的肘关节放在另一只手的手背上，不能举得太高；上课除了老师要求举手、翻书、写字等规定动作外，不能做其他小动作；上

第一章 班级控制：传统班级管理的审视

课发言要举手，不举手不发言，不经老师准许不得随意插话……

一天，东东的头上被蚊子叮了一个包。东东说，是上课时蚊子叮的。问及他为什么不当时抓一抓，或者抹一点风油精之类的东西。东东说，老师有规定，上课不能乱动，否则就是做小动作，要受罚的。那你可以跟老师说一下，他会理解你的。但东东又说，没有举手，老师是不允许说话的。那可以当时举手啊？东东说，老师要求，不提问时，不要乱举手。

据说，东东家长第二天找到了班主任，看能不能对诸如此类的"紧急情况"，可以不经"批准"直接处理呢？班主任回答说，"那可不行，若这样做，大家都借口蚊子叮了，或其他事情，趁机乱动。"

在我们的实际班级管理中，很多班主任都会采用上述例子中的一些方式或手段来实现对班级的"有效"管理。也即大多都会用班级纪律对学生进行管制与约束，而且他们也都认为没有严格的纪律则很难实现班级的有序发展，也很难实现学生的服从与自我约束。相反，可能会出现大多数学生迟到、早退、旷课等现象，也可能会出现学生不尊重老师、同学，我行我素的现象。"纪律的历史环境是，当时产生了一种支配人体的技术，其目标不是增加人体的技能，也不是强化对人体的征服，而是要建立一种关系，要通过这种机制本身来使人体变得更有用时也变得更顺从，或者因更顺从而变得更有用……纪律制造出驯服的、训练有素的肉体，'驯顺的'肉体。"[1]

人生活在社会中，学生生活在班级之中，为了大家的活动有个和谐的秩序，为了保证大家的利益都不受损害，我们确实需要一个共同的制度，需要一个纪律来维护、约束。但班级纪律不是班主任控制学生行为的命令。纪律既是为了维护大家共同的利益，也是为了维护每个人的利益，是每个人利益的保护神，应该蕴含个人的需要，因此，纪律是人性化的。但我们更多的是外在于"人"来理解纪律，认为它的出发点是维护学校正常的教育教学秩序，对损害学校其他成员或学校利益、秩序的行为予以强制性的约束、控制，是保证学校工作有序、班级生活整齐划一的有效手段。这是一种无人性的强制的规训，而规训是在压抑学生生命需要的基础上，为了某种外在的利益而对学生进行控制的手段。在这种无人性的规训之中，学生的个性被压抑，生命

---

[1] 福柯. 规训与惩罚[M]. 刘北成，等，译. 北京：生活·读书·新知三联书店，2003：162.

的自由被剥夺，学生成为唯唯诺诺的被动的木偶，失去生命的灵性，变得麻木、迟钝。

研究者在教育行动研究中，通过问卷调查分析，也印证了这一现象。如"您在学校上课或参加班级集体组织的活动中经常有迟到或早退现象吗？"经常有迟到或早退现象的占2.3%，有时有的占25.25%，没有迟到或早退现象的占72.45%。在被问到"您班主任是否在班级经常说一些禁止性的语言，比如'不能''不要''不允许'等"时，有28.9%的同学反映班主任经常说，有61.05%的同学反映班主任有时说，而只有10.05%的同学反映班主任不说。无论是关于迟到、早退现象的调查，还是关于说一些禁止性语言的调查，都表明了班主任对纪律管制的重视并且通过纪律管制使班级正常的活动能够有序地开展。再反观这些规章制度本身，也基本上成了阻抑学生、剥夺学生进一步发展的"典章规范"。

（二）隐喻之二

据《三晋都市报》（2004-05-27）报道：佛山一所中学有个班主任把全班的座位都细细划了片，靠近黑板的前两排是"头等区"，其中以第二排为最"尊贵"，越往教室后面等级越低，学生坐什么样的座位全凭每次考试的成绩。另外，在教室最前排的左右两个几乎与讲台平行的角落，还分别有一套独立的桌椅，是给全班"最差的同学"坐的。

本是一个普普通通的座位，却因为教师的刻意安排，于是立马就不普通了，不仅有了奖罚的内涵，而且成了地位的象征，不仅提高了座位的"附加值"，而且平添了教师的"话语权"。以前说到权力寻租，总以为是官员的行状，想不到今天教师也从自己的职业视野中挖掘出了可以寻租的权力。而尤为滑稽的是，当事人还将此举赋予了极其动听的理由，"为了激励学生努力学习"云云。世上最容易做的事，恐怕就是为荒唐的东西装上冠冕堂皇的名义。发生在佛山的这件怪事，无疑是又一个活生生的注脚。

另据新华网（2004-08-06）报道：一位农家妇女坦言，她的孩子进城读书后，被老师安排坐到最后一排。孩子眼睛近视，看不到黑板上的字，只能靠耳朵听课。她跟母亲说了这件事后，母亲找到老师希望能给孩子调个位置。没想到老师冷冷地说："这么多学生，调谁呀？"转身就走了。这位母亲

第一章 班级控制：传统班级管理的审视

看着老师的背影伤心地哭了。一周后，经人点拨，她到老师家去串门，掏出200元钱交给了老师，结果第二天孩子的座位就被调到了前面。

班主任在班级管理中，具有较大的权力，他可以对学生的学习、生活、情感等方面出现的问题进行约束与限制，也可以对学生进行时空的管制及随时监督学生的一言一行。材料中就明确体现出班主任所具有的权力，这种权力更多地表现为班主任所具有的传统的行政权力，而不是因为班主任自身的学识、能力及人格魅力所赢得学生尊重的非行政性权力。其实，这种权力只是外在的，它是通过外控式的方式实现对学生进行约束与控制的，而学生在内心是不接受、不认可的。同时，这种权力的存在，从一定意义上也表明班主任所进行的班级教育管理是一种缺乏情感沟通的、没有人文关怀的专制式的管理。对班级教育而言，缺乏情感的交流与沟通，缺乏人文关怀的渗透，可能会使整个班级变得死气沉沉而缺乏活力，学生也是整天生活在一种相对非常压抑的环境中，他们更多的是学会了如何去服从权威而没有冒险精神和挑战意识，更多的是学会了因循守旧而没有了创新精神和创造意识。对此，研究者在对班主任的调查研究中，证明了这一现象的存在，比如在调查中，班主任会经常通过调换座位、随时监督学生的行为来强化自己的主观意愿等。"您班主任通常多长时间调换一次座位？"有40.32%的班主任三个月换一次，23.4%的班主任一学期换一次，10.11%的班主任一学年换一次。可以发现60%以上的班主任还是非常喜欢调换座位的，在这一过程中班主任能够实现自我权力的满足感。"您班主任有经常到班级监督你们的学习生活现象吗？"60.8%的同学回答经常如此，35.3%的同学回答有时这样，3.9%的同学回答不这样。"您班主任经常会把自己的主观意愿强加给您吗？"有12.8%的同学认为班主任经常这样，42.7%的同学认为班主任有时这样，44.5%的同学认为班主任不这样。"您班主任安排的工作，您能按要求完成吗？"64.7%的同学经常能够完成，33.7%的同学有时能够完成，只有1.6%的同学不能完成。这些数据表明班主任的权力得到了较为充分的体现。

在班级教育实践中，要尽可能实现对班主任这一权力的规避与引导，力求实现班级教育管理的和谐、民主与公平，进而实现学生的良性发展，而不是使学生进一步形成不健康的人格。首先，完善教育法规，加强教育执法的力度。我国在依法治国的前提下提出要依法治教，要求国家在法制化的环境下获得良性发展，使社会处于一种有序的发展状态。同时也要求在学校教育中进一步明确学校的法人地位，以便于使学校在法制的环境中有效地发展。但我国当前教育法制化水平还不是很高，虽然已经出台了《中华人民共和国教育法》《中华人民共和国教师法》等相关法律法规，但教育法规的整体发展程度还不是很完善，尤其是对教育法规的执行依然存在"有法不依、执法不严"的现象。因此，必须加强教育执法的力度，使法律的权威性、公平性及强制性得到真正的体现，使教育腐败极不公平现象远离教育环境。其次，强化教育体制创新，使之科学化与规范化。一方面，要求教育体制的发展变化要与政治、经济体制发展变化相适应，能够更好地适应社会建设发展的需要，以及更好地满足学生的发展需求；另一方面，要求教育工作要在透明的状态下进行，使"暗箱操作"、创租和寻租活动失去发展的空间，使教育体制创新的过程成为教育民主发展完善的过程，这样也就能够形成对教师寻租行为的有效约束。最后，提高班主任老师社会地位，关注他们的教育与培训。教师社会地位需要国家、社会从经济上、政治上给予保证，使教师在教育、管理中真正做到"有所为，有所不为"。在提高教师社会地位的同时，也应关注对他们的教育与培训，若能从思想上、权力观及育人的价值取向等方面对其进行教育与培训，不仅有利于更好地提升教师的素质，也有利于加强教师对自我的监督与制约，进而减少或避免权力寻租现象的发生。因此，孟德斯鸠在《论法的精神》中指出："一切有权力的人都容易滥用权力，这是万古不易的一条经验。有权力的人们使用权力一直到遇有界限的地方才休止……要防止滥用权力，就必须以权力约束权力。"[1] 这里体现了两个方面的内涵，其一，滥用权力是权力的自然属性；其二，制约权力的方式应该是对等权力主体的相互制衡，也就是权力监督的有效性。所以，提高教师的社会地位，加强对教师的教育与培训，既满足了教师的社会需求，又提升了教师的自身素质，既有助于教师对自身职业的尊重，也有助于增强教师的责任良知，从而实现教师对自我的监督与制约，避免权力膨胀而带来相应问题。

日本学者池田大作在其《权力的罪恶》一文中也提出了一些有价值的观点，对理解教师的行政性权力及其规避具有一定的启示。

---

[1] 孟德斯鸠.论法的精神[M].张雁深,译.北京：商务印书馆,1959：184.

第一章 班级控制：传统班级管理的审视

我想，在人类谋求和平与幸福的努力之中，即使能解决其他所有问题，到最后还会有一个问题无论如何不能解决，那就是权力的罪恶问题。因为形成权力罪恶的根源，就是包含在人类生命中与善性对立的恶性。深究权力，深究权力带来的罪恶，当然要涉及社会体制问题，然而追究到底，必然追究到人性本身，追究到生命本源的解释问题。

我请求，拥有权力的人们铭记这个事实，并下定决心和这种魔力进行不懈的斗争。同时有一点也很重要，要把权力用于为他人谋幸福，就要努力开发自己的聪明才智。不要用自己拥有的权力为自己谋利益，而要时时考虑为最痛苦的人服务，这不正是关键所在吗？

权力这个东西确实具有反民众的作用，因此，抑制权力也是很重要的。而另一方面，也有必要使民众确立绝对不受权力左右的自尊，同时还要变革权力持有者的内心，也就是说，为克服权力的魔性，或者说人的丑恶性，就要不断地向自我挑战。

以往的历史，可以说是循环往复的过程。打倒一个罪恶的体制，新的体制又会暴露出新的罪恶。新的体制要想终止产生新罪恶的恶性循环，就只有在体制所拥有的权力之上装上有积极意义的车闸。为此，必须在掌权者的内心，进而在所有人的内心，装上抑制权力的车闸。[1]

所以，迟田大作的论述，既告诉了我们权力的本源问题，也告诫了那些拥有权力的人不要为自己谋利益，而要学会时时为他人服务，同时也提出了对权力的规避与引导问题，比如要学生向自我挑战，掌权者内心深处要有积极意义的车闸以实现对自我的约束与制约。因此，班主任在班级教育管理中，要尽可能地避免自我高高在上、唯我独尊、目空一切的权力膨胀心理及行为，时时关注自我的非权力性影响因素，既给学生以知识的传递，也给学生以行为的模仿，更给学生以做人的启示。

（三）隐喻之三

下面这段话是研究者在教育行动研究中的所见所闻，看完后，或许会给你一些省思吧。

---

[1] 池田大作. 权力的罪恶 [J]. 领导文萃，1997（9）：24-25.

| 班级管理新思维

走进 K 中学，就看见学校大门口竖立的一块十分醒目的 2004 年高考金牌榜的牌子，上面可以清晰地看到 2004 年该校考取全国重点大学的学生名单及大幅照片，表明这可能是该校在过去一年最辉煌并且是最值得炫耀的成绩。通过在该校一段时间的听课、访谈及观察之后，发现学生的考试成绩在学校里处于至高无上的位置，班主任教师的奖励与惩罚与其班级学生所取得的考试成绩直接相联，班主任教师在学校中的地位也与其班级学生在期末考试、统一考试、升学考试中所获得的成绩息息相关。学校则把学生考试成绩作为衡量班主任业绩的主要尺度，班主任则以考试成绩作为衡量学生成就的主要指标，考试成绩好自然就能够在班级获得更多的好处，比如能够获得班级"黄金地段"的座位，能够获得所谓的"三好学生"称号，也能够获得班主任教师所赋予的更多更大的权利等；学生则更是把考试成绩看得格外重要，考试成绩好，就能够获得家长的厚爱、教师的关爱和同学的仰视等，从而"满足"了学生自我物质和精神上的需求。访谈中几位教师的话也许最能说明问题：当被问到"您怎么看学生的考试成绩"时，刘老师说："这年头不看成绩还看什么。"王老师说："如果学生考得不好，我们不仅要扣奖金，而且还要挨批评。连饭碗可能就没有了。"杨老师则说："学生考试成绩低了，我们当老师的连头都抬不起来。"可以发现考试成绩几乎决定一切。因此，在单一的考试成绩甚至是升学率的价值取向要求下，学校内部的竞争也就变得相对比较残酷。

正如访谈中一位教师所言：考试成绩决定一切。班主任在班级发展中无疑会把学生的学习成绩作为重要的管理内容，一切工作都要围绕学生的学习成绩进行。有 62.91% 的学生认为班主任会用考试成绩的好与差表扬或批评学生，这种过分地看重学生的考试成绩的"近视"或"短视"行为带有明显的功利取向，与人的发展的全面性、长期性及复杂性的要求是相悖的，进而也就忽视了教育对学生的改进和发展的功能。日本教育专家梶田睿一指出："无论是考试还是成绩评定，现在的教育评价都带有只是依据某一期间的教育成果来确定与他人比较中所处位置的浓厚的审定总括性质，而对教育活动本身的改善不起任何作用。所以，教育评价在多数场合下最终只能起着各种意义上的分等划类的作用，没有成为具有教育意义的、能进一步促进学生成长发

第一章 班级控制：传统班级管理的审视

展的评价。"❶ 正是因为过分地关注学生的考试成绩，致使学生的发展比较单一，很少有时间和精力去开展其他相关活动。如"关于辩论的爱好，您班主任会为你们创造这样的机会吗？"22.2%的同学认为经常会，58.95%的同学认为几乎没有，18.85%的同学反映从来没有。"您觉得您的兴趣、爱好、特长在班级里得到发挥了吗？"1.5%的同学认为自己得到了完全的发挥，40.5%的同学认为自己得到了一定程度的发挥，58%的同学认为自己没有得到发挥。由此，研究者认为过分地强化教育的功利价值，可能会使学生走向片面发展之路，变成缺乏兴趣、爱好的"单向度的人"。

功利化教育思想的出现是有其深刻的社会历史根源的，是与我国长期处于落后、被动挨打状况紧密相关的，是急于求成思想在政治、经济、文化等方面的集中体现。于是，在教育上也就有了"快出人才，出好人才"的思想，这一思想一直延续至今，并且在教育领域更加泛化。比如，在我们很多中小学里，则出现人为划分的所谓"快班"与"慢班"、"好班"与"差班"，甚至是"火箭班"与"普通班"的差异，其实，这已经背离了教育发展的内在价值诉求，并进而导致教育"异化"现象的出现，因为人为地给班级贴上了所谓的"好与差""快与慢"的标签，也就意味着要尽快地发展一部分人，而延缓或扼杀另一部分人的发展，这也就在有形与无形之中造成了教育机会的不均等，也就很难在学生群体中实现所谓的教育均衡发展。正如美国学者古德莱得所言："本世纪我们的时间大多花在同质分校分班，但却失败了——我们何不试试异质分类。让我们把儿童安排在一起，虽然他们是有差异的，但正是这种宗教的、民族的、能力的、性向的、兴趣的、需要的广泛差异，才可促进每个儿童的学习、相互理解与充分发展。"❷ "学校在分班的做法上，受到了一些普遍接受的假定和传说的影响，比如人分两类：脑力劳动者和体力劳动者；学生分好学生和坏学生，脑筋快的和脑筋慢的；等等。学校非但没有建立一种环境去缩小学生在初入学时的差距，补偿他们的不足之处，相反地，教师们无意地制造了一些使缩小差距更困难的障碍……按差距分班……被想当然地认为是一条捷径，能使有差距的学生们各取所需。事实上，

---

❶ 梶田睿一. 教育评价 [M]. 李守福, 译. 长春: 吉林教育出版社, 1988: 147.
❷ Jonh I. Goodlad. Facing the Future [M]. New York: Charles Scribner's Sons, 1980: 268.

分班实际是一种用来掩盖问题的组织手段，而不是一种纠正问题的教学方法。"❶ 因此，这里既表明了功利主义教育思想在学校教育中的延续与发展，又体现了教育者人为制造教育机会不均等的行为，更说明了学生不均衡发展现象的存在及教育者对学生发展的不负责任。可见，教育的功利化倾向无疑使班级教育管理带有急功近利的"短视化"的弊端，可能会造成人已成为"非人"了。

所以，一篇题为《烦恼的根源》的文章给我们思考该问题提供了一个很好的注脚，文章指出：

> 人类的烦恼根源，不是做人，而是"我想变成什么"。自会说话开始，便有大人问："你长大后希望做什么啊？"从那一刻起，小小孩子便以为人必须要成为另一种东西。再加上自小学起，作文题目必定有："我的志愿"，我要做医生，我要做律师，我要做护士，我要做总统。一出生的训练，并非自自然然地做个人，而是做另一种有目标的生物。踏进社会后，人与人间的比较更多了，成为医生的，想做最好的医生；成为商人的，要赚比别人更多的钱。连本来养性怡情摇摇笔杆的，都心里紧张焦躁。为什么某某比我出名？为什么某某的书销量比我好？不禁叹句：人啊人，你到底还想变成什么呢？老虎只做老虎，猪只做猪，鸟儿只做鸟儿，所有生物都在做自己，只有人类不做自己。想成为什么而成为不了，便烦恼失望。原始人大概不会失眠，原始嘛。狼也不会忧心，更不会想及好坏，天天问自己："我是只好狼还是坏狼？"人类怎么看狼，老虎怎么看狼，它才不理呢。动物吃饱了肚子便悠然自得，想睡便睡去。人几时才会做人？

（四）隐喻之四

下面这个小故事带给你的又是什么呢？

> 得到一筐红苹果的那天，单位里正好有几位同事带小孩来。
> 问第一个小孩：吃苹果吗？

---

❶ 古德莱德. 一个称作学校的地方 [M]. 苏智欣，等，译. 上海：华东师范大学出版社，2006：5.

第一章 班级控制：传统班级管理的审视

她想了好久，摇摇头走了。

问第二个小孩：吃苹果吗？

他有些勉强：吃一个，就吃一个。

问第三个小孩：吃苹果吗？

他满脸不屑：苹果有什么好吃的？

问第四个小孩：吃苹果吗？

她看一眼就欢呼起来：啊，多漂亮的红苹果！

霎时觉得她无比可爱。

想起不久前看到的一则报道：有一个由十个中国孩子和十个俄罗斯孩子组成的夏令营，十个中国孩子是北方某省会城市从几十万少年儿童中挑选出来的"小明星"，怎么说都应当是很出色的。

然而据随营采访的记者回来讲，与异国孩子相比，"小明星"差距很大，不会打排球，登山缺乏朝气，唱歌跳舞不如人家……

这些我倒不觉得怎样，让我在意的是，我们的"小明星"竟然不会欢呼。在举行联欢时，我们演节目，俄罗斯儿童热情鼓掌，欢呼雀跃；而他们的节目尽管也十分精彩，我们的"小明星"却几乎没有反应，在老师的带领下，才礼节性地鼓了几下掌。

无论是红苹果还是精彩节目，对美好的东西发出由衷的欢呼，不是孩子的天性吗？这种欢呼，在成人中由于种种原因已日渐稀少，但究竟是为什么，连孩子都不大会欢呼了呢？而且还是些"出色"的孩子！

我坚信，能当场欢呼美好的人，也定能当场鞭挞丑恶。大街上面对坏人坏事的漠然旁观，即始于对美好的漠然。

这是一位教师的亲身经历与感受，不知你觉得如何。

学生是五年级的，全班共48位。小许走进教室时，还是下课时间，但学生见他进了教室，就纷纷坐到了自己的位置上。小许见离上课还有几分钟，就提醒大家到外面玩玩，可只有两三个学生站了起来；再次提醒，又站起了几个，而且只是在过道上走了几步。上课铃响后，所有的人都坐得极其端正：两手在胸前交叉，双肘稳稳地撑着桌面，腰杆挺着，目光一律正视。小许说："随便点，不要这么端正。"他们没动。又说："来，放松点。"他们

· 33 ·

依旧。再说:"我上课从来不需要正襟危坐,大家怎样舒服就怎样坐,手不一定都那样放。"小许走上前去,拆散了他们交叉的手。终于,后面的学生也松动了点。于是,开始上课。课上得很拘谨,每次提问,举手的同学寥寥无几,即便点名提问,也是问一句,说一句,不肯多说一个字。奇怪的是,上着上着,他们原先松动的身子,拆散的手,又恢复了原貌。"怎么,大家连坐不好都做不到?我现在不是要大家端坐,而是让大家随便坐。"小许说。有几个学生朝他瞧瞧,用一种疑惑的眼光。也许他们觉得奇怪:上课怎么可以随便坐呢?

  课上得不算成功,课堂没有生气,死气沉沉。但班主任老师说:"这个班级一直受到老师们的赞扬,因为他们特别守纪律。"

  上面第一个故事的主题叫《呼唤欢呼》,为什么孩子欢呼也需要呼唤呢?难道孩子连欢呼的权利也没有?或者说孩子连欢呼的兴趣都消失了吗?充满天性的孩子为什么会像成人那样老于世故?他们本来对很多新鲜事物抱有极大的兴趣甚至是好奇的,但在我们"目中无人"的教育中,孩子逐渐成为教育的"牺牲品",他们却没有了儿童的天性,做什么事情都要在老师的引导下进行,并且他们整天所关注的是如何能够成为考试中的佼佼者,如何能够取得骄人的成绩,在这种教育氛围中,学生逐渐成为"单面人"。而第二个例子所体现出的则是学生受纪律、制度所困致使自己深陷其中却看不到超越之径。其实,两者都体现出的是学生在教育中逐渐丧失自我,丧失自我的主体性。

  我们在班级发展中也看到,班主任总是会在有意无意中淡化学生的主体意识,使学生失去表现自我或展示自我的机会,同时更多的是使学生缺少了批判与质疑的精神。如"您在班级里表现自我的机会如何?"15.8%的同学反映自己经常有机会表现自我,72.2%的同学反映只是有时有机会,12%的同学认为自己没有机会。"您认为班主任喜欢您的最主要原因是什么?"11.7%的同学认为是因为自己的学习成绩好,22.7%的同学认为是自己听话,8.4%的同学认为是自己的自主性强,9.4%的同学认为是自己的纪律性强,有47.8%的同学认为是因为其他原因。"您对班主任说的话质疑过吗?"20.1%的同学经常会质疑班主任说的话,62.8%的同学认为自己几乎没有质疑班主任说的话,17.1%的同学反映自己从来没有质疑班主任说的话。调查中可以明确地发现,一方面,班主任很少关注对学生主体意识的培养,只有8.4%的班主任喜欢自主性强的学生，90%以上的班主任还是不太喜欢或根本就不喜欢自主性强的学生，这就在无形中淡化了学生的自主意识；另一方面，学生也带着一种尊敬与崇拜的心理去看待班主任，即使班主任出现一些问题，也没有人会主动提出疑义。所以，近80%的同学没有或很少去质疑班主任的言行也就很正常了。

五、五种消解班级控制的理念解读

德国教育家雅斯贝尔斯指出："所谓教育，不过是人对人主体间灵肉交流活动（尤其是老一代对年轻一代），包括知识内容的传授、生命内涵的领悟、意志行为的规范，并通过文化传递功能，将文化遗产教给年轻一代，使他们自由地生成，并启迪其自由天性。"[1] 而"控制并非爱，控制固守着人与人心灵无交流隔绝状态的距离，使人感到控制者不是出于公心，而是在使用狡计，并以被控制者个性泯灭为代价"[2]。因此，关注人的自由天性得到启迪的教育无疑是我们需要努力实现的，尽可能减少教育中的控制行为以实现人与人心灵的充分交流，使被控制者个性得到真实体现，从而实现学生主体性的解放及主体意识的重新建构。

我们知道，班级控制中渗透着不自由、不民主、不平等的思想，处处体现着对学生的不尊重。"尊重这个词的实际意义就是指客观地正视对方的全部，并容纳对方独有个性的存在。还会努力地使对方能健康成长和根据自己的意图自行发展。因此，尊重绝对没有对对方实行支配、占有或奴役之意。"[3] 不尊重也就意味着有对对方实行支配、占有或奴役之意，意味着教师的强制与专断。也说明教育更多地体现为教师个人的"一厢情愿"，是教师个人在班级舞台上的表演，是教师个体理性的自我实现，而没有了学生的主动参与，缺少学生的"弹奏"与"伴奏"，缺乏学生个体激情"演出"的教育则失去

---

[1] 雅斯贝尔斯. 什么是教育 [M]. 邹进, 译. 北京：生活·读书·新知三联书店, 1991：3.
[2] 雅斯贝尔斯. 什么是教育 [M]. 邹进, 译. 北京：生活·读书·新知三联书店, 1991：5.
[3] 弗洛姆. 爱的艺术 [M]. 萨如菲, 译. 北京：西苑出版社, 2003：39.

了其基本的内涵。很显然，这种教育思想和行为都不能够实现教育的本体价值。所以，班主任具有自由、民主、平等、尊重与超越的教育理念是进行班级教育改革、实现班级"控制机制"重构的前提。

（一）理念一：自由

自由是人们在私人和公共生活领域中所体现出来的自觉、自为、自主的一种权利或状态。其中自觉是相对于"盲目"而言的，自为是相对于"自在""自发"而言的，自主是相对于"强制""被迫"而言的。自由体现了作为主体的人所具有的基本特性，是人能够从事社会活动的权利。而人一旦没有了自由或放弃了自由，则失去了人的基本特性，正如卢梭所言："放弃自己的自由，就是放弃自己做人的资格，就是放弃人类的权利，甚至就是放弃自己的义务。"❶ 柏林也指出："自由这个词的积极意义来自于个人希望能够做自己的主人。我希望我的生命及决定是依靠我自己，而不是依靠任何外在的力量；我希望成为自己的工具，而不是别人的意志行为所支配的；我希望自己是一个主体，而不是一个对象；我希望我是由自己的理性及有意识的目的所推动的，而不是被外来的原因所影响的。"❷ 因此，自由是实现个体自我成为真正意义上"人"的重要条件。人在获得自由的同时，也应该负有相应的责任，因为不承担责任的自由是不存在的，只可能会导致自由的无限膨胀，甚至可能是自由主义思想的泛滥与盛行，这同样不可能达到主体人的主体性的实现。日本教育家小原国芳指出："一个人没有自由的时候，也不会有什么责任。现在的教师用自己的教育权力剥夺了本来属于学生的自由，同时也把责任背到自己身上，摇摇晃晃，疲惫不堪。"❸ 可见自由与责任是对等的，赋予学生自由的同时，也就使其承担了相应的责任。这样，一方面教师身上的负担减轻了，获得了一定程度的解放，得到了教师自我发展更多的空间和自由；另一方面学生也获得了自我的尊重与信任，愿意主动承担相应的责任，从而也获得了更大的发展空间和自由。这无疑有助于实现班级的良性发展及学生的和谐发展。所以，留美博士黄全愈指出："人们总喜欢说'这个世界的

---

❶ 卢梭. 社会契约论 [M]. 何兆武, 译. 北京：商务印书馆, 2003：12.

❷ 石元康. 当代西方自由主义理论 [M]. 上海：上海三联书店, 2000：11.

❸ 小原国芳. 小原国芳教育论著选（上）[M]. 由其民, 译. 北京：人民教育出版社, 1993：275.

第一章 班级控制：传统班级管理的审视

未来是属于孩子的'。然而，这个世界却不属于孩子。这个违反逻辑的常识在中国很少有家长和教育工作者注意过。孩子的周围，总是设置着一道道有形或无形的深院高墙：正是'为了孩子的未来'这种美丽的口号限制了孩子的自由空间，阻断了孩子的自由梦想。为什么我们不能往后让一让，给孩子留出一块自由的空间，给他们一双属于自己的翅膀，让他们享受一下自由翱翔的乐趣，领略一下俯视万物众生的灵感？"❶

曾读过一篇题为《自由老人不自由》的故事，给我留下了非常深刻的印象。

  一个退休老人在学校附近买下一栋简朴的住宅，最初几个礼拜很安静，过后有三个年轻人开始在附近踢所有的垃圾桶。

  这个老人受不了他们发出的噪声，出去跟这几个该下地狱的人谈判："你们几个年轻人玩得很开心。"他说，"我喜欢看你们像这样表达你们的欢乐之情，我年轻的时候也常常做这样的事情，你们能不能帮我一个忙？如果你们每天过来踢垃圾桶，我给你们每人一块钱。"

  这三个年轻人很高兴，他们使劲地踢所有的垃圾桶。有一天，这个老人带着愁容去找他们："通货膨胀减少了我的收入。"他说，"从现在起，我只能给你们每人五毛钱了。"

  这几个制造噪声的人不大开心，但还是接受了老人的钱，每天下午去继续踢垃圾桶。一个礼拜后，老人再找他们："瞧！"他说，"我最近没有收到养老金支票，所以每天只能给你们两角五分。成吗？"

  "只有区区两角五分？"一个年轻人大叫，"你以为我们会为了区区两角五分钱浪费我们的时间在这里踢垃圾桶？不成，我们不干了！"

  从此以后，这个老人的日子过得很快乐。

其实故事所反映的就是老人在享受自由的时候，他也承担了一部分责任，当然他这种责任的承担是通过智慧思考的结果，是积极主动的；对几个年轻人而言，他们在享受老人给予他们自由的同时，也承担起责任，只不过这种自由与责任是消极的、被动的。可见，不管对老人来说，还是对

---

❶ 黄全愈. 素质教育在美国——留美博士眼中的中美教育［M］. 广州：广东教育出版社，1999：163.

·37·

年轻人来说，他们都有在享受自由的同时去承担责任的义务。所以，希望班主任能够有一种自由的教育理念，同时，这种教育理念是积极的、主动的，是有助于班主任和学生自身发展的，也是有助于他们在发展自我过程中去享受生命的。

(二) 理念二：民主

民主是什么？我们又该怎样去理解民主？下面两则寓言故事或许能够为我们掀开民主外面较为神秘的面纱，为理解民主的内涵提供一种思维的视角。

一则是《鹰、水鸭与青蛙》：

> 统治山林湖泊的鹰大王，很不满意青蛙们无拘无束、自由散漫的生活。于是，决定派水鸭去管束领导他们。
>
> 这个决定一经公布，青蛙们便纷纷表示不满。鹰大王显得很民主地说："如果大伙儿认为水鸭不适合做你们的领导，那就请派一个代表来反映情况，说明理由吧。本大王一定充分尊重大伙儿的意见！"说罢，便飞到路边一根光秃秃的电线杆上等待着青蛙们选出代表。
>
> 代表很快便选了出来，反对的理由也列举了十几条。然而，此时一个很重要的问题却摆在了蛙代表的面前：怎样才能见到高高在上的鹰大王？
>
> 这时，水鸭衔着一根线绳飞来了。它对蛙代表说："你不是想见鹰大王吗？请咬住绳子吧，我带你去见。"
>
> 于是，一个奇特的场面便产生了：鹰大王屹立在电线杆上，水鸭衔着线绳围着鹰大王盘旋，绳子下面吊着的是有满肚子话要说的蛙代表。
>
> "你是大伙儿推举出来的代表吗？"鹰大王俯视着蛙代表用亲切的口吻说，"现在，就请你谈谈对本大王任命的看法和意见吧。如果理由充分，本大王一定收回成命。"
>
> 可是，蛙代表此时除了紧紧咬着线绳和干瞪着两只鼓鼓的眼睛之外，一句反对的话也不愿意说了，因为它很清楚自己这时的处境，如果一开口说话，等待它的将是怎样的一个结局。

另一则是《狮子的孤独》：

第一章　班级控制：传统班级管理的审视

作为森林之王，狮子几乎饱尝管理工作中所能遇到的全部艰辛和痛苦。它多么渴望能像其他动物一样，享受与朋友相处的快乐；能在犯错误时得到哥儿们的提醒和忠告。

它问狼："你是我的朋友吗？"狼满脸堆笑着回答："当然，我永远是您最忠实的朋友。""既然如此，"狮子说，"为什么我每次犯错误时，都得不到你的忠告呢？"狼想了想，小心翼翼地说："作为您的属下，我对您有一种自然的崇拜，所以看不到您的错误。"狮子又去问狐狸。狐狸眼珠转了一转，讨好地说："狼说得对，您那么伟大，有谁能够看出您的错误呢？"

狮子遇见猴子，问了它同样的问题，猴子很直率地说："大王，你的管理确实有很多不足之处，常会犯些低级的错误……"没等猴子说完，狮子一口咬掉了它的脑袋。

第一则寓言则告诉我们鹰大王所进行的管理是以表面上的民主代替事实上的不民主，这种管理现象在我们的现实学校班级管理中是很普遍的，很多班主任往往会以表面上的民主管理来掩人耳目，事实上在进行着较为专制的管理。而第二则寓言则是告诉我们"高处不胜寒"的孤独，也即是由于管理上的专制性所带来的彼此之间交流与沟通的障碍，进而导致民主氛围的缺失。由于组织结构上的等级制度，主管和下属之间隔着一道鸿沟。所有的下属对你的态度，都像对待狮子一样敬而远之，因为指出你的错误容易，可万一你恼羞成怒，他们不是会像那只猴子一样自取其祸吗？

可见，两则寓言故事在一定意义上已经表明了民主所赋有的内涵。其实，民主问题就本质而言则是个权力分配问题，是和不民主或专制相对立的。民主的发展则意味着更加宽容、开放、平等及能够尊重个性差异等，它是与霸道、蛮横、专制、狭隘等个性品质逐渐消退相对立的。民主的实现则意味着人更加自由及更多人的参与，"人类为什么需要民主？因为民主意味着让人民大众享有自由。哪里不存在强有力的民主制度，哪里就不存在强有力的自由"。❶ 所以，在民主的环境里，个体的自由能够得以充分地实现，而且个体也能够最大限度地参加管理。我们知道，专制的教育是以专制的权力为保障的，因此民主的教育更多的是以民主参与管理为保障的，通过民主参与实现

---

❶ 阿克顿. 自由与权力 [M]. 侯健，等，译. 北京：商务印书馆，2001：369.

了权力的合理分配，避免了权力的滥用，并且体现了个体自我的价值。当然，民主也有助于最大限度地实现社会公正，社会公正或正义是维护社会稳定、形成社会凝聚力的一种重要因素，也是人们所一直追求的社会价值理想，社会公正也能够更好地促进民主的发展。因此，教育中民主的实现则表明对传统的教育专制制度的扬弃，而公正的实现则意味着教育民主的普及与深入。二者共同推进民主教育的发展与升华，为教育权力的有效使用和监督提供了保障，为学校教育的有效发展搭建了平台，为学生主体性的发展与实现创造了极大的空间。

看来，作为班主任既不能用鹰大王所谓表面的民主进行班级管理，也不能用狮子较为虚伪的民主进行班级管理。前者带给学生的则是"苦不堪言"，而后者带给学生的则是学会了虚伪与狡猾，很显然这些都与民主的班级管理是相悖的，也不可能实现学校教育所负有的社会责任和价值，更失去了教育所关注的实现人的身心和谐发展的价值使命，所以作为班级教育管理者的班主任理应对民主的班级教育理念三思而后行。

（三） 理念三：平等

关于平等内涵的理解，我们可以先看下面这个小故事，它或许会给你一点启示。

> 一只小狮子进了一个小动物园。在旁边的笼子里关着一只疲惫的老狮子，它成天除了躺着睡觉什么也不干。"狮子怎么能像这个样子！"小狮子自言自语道。于是它向游人怒吼，奋力想冲破笼子的铁栏杆。
>
> 饲养员带来一大块肉，扔进老狮子的笼子里，然后给小狮子一袋坚果和两只香蕉。
>
> "我真不明白这是为什么。"小狮子十分惊讶地对老狮子说，"我像个真正的狮子，而你除了躺着却什么也不干，结果你看！"
>
> "喔，是这么回事。"老狮子好心地告诉它，"这是一个小动物园，他们养不起两头狮子，所以在他们的名册上，你是一只猴子。"

这样平等吗？很显然不平等，也不能体现平等的内涵。那么，什么是平等呢？平等问题实质上更多地表现为权利的分配问题，在古代社会出现更多的不平等就是因为权利的分配不均以及由权利所导致的经济利益不等所造成的结果。教育领域也是如此，由于"学在官府"，教育被统治阶级所把持和垄断，他们享有了更多更大的权利，使得教育变成了为统治阶级服务的政治工具，人为地造成了教育资源的分配不均，造成了阶级之间教育的不平等；当然又由于当时的政教不分，官师不分，致使教师也具有了很高的地位并拥有很大的权利，造成了教师与学生之间的不平等，并且这种思想一直延续至今。

教育是人与人之间心灵的交融与沟通的活动，它不是一方对另一方的施舍与恩赐，也不是一方对另一方的强制灌输与填压，而是建立在师生双方平等基础之上的对话、交流与沟通的一种行为。但我们在现实教育中更多地体现为教育的不平等，由于"外部制度所分别赋予教师与学生的'教育者'与'受教育者'的既定身份，被视为且自视为教育者的教师容易滋生出一种'高位'意识、'强者'架势及'权威'面孔，被视为且自视为受教育者的学生则容易产生出'低位'感觉、'弱者'状态及'随从'精神"。❶ 这也无疑会造成师生之间代沟的产生与不和谐音符的出现，正如劳凯声教授所言："我们并不完全理解我们的教育对象，他们所处的发展环境发生了极大的变化，他们承受的压力远远超出他们的上一代，他们面临的是一些需要独立做出判断和决定的全新问题。而我们却仍然在用自己亲身经历和体验来解释孩子的所思所想，一味地指责，或者苛求我们的孩子，从而形成深刻代沟。"❷ 所以，教师自身应放下架子，要能够充分认识到自己也是学生中的平等一员，自己与学生并无身份的优劣之别，仅仅是学识上的先后差异而已，并且这种差异不应夸大。无疑，平等是师生关系和谐发展的基础与前提，同样，师生之间关系的和谐也会延迟甚至阻断师生之间的不平等，从而推动师生关系的融合与融洽。

（四）理念四：尊重

什么是尊重？尊重对学生成长的价值何在？作为班主任是否做到对学生

---

❶ 吴康宁.学生仅仅是"受教育者"吗？——兼谈师生关系的转变 [J].教育研究，2003（4）：44—48.

❷ 劳凯声.重新界定学校的功能 [J].教育研究，2000（8）：3—5.

的尊重了呢？我们先阅读下面这篇《让校长给我道歉》的文章，文章也许更好地说明了我们现实教育中教师或班主任甚至领导很少能够关注这一问题，也就不可避免地会发生彼此之间的不理解，所以学生对教师或班主任的不信任也就不足为奇了。

不知为什么，我在学校完全是另一个样子，老是捣蛋。以前我很笨，但从不做坏事。现在呢，我是个留级生，不但很笨，还是个流氓。我们班主任安娜就是这样说我的。

以前别人骂我时问："你不害臊吗？"我埋下头说："害臊……"可现在我会嬉皮笑脸地回答："不！"我知道为人应该善良，但是在学校不可能善良，何况也不要求我这么做，只要求我听话……

班主任安娜走进教室，满脸不高兴的样子。我们站起来，身体挺得笔直。

"坐下！"安娜命令，"现在你们写作文。"

"今天的作文我不打分，因为这是《少先队真理报》的征文，题目是《如果我是一位教师》。"

"天哪，要是出错怎么办！"

"错误由我来检查、改正。"

"如果我不想当老师呢？"我坐在座位上问，"那怎么办？"

"安德烈，谁也不会请你去当老师的！"老师生气地说，"你完全可以不写！"

但我还是随心所欲地写了，可能出了很多错。管它呢！

我在作文中写道：学校不该像现在这个样子，而应完全相反。比如说这样：我来到学校，所有的老师看见我都很高兴！"你好，亲爱的安德烈！"他们一副满脸堆笑的样子。

"你们好！"我一边走自己的路，一边严肃地说，"叫校长到我这儿来！两天没看见他啦，是不是又跑出去玩了？"

"他在开会。"老师们替他辩解。

"我马上就会弄清楚他到底上哪儿去了！"我威胁道。

校长跑来，一副惶恐不安的样子，眼睛看着地面。

"是你叫我吗，安德烈？"

第一章 班级控制：传统班级管理的审视

"对，跟我到教室去！"我生气地点点头。我走进教室，他胆怯地在门口站住了。

"你瞧瞧，我为什么叫你来……你瞧，教师们又不遵守纪律了，在课堂上搞得很不像话。"

"又犯老毛病啦？"校长叹了一口气。

"你想想！昨天地理老师尤利雅管彼得叫'糊涂虫'，难道你们的教学法就是这样？"

校长难过地把双手一摊：

"唉，安德烈，我跟她说过无数次了。我简直拿她没办法！不过，你也要体谅她。她家中出了一件很不愉快的事……"

"算了……"我长叹一声，"与其在此哭丧着脸，不如好好钻研一下教育学。重要的是要做一个善良的人，要爱学生……"

"是的，爱学生。"他唯唯诺诺地答道，在我的示意下退了出去。

第二天是星期天。老远，我看见校长从学校出来，一边走，一边查看房子的门牌号码……当校长敲了敲我家的小篱笆门，走进院子时，我吓得急忙躲到桌子下面。一定是来告状的。幸好我家没大人……

"安德烈！"校长在外面喊道，"如果你在家，就让我进来。"

"我读了你的作文！你听见了吗？"等了一会儿，他又喊道。

我没回答。有什么好谈的？他找的不是我，是我妈妈，是来告状的。

"安德烈！"他突然伤心地说，"我同意你的一些意见……你听见了没有……"

"反正我不开门！"我吼了一声。

"我自己以前也想过，"他轻轻地说，好像在自言自语，"是的，我的工作应该做得更好一些……孩子们跟我在一块儿才会觉得有意思，很平常……我们互相理解……我做过努力，但不完全成功……你懂吗？"

"关我什么事？"我在窗帘后面叹了一口气。

"就是关你的事！"他回答，"爱学生……叫别人怎么爱你？你谁也不需要。你活着，读你自己的书，别的一切对你都无所谓。你从旁边观察别人，嘲笑别人的弱点……跟你在一块儿心里都发冷……

"不错，"他突然说，"你在学校表现不好，这我也有责任，应该向你道歉。我也想过，我们学校应该是全体学生的第二个家……"

· 43 ·

> 他坐在门口的台阶上，忧郁地抽着烟，不再像一个威严的校长，而只是一个普普通通的人。我打开门，走到台阶上，他往旁边挪了挪，我挨着他坐了下来。

我们可以想一想，为什么安德烈会写出如此的文章呢？为什么会让校长给自己道歉呢？其实他更多地是想通过换位思考来实现彼此之间的尊重。他也看到了学校带给他的是使他学会听话，只有去听老师、校长的话，才能够获得老师或校长的认可，才能够获得更好的发展机会和空间，而他在学校的"叛逆"表现显然不可能得到老师或校长的尊重与认可。所以，他写如此的文章则是他在学校教育实践中没有得到应有尊重所产生的内心痛苦的体现，他也期望通过这种换位思考能够实现学校教育环境的改善。当然，可喜的是校长已充分认识到了自身所存在的问题，也在不断反省与自责，最终也赢得了安德烈的接纳和尊重。对班主任而言，要想赢得学生的尊重与信任和支持，必须要做到：

首先，要树立正确的发展的学生观。学生个性千差万别，而且个体心理也在不断地发展和变化，因此，要相信学生的本质是善良的、向上的、健康的，而并非都是自私自利反社会的，要尽量了解学生的学习生活习惯与个性品质发展之间的关系，从积极的方面认识学生的本质；同时，也要坚持学生发展的原则，不要把学生看作是只会听话的被动的生物体，学生也需要自我获得更大的发展空间。

其次，要树立民主、平等的师生观。师生关系的和谐与否会对学生产生重要的影响，要打破传统的强调"教师中心论"、强调班主任绝对权威作用的观点，班级管理不是靠管理者的权威、强制进行的，而是更多地通过管理者自身的个性品质、能力素质、学识水平及情感因素去影响的，即管理者的非权力性因素，通过这种非权力性因素影响学生，使班级同学产生敬爱、敬佩、信赖和亲切感，从内心接受认同班主任，从而形成良好的师生关系和融洽的班级人际氛围，使学生能够在班级充分地享受权利和承担应尽的义务，发挥自身的潜能，实现班级的管理目标。

再次，要充分尊重学生。学生作为一个主体，与班主任在人格上是平等的，因此，管理者要尽可能对学生使用理智、礼貌性的语言，给学生以启发，而不是使用讽刺、挖苦及侮辱性的语言，进而伤害学生的自尊；要相信学生能妥善地处理他们自己所遇到的问题，即使出了问题，也应少批评、多指导、多启发，使学生通过自我反思，逐步认识问题的内在本质；同时，班主任也应有主动承认错误的精神，班主任在教学和日常的班级管理之中，出现失误和错误在所难免，要能够以大度、理智的态度对待自身的错误。

最后，要有关注和尊重学生的心向。班主任虽然具备了较高的人文素质，但由于没有这种心向或有这种心向而惧怕实施，同样不可能实现对班级学生的有效教育和引导。

（五）理念五：超越

曾读过一篇题为《和尚与哲人》的寓言：

一位和尚跪在一尊高大的佛像前，正无精打采地背诵经文。长期的修炼并未使他立地成佛，他为此而苦闷、彷徨，渴望解脱。正好，一位驰名中外、云游四海的哲人来到他身旁。

"尊敬的哲人，久仰久仰！弟子今日有缘见到你，真是前世修造！"和尚来不及站起，激动得颤颤巍巍地说，"今有一事求教，请指点迷津：伟人何以成其为伟人？比如说，我们面前的这位佛祖……"

"伟人之伟大，是因为我们跪着……"哲人从容地讲开了，声如洪钟，萦绕殿堂。

"是因为……跪着？"和尚怯生生地瞥了一眼佛像，又欣喜地望着哲人，"这么说，我该站起来？"

"是的！"哲人向他打了一个起立的手势，"站起来吧，你也可以成为伟人！"

"什么？你说什么？我也可以成为伟人？你……你……你这是对神灵、伟人的贬损！"说着，双手合十，连念了两遍"阿弥陀佛"。

"与其执着拜倒，弗如大胆超越。"哲人像是讲给和尚听，又像自言自语，头也不回地走了。

"超越？呸！"和尚听了哲人的话如五雷轰顶，"这疯子简直是亵渎神灵，玷污伟人！罪过！罪过！"说着，虔诚之至地补念了一遍忏悔经。

也曾读过古希腊神话中关于西齐弗的传说：

在古希腊神话中，有一个关于西齐弗的故事。

西齐弗因为在天庭犯了法，被大神惩罚，降到人世间来受苦。对他的惩罚是：要推一块石头上山。每天，西齐弗都费很大的劲把那块石头推到山顶，然后回家休息，可是，在他休息时，石头又会自动地滚下来，于是，西齐弗又要把那块石头往山上推。这样，西齐弗所面临的是：永无止境的失败。大神要惩罚西齐弗的，也就是要折磨他的心灵，使他在"永无止境的失败"命运中，受苦受难。

可是，西齐弗肯认命。每次，在他推石头上山时，大神都打击他，告诉他不可能成功。西齐弗不肯在成功和失败的圈套中被困住，一心想着：推石头上山是我的责任，只要我把石头推上山顶，我的责任就尽到了；至于石头是否会滚下来，那不是我的事。

再进一步，当西齐弗努力地推石头上山时，他心中显得非常地平静，因为他安慰着自己：明天还有石头可推，明天还不会失业，明天还有希望。

大神因为无法再惩罚西齐弗，就放他回了天庭。

寓言中的哲人以智慧的眼光启示和尚实现对传统权威的超越，但和尚却以对传统权威或伟人的顶礼膜拜而在精神上"停滞不前"，无法实现对自我的超越，最终不可能成为权威或伟人。而古希腊神话中的西齐弗则实现了自我的超越，虽然他可能承受着"永无止境的失败"命运的痛苦煎熬，但他能够勇敢地面对现实，以自己的实际行动去感动大神，最终实现在别人看来几乎不可能实现的事情，这就是对自我的超越。所以，个人意识到自己的存在，认同自己的存在，已是一件不简单的事；个人能透视自己的命运，掌握自己的命运，更是一件不容易的事。但是，更困难的，则是把命运转换成使命，因为，使命的含义要超越神话中的内涵，它不但要替自己的存在谋求出路，它还要在感受到失败痛苦时，去替人类、替世界创造快乐与幸福。

超越意味着对传统的扬弃，对班主任而言，要能够在班级教育管理中做到一方面不要迷信传统的规章典范，在传统的班级教育管理中，更多地

第一章 班级控制：传统班级管理的审视

体现为是一种以"物"为中心的管理，是一种见物不见人的管理，是一种缺乏对人的价值与尊严尊重的管理，作为班主任要能够打破这种管理的规章典范，要能够去以一种发现的眼光审视学生、教育和引导学生；另一方面班主任也不要迷信权威，要敢于挑战权威，管理有法但无定法，每个人都有自己的思维方式和做事风格，也都有自己鲜明的个性特征，需要在管理中充分实现自我的价值，而不是盲目地迷信所谓的权威，权威只代表一种思维和行为的方式，权威也只是在某一个时空范围内相对的概念，盲目地迷信权威只会限制自己思维的进一步发展，更可能会影响自己行为的多样化，最主要的是学生是千差万别的，是处于不断发展变化之中的，不能以一种静止的教育观念来教育和影响发展变化中的学生，这样必然会导致学生发展的模式化、标准化，也必然会限制学生个性发展的多样化，从而与我们所追求的新课程改革中关注学生个性化特征的基本价值诉求相悖。所以，班主任应该以一种发展的眼光实现班级学生发展的有效教育和引导，而不是因循守旧、故步自封、迷信传统与权威，进而限制自我教育思想与行为的延伸和发展，同时也使学生学会模仿而缺少创造与创新，这是我们今天教育发展所不容许的。

　　班主任在班级管理中要实现所谓的超越，应该追求新的教育思想与教育管理方式，也需要研究新的激励方式。对学生而言，他们正处于对知识学习的渴求阶段，有着较为强烈的求知欲望和对新事物的好奇心，他们有发展自我、完善自我的要求，因此精神上的鼓励和获得满足无疑更具有激励性，所以，采用适当的精神激励有利于班级学生身心的和谐发展。首先是使命。即要求班主任的教育行为（包括语言、体态、兴趣及个性品质等）能使学生产生一种成功的自豪感，当学生心理上获得一种成功和自豪感之后，他们会始终保持着一种积极、乐观、向上的情绪和学习态度，从而产生完成自我发展并进而推动班级建设发展的使命。其次是学习。学习是学生的天职，随着知识经济社会的到来、学习化社会的出现，学习已成为一个人前进发展的关键条件，也成为一个人能否为社会做出重大贡献的重要前提，因此，班级创设富有挑战性的学习氛围，开展一些富有创造性的学习活动，成立一些学习研究型的小组，无疑会提高学生的自身素质，也能够产生强大的学习动力，从而实现人的良性发展。最后是荣誉。荣誉是一种重要的激励方式，学生获得更多、更好、更高的荣誉，无疑是对其自身学识、能力素质的认可，也更是其精神得到升华的重要形式。因此，班主任要能够充分关注每一个学生的个性发展，给他们创造更多的发展机会，以便让每个学生自身的潜能得到充分地发挥，在荣誉之中走向成功。

六、六项重构班级控制机制的策略分析

（一）学校教育价值的重新定位

学校是什么？学校教育应该具有何种价值取向？这是学校教育价值重新定位必须要考虑的问题。我们知道，学校作为培养人的机构和场所是随着人类进入文明社会之后而逐渐出现的，学校在其历史发展长河中更多地体现出了"工具性"的外在价值取向，即学校成为为统治阶级服务的工具，为统治阶级培养政治人才，致使学校教育自身内在价值的缺失——培养人的身心和谐发展功能的遮蔽。学校教育这种外在的价值取向在今天依然存在，比如过分强调学校的选拔功能，学校因此成了社会对个人进行鉴别和选拔的一个筛选器。同时，严格的等级制度、机械的记诵之学、不当的教学方法等也导致了种种极其荒谬的结果，致使学生的人格遭受扭曲，极大地阻碍了人的身心健康发展。"当学校向着某种工具职能片面倾斜时，事实上就是造就'政治动物'或'经济动物'，或其他形式的片面发展的人。这就意味着学校教育'忘记了'它的对象。"[1] "一旦学校'忘记了'它的对象，它的对象也就'忘记了'学校，从而出现了'学校繁荣，教育衰败'的现象，'无目的升学者'和'非本意就学者'增加。学校是繁荣了，但教育的前途未卜，多数人感到茫然。"[2] 学校教育工具论的价值取向无疑会导致学校走向片面发展之路，使学校教育中出现"单面人"。因此，重新定位学校教育的价值取向并使学校教育回归其本体价值无疑是我们所要努力追求的。要努力使学校成为学生主体获得充分发展的场所，使学校教育成为引导学生成为真正意义上"人"的

---

[1] 陈桂生. 教育原理 [M]. 上海：华东师范大学出版社，2000：243.
[2] 筑波大学教育学研究会. 现代教育学基础 [M]. 钟启泉，译. 上海：上海教育出版社，1986：230.

活动。正如《学会生存——教育世界的今天和明天》一书所言:"学校,即向年轻一代有条不紊地施行教育所设计的机关,在培养对社会发展有贡献并在生活中起着积极主动作用的人方面以及在训练人们适当地准备从事工作等方面,现在是,将来仍然是具有决定性的因素"。❶ "未来的学校必须把教育的对象变成自己教育自己的主体。受教育的人必须成为教育他自己的人,别人的教育必须成为这个人自己的教育。"❷

(二) 学校教育制度的改进与完善

学校教育制度能够做什么?是使学校更有序、更符合常规的发展要求,还是体现为制度要以人为本,更符合人性的发展要求;是使人更遵守纪律,循规蹈矩,成为制度的"佣人",还是使人成为发展自我,自立自强,成为制度的"主人";是使学校成为个体成长的藩篱还是使学校成为个体成长的精神家园。很显然,教育制度在过去的发展中,更多的是体现前者,是通过制度筑就的藩篱来使人成为身陷"囹圄"而不能自拔不能主宰自我的人。李江源指出:"在教育制度这样一种机械性的装置面前,或如韦伯所说的'铁的牢笼'面前,个人的一切欲望、情感、个性、内心世界、精神状态等都被一概抹平了,或者被'悬置'起来了。人甚至成为教育制度这部大机器的零部件或'螺丝',没有人性和个性,没有内心生活和情感,没有全面自由的发展,也没有自己的精神世界和生活世界,人们在'妄自尊大情绪的掩饰下产生一种机械的麻木僵化',最终成为如韦伯所言的'专家没有灵魂,纵欲者没有心肝'。"❸ 难道教育制度本身的价值内涵就在于此吗?难道学校教育制度就是为了实现人的自我桎梏、就是使人"作茧自缚"吗?这应该是与教育制度本身的内在追求是相悖的,美国学者科瓦列斯基指出:"我们对学校'制度'的判断标准应该是道德责任感;我们的儿童能学会符合道德的思索、交谈、行为吗?我们的目标不是只要求遵守规矩,而是要过一种美好的生活,过一种

---

❶ 联合国教科文组织国际教育发展委员会. 学会生存——教育世界的今天和明天 [M]. 华东师范大学比较教育研究所,译. 北京:教育科学出版社,1996:15.
❷ 联合国教科文组织国际教育发展委员会. 学会生存——教育世界的今天和明天 [M]. 华东师范大学比较教育研究所,译. 北京:教育科学出版社,1996:200.
❸ 李江源. 也谈教育制度 [J]. 湖南师范大学教育科学学报,2004 (2):5—13.

有道德的生活。"❶ 的确如此，学校教育制度就是为了使学生更好地成长、更好地生活。但就总体而言，我们的教育制度没有实现这一目的，因为它是一种强调控制的制度，以控制为宗旨的制度不仅不能使教育者更好地教育开启学生的智慧、更好地生活，也不能使教育者更好地发展学生的道德品质，它在人的发展过程中成为"去人化"的"推进器"。诚如美国哲学家弗洛姆所言："我们无法选择问题，我们无法选择我们的产品；我们被推着前进——被什么力量？一种制度，一种任何目标及目的都无法超越的制度，这种制度使人成了附属物。"❷ 因此，改进并完善教育制度，使其能够更具有人性化的特征，更具有道德性，成为能够促进个体更好地生活、主体性得到充分发展的制度，进而实现用制度所构筑的学校能够真正成为学生健康成长的精神家园。

（三）班主任专业化建设的开展与实施

专业化是一个社会学概念，主要是指一个普通的职业群体在一定时期内，逐渐符合专业标准、成为专门职业并获得相应的专业地位的过程。班主任专业化的过程也表明班主任在逐步掌握德育与班主任工作的基本理论知识，通过培养训练形成班级德育和班集体建设与管理的能力和技巧，以不断提高自身的学术地位和社会地位并能够全面有效地履行班主任职责。班主任专业化是相对于班主任非专业化而言的，非专业化的班主任由于自身的很多原因致使很多工作难以开展，即使开展了也未必能够达到较为理想的效果，而且他们更多的是凭借着自己的主观经验行事，按自己的主观意志行事，也就出现了班主任一人专断的现象，从而形成学生只能在班主任的"光环"照耀下成长的局面。因此，班主任专业化建设在某种意义上能够改变这种局面，通过专业化的建设，使班主任能够成为专业知识渊博、视野开阔、管理理念更新、能力更强，并具有极强的道德责任感和使命感的专业人员。这样，一方面有助于提高班主任自身的社会地位和学术地位，使班主任成为在社会及学校中具有重要影响力的角色，从而提高班主任自身对班级建设的信心与信念；另一方面有助于尽快提高班级德育和班集体建设的水平，由于班主任是影响班

---

❶ 琼斯，等．全面课堂管理：创建一个共同的班集体［M］．方彤，等，译．北京：中国轻工业出版社，2002：29．

❷ 弗洛姆．健全的社会［M］．孙恺祥，译．贵阳：贵州人民出版社，1994：69．

级德育和班集体发展水平诸因素中非常关键的因素,通过班主任专业化的建设,班主任自身的专业成熟度提高了,也自然能够更好地建设班级,实现学生思想品德提高与班级集体之间的和谐发展;再一方面就是有助于促进学生全面发展基础上的"个性发展",全面发展基础上的"个性发展"是素质教育追求的目标,也准确地体现了素质教育的要求,即以德育为核心,培养学生的创新精神和实践能力。而实现学生的个性发展无疑是对班主任非专业化工作的超越,也是实现班级学生发展多样化的重要前提。所以班主任专业化建设的真正实施不仅能够改变班级控制中的不利因素,而且也能够提高班级教育管理的水平和质量,实现班级的和谐发展。因为"放弃专断控制对教师和学生而言都有益,一旦教师开始让学生参与解决课堂问题,教师的角色就由一个无所不知的、统揽一切责任的成人转变为一个有效的推动者"[1]。

(四) 班主任实施班级道德领导

美国教育管理学者萨乔万尼是道德领导的主要倡导者,他认为对道德领导的理解首先要从"领导权威的来源"分析入手,不同的领导权威来源所具有的特征及其基本功能也是不同的。目前人们所依赖的领导权威来源主要有科层的权威、心理的权威和技术—理性的权威。科层的权威主要强调等级制度、规则与规章及指令性要求等,其结果表明,教师在一定监控之下,其作为执行既定政策的技师做出回应,其用武之地受到局限;心理的权威则认为只要可获得奖赏,教师就会按要求做出回应,但如果没有奖赏,教师就不会按要求去做,他们的投入是斤斤计较的,其用武之地也受到局限;而技术—理性的权威则要求教师服从被认定的真理,要求教师在适当地监控之下如同技师一样做出回应,执行既定的步骤,其用武之地也受到了一定的限制。因此,当把领导的首要权威放在科层的、心理的和技术—理性的来源上时,都没有能够很好地实现教师绩效的最大化。在领导的权威来源上还有专业权威(Professional authority)和道德权威(Moral authority)。专业权威重视教师的专业知识及他们面对具体情形时做出判断的能力,不是外在的,而来自于教学和教师本身。重视专业权威的氛围可以不断改善教师之间的对话,从而帮助

---

[1] 琼斯,等.全面课堂管理:创建一个共同的班集体[M].方彤,等,译.北京:中国轻工业出版社,2002:275.

他们形成清晰的专业价值观和实践原则,也能够为他们提供宽广的发展舞台。道德权威主要来源于教师在广泛享有共同体价值、观念和理想时所产生的义务和责任。他们很少依靠外在的控制,更多的是通过教师个体自我的道德认同与内化来实现发展。当管理实践以道德权威为主要来源时,管理者将清晰的、共享的价值观和信仰变成规范行为的非正式标准,从而形成一种以内化的感受和道德驱动为特征的团队精神,能够使教师展示、表现自我的舞台得以延展,并且更加稳固与持久。所以,萨乔万尼指出,道德领导是以专业权威和道德权威作为其基础的,通过把专业权威和道德权威放在首位,能够实现管理绩效的提升及一种"参与式追随"的出现。

　　道德领导意味着强制与专制的消失,意味着更加关注领导者的专业权威和道德权威,也意味着传统行政权力的逐渐隐退。这就表明影响领导者权威的非权力性因素即学识、能力、道德品质等方面逐渐成为关注的焦点,也逐渐成为实现领导水平提升的关键因素,在一个文化发展水平相对较好的环境中,道德领导尤其重要。正如《道德领导:抵及学校改善的核心》一书所言:"人们往往认为,校长强有力的直接领导对于创建有效学校至关重要。然而,有证据表明,当学校处于困难时期,强有力的直接领导的确比较有效。那么,当学校摆脱了困难期之后呢?假如说一个教师在多年之后仍然需要他人来指点方向、来控制、来为他提供在职培训,仍然需要在评价、奖惩的压迫下才能表现出恰当的教学行为的话,这是否意味着校长领导工作的失败呢?"❶ 无疑,校长作为学校教育改革中道德领导者,为我们进行班级道德领导的实施提供了范例。班级作为学校中的一个基层组织,班主任所进行的很多班级管理行为是学校校长治校的缩影。因此,萨乔万尼道德领导理论也同样适合于班主任。班级道德领导的实施与实现无疑会给学生带来极大的发展舞台和空间。所谓班级道德领导是指班主任借助专业的和道德的权威,在帮助学生实现自我管理的同时将班级从一个组织转变为一个共同体,从而实现班级的有效发展和学生自我的良性发展。班级道德领导既体现了西方"德"中的公正、平等,也体现了中国"德"中的"仁""义"思想,是一种用类似于朋友、亲人间的方式通过内在的精神和价值观的内化而实现的平等、自律的管理。

　　首先,班级道德领导改变了班主任过于强调管制与训导的领导方式,实

---

❶ 冯大鸣. 沟通与分享:中西教育管理领衔学者世纪汇谈 [M]. 上海:上海教育出版社,2002:249.

第一章 班级控制：传统班级管理的审视

施道德领导的班级无须领导，因为共同体规范、专业理想、充溢的工作状态和团队精神成为领导的四种化身，并赋予其一定的地位，从而消除了管理者的压力，使他们可以把精力用到其他方面。领导者将逐渐消解，而主要以服务者的角色出现。领导不再是一种交易，而逐渐变成了一种德行，逐渐变成了一种服务。

其次，班级道德领导改变了班主任与学生之间的关系，使班级人际关系更加和谐。因为作为道德领导的班主任不再把学生看成是一群懒惰的、缺乏进取心的、需要严加监督的群体，而是让学生去充分地展示自我、发展自我，给学生以充分的自由和发展空间，"由于学生积极参与自学过程，由于每个学生的创造性都受到重视，指令性和专断的师生关系将难以维持。教师的权威将不再建立于学生的被动与无知的基础上，而是建立在教师借助学生的积极参与以促进其充分发展的能力之上。"❶ 由此，也就使得班级共同体的创造与创新成为可能。

最后，班级道德领导改变了班主任的功利主义教育观念，班级教育更加关注人的德性的发展，班主任急功近利地培养"政治动物"或"经济动物"的思想观念将得到极大地改变，班级将成为具有浓厚的文化氛围、充满"人"和"人性"观念的共同体。学生所接受的教育是一种关注"人"的教育、关注"人的和谐发展"的教育，"隐蔽人性"的教育将逐渐消失，"去人化"的教育也将逐渐消亡，最后将是人的主体的浮现。

当然，班级道德领导的实施是有条件的，它还需要一些辅助的措施给予支持，否则，班级道德领导可能会造成班级"个人崇拜"，进而影响班级道德领导的真正实施与实现。

（1）培训并改变班主任的领导观念。培训不仅仅是简单地教授一些教育或管理的理论知识，而是一种思想的启迪、一种生活的真实体验。要帮助班主任认识到学生群体不再是受外力任意摆布的"走卒"，不再是毫无思想的"机器"，他们需要拥有自己行为的"原汁"感，他们更需要得到尊重、得到信任。所以班主任应该真正树立起饱含人性的思想和观念。

（2）为道德领导创设组织环境。学校领导、教师及班主任的一举一动都

---

❶ 维迪努.从现在到2000年教育内容发展的全球展望［M］.马胜利，等，译.北京：教育科学出版社，1996：109.

会产生道德教育的效能，他们之间和谐的关系无疑会潜移默化地影响到学生的思想和行为。道德领导只有产生了积极的影响，才能内化为学生发展需要的营养。学校领导一方面可以从关心师生生活及困难入手建设以德治校的人文环境；另一方面也可以通过绿化校园、改善教室环境等创设健康向上的、幽雅的自然环境。

（3）为班级道德领导创造文化氛围。道德领导的实施在本质上是要求有较好的校园文化氛围，这就要求学校领导要能关注校园文化的建设，既要关注学生文化的发展与建设，也要关注教师文化的引导与指导；既要关注校园物质文化和制度文化的发展与建设，更要关注精神文化的发展与建构。良好的文化氛围有助于道德领导的实施，但道德领导的实施也有助于学校文化氛围的完善与改进。

（五）班主任在班级进行师生对话

对话是什么？对话有意义吗？库利用"镜中我"揭示了对话的实质。

小猫冬冬一边走，一边想着好吃的鱼。走着走着，走过大镜子前面，忽然看见镜子里面也有一只小猫，冬冬吓了一大跳。

冬冬说："你是谁呀？"

那只小猫也生气地说："你是谁呀？"

冬冬生气地说："我吓了一大跳，你知道吗？"

小猫也生气地说："我吓了一大跳，你知道吗？"

冬冬和小猫你一句我一句的，越说越生气，气得冬冬大声说："你真是一只没有礼貌的坏猫！"

小猫也说："你真是一只没有礼貌的坏猫！"

两只小猫都气哭了，哭着回去告诉他们的妈妈。

冬冬的妈妈来了，小猫的妈妈也来了。冬冬的妈妈笑着说："都是我家小孩不好，真对不起呀！"

小猫的妈妈也笑着说同样的话。两个妈妈都客客气气地走开了。

妈妈回家以后，告诉冬冬要怎样做一个有礼貌的孩子，怎样说"请""对不起"和"谢谢你"。冬冬一样一样地学会了。

冬冬又到镜子面前找小猫，冬冬笑着说："对不起！"在镜子里的小猫也

第一章　班级控制：传统班级管理的审视

笑着说："对不起！"两只小猫都客客气气的，成了一对很要好的朋友。

你知道什么是对话了吗？从字义上看，对话是一种语言交往，但语言的交往绝不是孤立地进行的，杜威则指出："想一想，把语言当作孤立的事情进行教学，是多么的荒谬。"从本体论上看，教育中的语言交往，不是符号、知识的授受过程，而是"我"与"你"的"体验"与"感应"的过程，是"说者"与"听者"的对话过程。当然，对话的本来意义主要是指人与人之间的一种谈话方式，但并不是任何形式的交谈都可称为对话，所谓"对话是指一种平等、开放、自由、民主、协调、富有情感和美感，时时激发出新意和遐想的交谈"。加拿大教育家克里夫·贝克也指出，对话的关键就是要："(1) 尊重彼此的观点；(2) 尊重彼此的传统习俗和'经历'；(3) 言论、信仰和行动的自由；(4) 共同决定对话的形式和内容；(5) 关心具体的生活经验；(6) 通过具体行动（实践）验证。"[1] 因此，"传统教学论意义上的'老师教，学生学'的原则被彻底否定。教师被诠释为知识的'媒介体'(vermittler)，教师的作用只限于如何让学生独立地、批判反思地接收有用的知识，教师从原来居高临下的'师道'变成学生平等的对话人和讨论问题的'伙伴'。"[2] 所以对话意味着：对话者的讲话是由"我们共同完成而不再是我一个人就可以阻止谈话或控制谈话进程了。所以，讲话绝不仅仅意味着说，而且意味着倾听"。在此过程中，没有一方对另一方意志与行为的控制与服从，也没有一方"俯视"而另一方"仰视"的现象发生，更多的是一种在平等基础上的思想与观点的交融与碰撞。如果说话中有"导"和"从"的话，但都不含有一方相对于另一方权力优势的成分，而是双方的一种默契和融洽。师生对话改变了传统师生之间的认知特性。对话本身并不就是双方语言的交流，它更是彼此之间在对问题、思想、观念的进一步理解基础上认知的升华。弗莱雷也指出："为了理解对话的实践意义，我们不得不抛开把对话简单地理解为纯粹是一种技巧的想法。对话并不表示某种我想精心构建且需借助另一个人的才智才能实现的虚假途径。相反，对话的特征表现为认识论关系。因此，

---

[1] 克里夫·贝克. 学会过美好生活——人的价值世界 [M]. 詹万生，等，译. 北京：中央编译出版社，1997：232.

[2] 范捷平. 德国教育思想概论 [M]. 上海：上海译文出版社，2003：69.

在此意义上，对话是一种认识途径，并且绝不应该被看作是一种让学生投入到某项具体任务之中的纯粹的策略。我们必须把这一点弄得很清楚。我进行对话，并不一定是因为我喜欢另一个人。我进行对话，是因为我知道认识过程的社会性特征，而不仅仅是其个体性特征。在此意义上，对话是学习和认识过程中不可或缺的组成部分。"❶ 这样也就进一步拓展了师生双方的认知领域，思维结构得到了训练，知识视野也得到了开阔，从而为师生之间彼此更好地发展做了铺垫。

师生对话打破了"师尊生卑"的传统。通过师生对话，明确了在教育中应确立"人"的存在为教育之本的理念，也就是说，在教育过程中，班主任和学生应始终是真实的人，而不是具有某种固定角色职能的行动体。虽然班主任是先知者、知之较多者，但这只能表明"术业"的先后，而不能说明人格的尊卑和地位的高低。所以传统教育中"师尊生卑"的人性假设的基础是错误的，是统治阶级专制意识在教育领域的延伸和体现，是为统治阶级培养统治人才服务的，更多地体现了其政治目的，而未能真正体现教育的本真价值使命。而师生对话则明确要求师生双方是平等的，是富有激情与理性、是充满活力和具有自我意识的主体的人。

"通过对话，教师的学生（students-of-the-teacher）和学生的教师（teacher-of-the-students）等字眼不复存在，新的术语随之出现：教师学生（teacher-student）及学生教师（students-teachers）。教师不再仅仅是授业者，在与学生的对话中，教师本身也得到教益，学生在被教的同时反过来也在教育教师，他们合作起来共同成长。"❷

师生对话改变了传统的"我—它"型师生关系。在传统的"我—它"型师生关系中，把教师简化和抽象为知识的拥有者和传授者，学生也只是知识的接受者，在这种情况下，知识成为奴役师生的工具，具有"优越感"的教师总对"无知"的学生规定一切，学生实际上被当作"物"而不是活生生的"人"来支配，当作教师意志的对象，学生也可能视教师为轻蔑泄愤的对象。因此，这种不平等的、单向的对象性师生关系进一步阻碍着师生之间心与心的交流与沟通。所以，马丁·布伯认为它不是真正的互动关系，而"我—你"

---

❶ 保罗·弗莱雷. 被压迫者教育学 [M]. 顾建新，等，译. 上海：华东师范大学出版社，2001：7.
❷ 保罗·弗莱雷. 被压迫者教育学 [M]. 顾建新，等，译. 上海：华东师范大学出版社，2001：31.

第一章 班级控制：传统班级管理的审视

关系才是真正的互动关系，在这种关系中，"你"告谓"我"，"我"对"你"的告谓做出回答。"你"无处不在，"我"领受"你"的告谓就是在"我"所发生的一切当中，通过"我"的所见所闻所感等，而告谓的符号也就是"我"发生的一切。对于"你"的告谓，"我"必须以"我"的全身心即全部存在做出回应。而真正的责任也就存在于回应之处。❶ 这里不仅回应是负责任的回应，就连告谓也是负责任的告谓。因此"我—你"型的师生关系体现了彼此双方的平等意识、责任意识，体现了师生彼此作为两个主体人之间平等的"会晤"，这不仅有言语上的你来我往，而且有知识、思想、经验和情感等多方面、深层次的相互交流，从而进一步深化并升华了师生之间的关系——一种平等、合作、开放的新型师生关系便油然而生。

无疑，师生对话有助于改变师生之间在教育教学中各自的地位，有助于实现双方在相对平等、民主、和谐及开放的环境中对知识的追求，也更有助于实现教育的价值使命——培养人的身心和谐发展。因此，"人与人的交往是双方（我与你）的对话与敞亮，这种我与你的关系是人类历史文化的核心。可以说，任何中断这种我你的对话关系，均使人类萎缩。"❷ 为了更有效地实施并实现师生对话，研究者认为还需要有相应的辅助措施。

（1）构建平等的对话主体。对班主任而言，要充分尊重学生，要正视以"对话者"身份出现的学生，要把学生看成是一个个活生生的、富有生机与活力的主体。班主任相对于学生来说，只有"术业"的先后而没有人格上的不平等，只有年龄与经验的差异而没有身份上的优劣，班主任不要处处以教者自居、以长者自居，更不要整天板着面孔给人以高不可测之感，这样无疑不利于师生之间的交流与对话。同时，班主任也应该赋予每位学生以平等对话的机会和权利，不要造成对话只是少数人的权力与自由的局面，因为这在某种意义上也是一种压迫。对学生而言，要积极参与对话，要勇于并敢于敞开自己的心扉，要能够正视自己作为"对话者"所具有的权利和义务，要克服学生自我所具有的自卑心理和惧怕心理，以一个主体人所具有的积极性、主动性和创造性的姿态去面对对话。因此，一方面是班主任的尊重与民主，另一方面是学生的自尊与敞亮，他们二者的结合无疑能够促进对话的真正实施

---

❶ 马丁·布伯. 人与人 [M]. 张健，等，译. 北京：作家出版社，1992：3.
❷ 雅斯贝尔斯. 什么是教育 [M]. 邹进，译. 北京：生活·读书·新知三联书店，1991：2.

与实现。

（2）创建合适的对话环境。对话环境既包括对话的物理空间，也包括对话者之间的话语空间。对于物理空间而言，班主任要尽可能选择有利于对话有效进行的环境，不要在一些容易对学生产生压迫的环境中进行，比如办公室、教师休息室及一些嘈杂而无序的空间等，这些地方一般情况下可能会对学生产生心理上的压迫感，导致对话很难进行，即使进行了可能也会失去对话本身的内涵。对于话语空间而言，要求班主任要能够与学生在一种自由、安全和交融的氛围中进行，哈贝马斯曾对道德对话的"理想语境"提出过一些对话规则，比如每一个具有言语和行为能力的主体都应该被允许参与对话；每一个人都被允许在对话中提出任何主张，以及对任何主张提出疑问；不允许以任何强迫方式阻止言说者的权利等。❶ 这些规则无疑适应于班主任与学生之间对话的话语空间，很显然，班主任在与学生的对话中要能够给予学生充分发表意见的机会，要能够让学生在一种非常和谐的氛围中吐露真情实感，激发出思想深处的智慧之光。

（3）注重提高对话的技巧。师生之间对话程度如何与对话技巧的运用是紧密相关的，对话的技巧既包括对话话语本身的技巧，比如提问的技巧、倾听的技巧、回应的技巧等，也包括话语之外的一些技巧，比如对话时机的把握、对话主题的确定等。就对话话语本身的技巧而言，班主任要能够尽可能地使自己善于提问，同时也要引导学生学会提问，能够发现问题并善于提出问题，也就使对话有了重要的基础；当然，倾听与回应同样是对话有效进行的重要环节，不管是班主任还是学生都应该在对话中认真地聆听对方的话语并能够做出相应的回应，这样能够更好地激发对方对问题的思考，从而将对话引向"意义"深处。就话语之外的一些技巧而言，班主任要积极主动地对班级相关问题做出判断，对学生的思想和行为的发生做出一种预判，以便于创造更好的对话时机及对话主题，这也是使对话能够顺利进行的重要保证。

（六）班主任应关注班级学生生命意义的建构

这里的意义建构是基于个体生命意义上的建构，也即表明班主任要能够更加关注学生生命的健康成长与发展，而不是对学生个体生命的漠视和不关

---

❶ 转引自：刘万海. 师生对话的本质、意义及策略 [J]. 教学与管理，2004（33）：3—4.

第一章 班级控制：传统班级管理的审视

心，更不要使"目中无人"的教育继续延续下去，要能够还学生以真实的属于学生自我生活世界的时间和空间，要能够使学生享受真正属于自己的思维秩序，使学生更像"学生"而不是像成人。我们知道，长期以来，学生一直是在"接受"的环境下发展的，要接受成人的生活规范、接受成人的规则要求、接受成人筛选的知识及接受成人的思维训练等。接受就意味着学生是被动的接受对象，意味着学生毫无选择地获取成人所赋予的内容，意味着学生与对所获得相关内容的途径、方法及研究事实的不相关性，也就意味着学生在探索自己生活与知识的路径中是一个"局外人"，就学生自身发展而言，他们理应对自己的发展负责任，但由于是"局外人"，他们没有相应的权利，自然就不会有很强烈的尽义务的要求，也就没有尽责任的愿望，于是学生个体的生命价值就很难得到体现。而建构则不同，建构使学生从"局外人"转变为"局内人"，使学生与所获得相关内容的途径、方法及研究事实之间有了紧密的联系。这也就意味着学生个体拥有了属于自己发展的空间和条件，获得了发展自我的权利和自由。所以，从"接受"向"建构"的转变，不仅仅是语言表述上的改变，更是意义上的质变，体现了学生个体作为人所具有的价值，凸显了学生的主体性。

"建构"的内涵源于建构主义的基本理论。建构主义（Constructivism）也可译为结构主义，是最近20年来所兴起的一种新的认知理论。是在皮亚杰（J. Piaget）的"认知结构说"的基础上，通过科恩伯格（O. Kernber）和斯滕伯格（R. J. Sternberg）等人的进一步研究而发展起来的。它提倡在教师的指导下以学习者为中心的学习，强调学习者对知识的主动探索、主动发现和对所学知识的意义的主动建构，教师的作用主要在于其是意义建构的帮助者、促进者。其基本观点包括[1]：（1）学习是一个积极主动的建构过程，学习者不是被动地接受外在信息，而是根据先前认知结构主动地和有选择地知觉外在的信息，建构当前事物的意义。（2）知识的个人经验的合理化，而不是说明世界的真理。（3）知识的建构并不是任意的和随心所欲的。在建构知识的过程中必须与他人磋商并达成一致，来不断地调整和修正。（4）学习者的建构是多元化的。因此，基于个体生命意义上的建构是一种关注人的生命发展的行为，是一种要求个体积极主动地参与外部世界建设及构建自我世界的活

---

[1] 顾明远，孟繁华. 国际教育新理念 [M]. 海口：海南出版社，2003：31.

动，是一种在教师指导、引导、启发与鼓励下实现学生个体自我良性发展的过程。在这一过程中，学生学会了负责，学生学会了思维，学生获得了属于自己的思维空间，学生体验到了个体自我生命的意义及价值，焕发了对生命的尊重与关爱，对美好生活的向往与追求，从而使自我真正"活出意义来"。

意义建构改变了班主任的人性观，意义建构使班主任认识到了学生不再是机器、不再是容器、不再是被动的"生物体"，而是充满生机与活力、富有激情的生命个体；也使班主任充分认识到了生命是教育之本，是教育存在的根本性依据，离开了生命，再发达、再繁荣、再重要的教育都失去了根本，失去了教育本真的价值使命。这无疑会迫使班主任去重新审视自己以前的育人价值取向、态度及方式方法，那种功利主义的教育思想、那种具有专制成分的教育态度、那种无视学生身心健康发展的教育形式等，这一切可能都需要做出新的调整。使生命健康成长的教育思想成为班主任进行班级教育的主导思想，在班级营造珍视生命、关爱生命的氛围，从而使学生能够体悟生命的价值及去追求智慧的人生。

意义建构增强了班主任的人文情怀。"一个真正意义上的人，必须是一个有情感的人。"❶ 基于个体生命意义上的建构不仅仅是知识的传授，更是情感的交流。班主任人文情感的注入对学生认知的深化、行为的训练及意志品质的培养等起到了重要的作用。班主任以"师爱"作为与学生进行交流与交往的基础，让学生充分感受到生命被关怀的温暖，使学生自我也能够用"爱"去关爱老师和同学；班主任通过用"心"去体验学生，用"心"的教育更能够拉近教师与学生之间的距离，因为这有助于实现心与心的交流和沟通，而教育就是要实现人与人之间的心灵相通。这样班主任的"表演"将不再可能，他可能更多地会以一个真实的自我出现在学生面前，给学生真切的感受，让学生更愿意与班主任共享自己的痛苦与快乐，而不至出现班主任与学生之间的对立与隔阂，学生也就能够以主体人的姿态去面对现实，去挑战现实，一个个富有创造性的生命个体便产生了，这也是教育所特别需要的。

意义建构也超越了学生原有的发展时空观。前面的调查已经表明，学生的发展更多地被限制在规定的时空之中，使学生脱离了现实生活，脱离了社会，很显然学生生命的发展是不完善的。梁漱溟先生曾指出："生命与生活，

---

❶ 转引自：冯建军. 生命与教育 [M]. 北京：教育科学出版社，2004：185.

第一章 班级控制：传统班级管理的审视

在我说实际上是纯然一回事；一为表体，一为表用而已，'生'与'活'二字，意义相同，生即活，活亦即生。唯'活'与'动'则有区别。所谓'生活'者"，就是自动的意思。""生命是什么？就是活的延续。"[1] 生活就是生命的体验与实践，是生命的一种自主、自由的成长与发展，它展示了生命的个性，也体现出了生命的灵性。可见，班主任通过对学生生长、发展时空的控制，就是对学生生命个体自由发展的控制与约束。因此，基于学生个体生命意义上的建构则要求教育要回归生活，让学生在生活中体验生命成长的快乐，让生命真正成为"活"的延续。

基于生命意义上的建构是我们在现实教育中所欠缺的，因此生命意义的建构则显得尤为重要，作为学校教育者应该给予更多的关注，因为生命是最宝贵的，这也是实现"一切为了孩子，为了孩子一切"教育思想的重要保证。

（1）班主任要给学生以充分的自由。自由是人的天性，限制了人的自由也就限制了人的生命的发展。所以，班主任要尽可能地给学生以充分的自我发展的自由，不是要把学生整天限制在教室、限制在狭小的空间内，也不是要学生整天因为作业而没有了自我闲暇，更不是要学生整天背着纪律、规则、制度等一系列的约束手段。班主任要能够根据学生的身心发展特点有针对性给予学生自我发展的时空，要更多地体现人性化的管理，而不是用一些冷冰冰的规章制度来约束，要让学生在自由中体验自由、学会自由。

（2）班主任要关注学生个性的发展。学生个性的发展是要求在一种自主空间中进行的，而自主空间的建立则需要摆脱相应的控制与约束，因为过多地控制与约束只能导致学生个性的泯灭，只有学生在获得充分主动权的时候，具有自主性的时候，才能够更好地发展自我的个性。因此，学生个性充分发展的前提是获得自主。科恩指出："自主有两个尺度。第一个尺度描述个体的客观情况、生活环境，是指相对于外部强迫、外部控制的独立、自由、自觉和自主支配生活的权利和可能。第二个尺度是对主观现实而言，是指能够合理地运用自己的选择权利，有明确目标，坚忍不拔和有进取心。"[2] 所以，学

---

[1] 转引自：冯建军. 生命与教育 [M]. 北京：教育科学出版社，2004：179.
[2] 转引自：冯建军. 生命与教育 [M]. 北京：教育科学出版社，2004：280.

生个性的充分发展一方面要求班主任要尽可能地减少对学生的强迫与控制；另一方面也要求学生要能够对自我的发展充满信心，不断进取。

（3）班主任要为学生生命潜能的挖掘与展示创设条件。教育在某种意义上就是要实现人的潜能发展的最大化，要把人的潜能充分地挖掘出来。人的潜能的实现无疑需要相应的条件，正如弗洛姆所言："如果我们说，种子现在已经潜伏着树木的存在，那么，这并不意味着每一粒种子势必长成一棵大树。潜能的实现依赖于一定的条件，例如，在种子这种情况下，条件就是适当的土壤、水分、阳光等。"❶ 无疑，班主任教育思想的先进与否、教育行为科学与否等，将直接影响学生生命潜能的发掘。所以，班主任在教育中要能够以先进的教育思想为指导，以人性化的教育行为为保障，从而实现学生生命潜能的更大发展。

---

❶ 转引自：冯建军. 生命与教育 [M]. 北京：教育科学出版社，2004：282.

第二章　班级经营：班级管理转型的探索

> 班级作为一个组织，它需要班级管理者的精心呵护与经营，如果一味地强调对班级的控制，势必会使班级很多功能的发挥受到限制，甚至可能会使班级学生的发展受到限制。无疑，班级经营将会带给班级发展以新的气息，并可能给学生的自我发展提供极好的舞台。班级经营就是一种由班主任于班级情境中，利用各种相关资源，以有效的教育策略，对学生实施适宜的教育和引导，借以激发学生有效学习，促成学生生命健康地成长并达成教育目标的活动。虽然，班级经营对班级发展及学生的健康成长具有积极的意义。但我们也应看到班级在发展中会受到很多因素的制约，包括制度化教育的影响、学校教育组织的弊端及班主任所具有的传统教育思维等，这些因素的存在都会带给班级经营以根本性的制约，甚至可能会使班级经营根本就没有发展的空间。研究者带着对这些问题的批判与质疑，尝试着在批判中进行建构，以便于为班级经营的有序进行及学生的良性发展提供有价值的教育思考。

一、班级经营是什么？

在分析班级经营之前，我们先看看什么是班级崩溃？班级崩溃是日本小学中曾经发生的最严重的问题之一。关于什么是班级崩溃，一般认为，构成班级崩溃须具备三个要件：其一，它是在小学中发生的现象；其二，它是涵盖整个班级的现象；其三，它指的是"授课不成立状态"。

  日本学者尾木直树认为，班级崩溃大体上指的是如下状态：（1）班主任老师进入教室以后，教室里还人声嘈杂，学生不停地窃窃私语，即使老师提请学生注意，他们也不听；（2）有的学生不坐到座位上，更有甚者，如果一半左右的学生走到教室外面去，就有人向老师口吐脏话，或者施以暴力。这样，根本无法上课。另一位日本学者河上亮一这样描述崩溃的班级中学生的表现：已经开始上课了，还不进入教室；上课时交头接耳，老师提出警告，还不停止；上课时串桌，教室后面的学生玩摔跤游戏，目的是逃出教室；不愿打扫教室卫生；供餐时随便吃饭，好吃的东西马上就没有了；欺侮行为越来越激烈，事态难以抑制。这样，班级作为一个社会已经失去了它的功能。日本一份调查研究报告《关于充实班级经营的调查研究中间报告》这样描述一所中等规模小学的三年级情况：上课时，学生有明显地站起来走动的行为，一个人想去厕所，许多学生都争相尾随其后走出教室，半路就跑出去玩了，班主任老师招呼他们，甚至警告、斥责他们，没有效果；到了第二学期，自从与其他班级一块进行运动会排练以后，这个班级就被杂乱的气氛所包围，班主任教师试图让学生们反省，但是一部分学生起声抗议；有时发生恶作剧，比如把同学的鞋藏起来等；终于，有的学生因不能融入班级的氛围之中，而不愿上学了。[1]

  可见，班级崩溃已经影响到了班级学生的成长与发展，已经到了需要改革的边缘。其实班级崩溃现象在我们国家小学中也是存在的，并且数量也不在少数，如何正确地看待班级崩溃问题，如何正确地引导班级向更好的方向发展，则成了今天中小学班级教育管理的重要任务，也成了教育研究者需要重新审视与思考的问题。所以，研究者认为班级崩溃的发生既有主观上的原因，比如教师群体教育教学思想、行为的不深刻、不到位，学生与家长的无意识等；也有客观上的原因，比如社会环境发展变化所带来的负面影响，学校教育自身的无序与低效等因素的制约。这些因素的存在，在一定意义上已经严重影响了班级发展的质量与水平，也进一步影响到了学生的健康成长。因此，实行对班级崩溃的改造与变革已显得非常必要，而班级经营在一定意义上可以弥补班级崩溃自身所带来的不足。

---

[1] 参阅张德伟. 日本小学班级崩溃问题的诱因与解决对策探析[J]. 比较教育研究，2001(11)：27－31.

第二章 班级经营：班级管理转型的探索

何谓班级经营？认识班级经营必须建立在正确理解班集体的基础上。目前，在有关班级的专门研究中，对班集体存在许多不同的认识。主要有以下几个方面：(1) 把班集体混同于班级群体。集体是人合起来的有组织的整体，是一种组织形式团体。而群体则是一个更大的范畴，但并非任何群体都是集体，只有具有高度团结、高水平的整合能力、有集体主义倾向并且有高度组织能力的群体才能称为集体。可见，集体是群体的一种，是群体发展的高级阶段。所以，把班集体混同于班级群体的认识是不够准确的。(2) 把班集体等同于教学班。认为班级是因为教学内容传递的需要而使学生走到一起，围绕着教学内容而展开的，学生群体就是一个班集体，班集体因教学而存在，因教学内容程度的变更而解散或重组。班级各种工作都是以教学工作的有序开展为前提的，离开了教学工作，班级集体也就失去了其存在的价值。(3) 把班主任作为班集体的唯一管理者。班级是教师与学生共同生活的场所，班级管理同样不可避免地要由班主任和学生一起进行管理，离开任何一方，其教育、教学甚至管理都是无效的。就班主任而言，他在班级发展过程中起着重要的作用，班主任与学生之间关系如何，特别是班主任对学生的情感与态度，会影响到学生带着相应的情感投入班主任班级管理之中，最终制约着学生的学习及人格的发展。教学不是一个纯粹的知识传递，管理也不是班主任一人所为，需要班主任在教学中加强教学管理，需要在课外对学生多加关爱，那种把班级管理看作是班主任的专职，而排除其他人员参与的认识是极为片面的。

研究者认为班集体是指在班主任的指导与引领下，以教学的发生、发展为载体，以组织、协调与管理为手段，以学生获得更好成长与良性发展为目标，以学生自组织为主的活动团体。其特征可以从表 2-1 中体现❶：

表 2-1 班集体的特征

因素	特　　征
目标	(1) 学习是主要目标，而不是次要目标；(2) 学生加入班级之前，学校已经选择了学生所要学习的结果及达成的程序；(3) 学生很少参与教学方法、目标的修正和评量。

---

❶ 参阅李国霖. 班级经营的基本理论 [J]. 教育导刊，1994 (1)：31.

续表

因素	特　　征
成员	（1）法令要求学生参与；（2）出生时间和居住环境决定了学生所配置的学校和班级；（3）班级学生无法控制团体的成分。
领导	（1）领导者不必经过成员的选择和同意；（2）建立领导和特权是来自法律和习俗，而不是团体的共识；（3）领导者控制了学生表达和活动的目的。
关系	（1）班级的所作所为常常由职位高者决定，成员需加以遵循；（2）其他团体成员可能会运用强大的压力，要求成员接受或拒绝班级规范；（3）其他团体也会注意观察师生的工作情况。

由于班集体所追求的价值目标与企业工厂及其他社会机构的价值目标有着本质上的差异，学生进入某个班级不是自己自由选择的结果，且学生是以学习为主，而不是以赢利为目标。对班级经营的认识既应该把握班级集体的自身特性，也应该关注学生的自身发展规律，同时也要兼顾经营所具有的基本特征。关于班级经营概念的界定内涵不一：

张春兴认为，"班级经营"是指老师在与学生互动的教学过程中，对学生学习行为的一切处理方式，包括消极地避免学生的违规行为，以及积极地培养学生遵守团体规范的习惯，借此以形成良好的教学环境。❶

古德（C. V. Good）则将"班级经营"定义为"处理或指导班级活动所特别涉及的问题，如纪律、民主方式、补充和参考资料的使用与保管、教室的物理特色、一般班务处理及学生社会关系"。❷

艾默则将班级经营看作教师一连串的行为和活动，主要在于培养学生班级活动的参与感与合作性，具体范围包括安排物理环境、建立和维持班级秩序、督导学生进步、处理学生偏差行为、培养学生工作责任感及引导学生学习。❸

上述概念表述各有不同，但其基本内涵及其价值追求是相近的。因此，研究者认为所谓的班级经营就是一种由班主任于班级情境中，利用各种相关资源，以有效的教育策略，对学生实施适宜的教育和引导，借以激发学生有

---

❶ 吴清山. 教育发展与教育改革［M］. 台北：心理出版社，1995：132.

❷ 吴清山，等. 班级经营［M］. 台北：心理出版社，1990：8.

❸ 吴清山，等. 班级经营［M］. 台北：心理出版社，1990：8.

第二章 班级经营：班级管理转型的探索

效学习，促成学生生命健康地成长并达成教育目标的活动。一般认为，班级经营有五项特点：

（1）班级经营以对学生心理需求与学业需求的了解为基础；

（2）班级经营必须建立良好的师生关系与同学关系，方能满足学生的基本心理需求；

（3）班级经营是运用组织管理与团体辅导的方法，协助学生达成成长与发展任务；

（4）班级经营应针对个别差异，使用个别化教学与团体式辅导，以激发学生正向的学习效果；

（5）班级经营者应适当地使用咨询辅导技巧与行为改变技术，以检视并改正学生偏差行为。

班级经营是在充分尊重人、发展人的基础上开展工作的，是以实现人的发展为前提的，班级经营的很多内容，比如班级教学、生活指导、环境布置、团体活动、课业辅导、健康咨询、班级事务处理、家访及学生偏差行为的辅导等，都是围绕人来进行的，都是以实现学生的成长与发展为目标的。一位班级经营者首先要建立班级教育的目标，即围绕实现学生的良好发展目标，做好班级经营的各种规划方案。其次要了解学生各方面的基本情况，如基本需求、成绩状况、兴趣爱好、性格特征及人际关系等，班级经营者只有了解了班级成员的各项信息，才能够掌握班级每个学生的实际情况，进而掌握班级团体的实际状况，从而为更好地实施班级经营提供条件。

影响班级经营的因素既有人员的因素，也有环境的因素，既有学校教育制度的因素，也有经营者经营策略的因素。就人员因素而言，可分为核心人员因素与相关人员因素两种。核心人员因素主要是班主任和学生，而相关人员因素则体现为班级科任教师及学校其他相关人员。环境的因素包括物质环境、精神环境等，物质环境含有各种工作和活动的空间、座位的安排、材料的分配、噪声的大小等；而精神环境则体现为班风、教风、学风、班级文化、舆论氛围等。学校教育制度的因素则主要体现为现有学校教育的制度会给班级经营带来什么样的影响。而经营者的经营策略因素则是班级实现有效经营的重要举措，比如，班主任教育机制、学生的参与程度、师生之间的民主化程度等，这些都是实现班级更有效经营的重要措施。

就人员因素的整体来说，班主任对班级经营具有决定性的影响作用，可以通过两个方面予以体现：其一是班主任的权威。德国管理学家韦伯认为，社会中存在因合法性获得来源而异的三种权威：第一种是传统的权威，即在长期的传统因素影响下而形成的权威；第二种是感召的权威，即由个人魅力所获得的权威；第三种是合理—合法的权威，具体可分为两类，一类是官方的或法定的权威，另一类是专业的或理性的权威。❶ 班主任权威也可据此分为两类，即权力性的权威和非权力性的权威。班主任作为教育者，其对学生的影响是权力性因素和非权力性因素共同作用的结果，尤其是非权力性因素即品格、才能、知识及情感等因素的作用是非常重要的，是班主任树立其权威的内在的、关键性的因素。所以班主任的权威并非建立在学生绝对服从基础之上，这只是外在的具有较小教育影响力的权威，只是短暂的、学生表面接受而实际拒绝的权威。如果要刻意坚持这一观点，一方面会使班主任唯我独尊，失去学生的信任；另一方面也会造成学生内心的压抑和扭曲心理，从而造成师生关系的"失真"现象。其二是班主任的领导方式。班主任不同的领导方式，将会直接影响到班级师生关系及班级的气氛，班主任的领导方式通常有强硬专断型、仁慈专断型、放任自流型及民主型等，每一种方式所带给学生的影响也是不同的，我国心理学者邵瑞珍等根据他们的实验研究，概括出了四种师生关系及学生的行为。❷（见表2-2）

表2-2 四种师生关系特征及学生的反应情况

类型	特征	学生的典型反应
强硬专断型	1. 对学生时时严加监视； 2. 要求即刻无条件地接受一切命令——严厉的纪律； 3. 他认为表扬可能会宠坏儿童，所以很少给予表扬； 4. 认为没有教师监督，学生就不可能自觉学习	1. 屈服，但一开始就不喜欢和厌恶这种领导； 2. 推卸责任是常见的事情； 3. 学生易激怒，不愿合作，而且可能会在背后伤人； 4. 教师一离开课堂，学习就明显松垮

---

❶ 吴康宁．教育社会学［M］．北京：人民教育出版社，1998：209．
❷ 转引自：郑金洲．教育通论［M］．上海：华东师范大学出版社，2000：342－343．

续表

类　型	特　征	学生的典型反应
仁慈专断型	1. 不认为自己是一个专断独行的人； 2. 表扬学生并关心学生； 3. 他的专断的症结在于他的自信； 4. 以我为班级一切标准	1. 大部分学生喜欢他，但看穿他这套方法的学生可能会恨他； 2. 在各方面都依赖教师——在学生身上没有多大的创造性； 3. 屈从并缺乏个人的发展； 4. 班级工作的量可能是多的，而且质也可能是好的
放任自流型	1. 在和学生打交道中几乎没有什么信心，或认为学生爱怎样就怎样； 2. 很难做出决定； 3. 没有明确的目标； 4. 既不鼓励学生，也不反对学生，既不参加学生的活动，也不提供帮助或方法	1. 不仅道德差，而且学习差； 2. 学生中有许多"推卸责任""寻找替罪羊""容易激怒"的行为； 3. 没有合作； 4. 谁也不知道应该做些什么
民主型	1. 和集体共同制订计划和做出决定； 2. 在不损害集体的情况下，很乐意给个别学生以帮助、指导； 3. 尽可能鼓励集体的活动； 4. 给予客观的表扬和批评	1. 学生喜欢学习，喜欢同别人尤其喜欢同教师一道工作； 2. 学生工作的质和量都很高； 3. 学生互相鼓励，而且独自承担某些责任； 4. 不论教师在不在课堂，需要引起动机的问题很少

可见，不同的领导方式对学生所产生的影响效果也是不同的。专制型的班主任将会使班级的舆论氛围比较紧张、压抑，容易使学生产生攻击行为、冷漠的态度及被动适应一切的心理等，给学生的健康成长带来很大的负面影响；放任型的班主任，则使学生散漫、不团结、学习及工作效率低下等；而民主型的班主任则容易使学生有自己的见解和思想，敢于承担责任，彼此友爱、互助合作等。因此，需要我们在班级经营过程中合理地选择并运用有效的领导方式，以实现班级学生的良性发展。

对于影响班级经营的环境、学校教育制度及班级经营者的经营策略等因素，将会在后面的论述中给予具体的分析。

　　班级经营对班级的有效发展具有极大的效应和功能，不仅能够防止学生不良行为的产生，也有助于提高其学习的效果，更为重要的是它有助于学生的健康成长与成才。具体体现为[1]：（1）有助于维持良好的班级秩序。良好的班级秩序，可以使教师安心教学，学生愉快学习，而在不安定和混乱的环境中，学生是很难能够有效学习的。所以，维持良好的班级秩序是班级经营最基本的功能。（2）有助于培养学生的自我管理能力。班级是学生共同生活和学习的场所，所以班级中所制定的各种规范，以及班会活动、课外活动，其主要目的不在于约束学生的行为，而在于培养学生互相合作和自我管理意识。因此，在有效的班级经营中，对学生自我管理能力的培养具有积极的意义。（3）有助于增进师生之间的相互理解和情感的渗透。教师不只是知识的传递者，更是品德的陶冶者，有效的班级经营，则需要师生之间有更多的交流与交往的空间和平台，需要彼此之间的相互理解与宽容，使教师乐于接近学生，学生更乐于走近教师，只有这样，才能建立起彼此相互信任、民主、平等的师生关系，才能够实现班级的和谐发展。（4）有助于提高学生的学习效果。教学是师生交互作用的一种活动，教师为了提高学生学习效果，常会设计各种不同的教学活动，运用各种教学技术，这些都是为了启发学生的学习兴趣，最大限度地实现学生学习效果的提升。（5）有助于学生人格的健康成长。中小学学生仍是一个未成熟的个体，具有很大的可塑性，班主任在班级经营中，学会运用各种指导策略，如行为改变、角色扮演等，正是这些相对有效的教育策略实现了学生人格的健康发展。

　　为了更好地经营班级，班主任要树立一种"动力式的教室管理"思想，所谓"动力式的教室管理"即指班主任运用各种有效的教育策略与方法，促进教室动力的提升，创造正向的教育环境，以利于师生的教与学行为的改进，进而达成教育功能与目标实现的管理方式。在这一过程中，学生是教育的主体及班级有效发展的主力，一切工作都应该以学生获得有效发展作为基础，这就需要教室里要充满朝气与活力，使教室成为学生生命意义建构的场所。正如我国台湾学者黄监厚先生所言：春天是万物生长的季节，在春天里，一切有生命的东西都会生长得快些，整个宇宙里都充满着生气。这也是我们要

---

[1] 参阅李国霖. 班级经营的基本理论 [J]. 教育导刊，1994（1）：33.

使学校和学校里每一间教室成为春天的理由。我们常说学校是培育民族幼苗的园地,却并不常记住幼苗是要在春风里滋长的。教育工作的任务,就是要安排适当的环境和辅导,使每一个儿童和青年得以顺利地成长,使他们的身心潜能获得最充分的发展。所谓适当的环境条件之一,就是要让每个教室里充满春风。"动力式的教室管理"就是要使每一间教室都能拥有春风般的温馨动力。这就要求班主任做好以下几个方面:

其一,班主任要树立自己的教育哲学观。德国哲学家雅斯贝尔斯曾指出:"教育须有信仰,没有信仰就不成其为教育","教育,不能没有虔敬之心,否则最多只是一种劝学的态度,对终极价值和绝对真理的虔敬是一切教育的本质,缺少对'绝对'的热情,人就不能生存,或者人就活得不像一个人,一切就变得没有意义。"❶ 对班主任而言,从事教育活动的很重要的工作即是自己教育哲学观的建立,只有具有自己的教育哲学观,才有助于问题的解决和教育质量的提高。

其二,尊重学生个别差异,充分认识到每个学生作为生命个体的重要意义。教育功能的落实就在于实现学生身心的和谐发展,就在于体认学生的资质,达成"人尽其才"的目标。学生的学习速率与结果不同,班主任必须一视同仁地接纳,纵然教学教材教法有别,但对每一个学生的关怀用心不应有所差别,要能够在班级经营中,以每一个学生生命获得健康成长作为自己教育的基本追求,并尽可能地把班级发展为学生生命意义建构的场所。

其三,班主任要有切实为学生服务的意识。班级经营就是要求班主任转变教育观念,变"目中无人"为"目中有人",变"高高在上"为蹲下来和学生平等地交流与对话,变"师本位"的教育为"生本位"的教育,增强自己的服务意识,要在心中装着学生,真正使自己成为学生的良师益友,成为其健康成长的帮助者、指导者、促进者。

其四,班主任要有法律意识,一定要做到合法"经营"。在现实班级教育中,体罚学生的事件还时有发生,有的班主任不尊重学生的人格和平等受教育的权利,随意训斥、讽刺甚至是侮辱学生,对学生的身心造成极大的伤害。有的班主任不惜以牺牲学生的健康为代价换取扭曲的集体利益,也有的班主任采用罚款的手段强迫学生遵守校纪校规,等等。这些都是班主任法律意识

---

❶ 雅斯贝尔斯.什么是教育[M].邹进,译.北京:生活·读书·新知三联书店,1991:44.

缺失的表现，所以，班主任只有学法、知法、懂法、守法，才能使班集体建设走上法制化的道路。

其五，班主任要居安思危，敢于挑战风险。班集体建设总要经历从不成熟到成熟这一过程，其发展并不是直线式的而是曲折的，班主任要能够在班级管理过程中建立班级预警机制，对班级决策、执行、检查及反馈等环节实现"超前预判，动态管理"，把问题解决在萌芽状态中，既有助于班级的有序发展，更有助于学生自我管理智慧的形成与发展。

其六，班主任的班级经营要实现创新与创造。班级管理要实现由低水平向高水平的突破，就要求班主任要树立创新意识，在实践中体现出"先一步、高一手、上一层"的特点。实践表明，班主任具有较强的示范性，班主任本身所具有的创新精神和创造能力，将会极大地鼓舞学生的创新热情，只有这样，班主任才能从创新实践中发现学生的创新潜能，捕捉学生创新思维的闪光点，进而实现对学生创造潜能的挖掘与培养。这既能够帮助学生实现对自我的挑战，达到自我的创新与创造，也能够实现班主任自我的超越。

二、制度化教育与班级经营

众所周知，原始的蒙昧时期并无专门的教育，教育活动是与生产劳动和社会生活紧密相连的，随着生产力的发展及阶级的产生，逐步产生了教师与学生等专门人员，出现了作为教育内容的相应时代的课程，并最终形成了固定的教育场所——学校。但其时所形成的教育实体虽有程度（等级）之分，但彼此间并无固定的分工与明确的关系，各教育实体散落各方，处于游离状态，鲜有严格意义上的学校系统或教育系统。大抵在19世纪下半期，严格意义上的教育系统已经基本形成，在教育系统形成以后，教育越来越"制度化"，从而被称为"制度化教育"。制度化教育即指"建立一种具有普遍使命的、结构坚固而权利集中的学校体系。"[1] 这就表明在学校教育中，个人被赋

---

[1] 联合国教科文组织国际教育发展委员会. 学会生存——教育世界的今天和明天 [M]. 华东师范大学比较教育研究所，译. 北京：教育科学出版社，1996：199.

第二章　班级经营：班级管理转型的探索

予了一定的角色，并且每个角色被安排在固定的位置并完全按照学校统一的标准行事，他知道什么时候去做什么及怎样去做，不能超越学校既定规章制度的范围。

上述对制度化教育的理解或许是比较抽象的，还没有能够提供一个较为清晰的关于制度化教育的图景，下面这篇题为《动物学校》的小故事也许能够使我们对制度化教育产生更为深刻的认识。

一天，动物们聚在一起，决定办一所学校，教育委员会由狮子、老鹰、海豚、松鼠和鸭子组成。

狮子坚持跑步应该成为必修课，而老鹰则认为所有人应该学习飞翔，颇有些诗人气质的海豚说："不学游泳，就不是真正办教育。"松鼠提出了自己的建议：大家都应该学会爬树。

汇集所有人的建议，委员会出台了一份教学大纲。大纲的开头是这么写的：动物王国的每个公民都要学会教学大纲规定的所有课程。

虽然狮子在跑步课上表现最好，但它的爬树课却问题重重：它总是从树上摔下来，弄得四脚朝天。很快它的脊柱就受伤了，连跑步都无法正常进行。因此，它的跑步课不但没有得高分，分数甚至比别的动物都低。

老鹰是无与伦比的飞翔大师，但游泳课让它的翅膀虚弱无力，还受了伤。很快它的飞翔课分数就掉到与松鼠同一个档次了。老鹰的游泳课从来没及格过，更别提爬树了。

鸭子倒是学会了所有课程，但没有一样精通：跑起步来像醉汉，游起泳来瞻前顾后，飞翔水平马马虎虎，由于鸭子总是十分遵守纪律，它被获准免修爬树课。在它身上，大家终于看到了教学大纲的成果。

动物们终于认识到，他们的教学大纲是糟糕的。

教育并不是按设定的同一个模式对所有人进行的塑造行为，也不是把一些知识灌进孩子稚嫩头脑的活动。教育是通过某种方式激发学生的潜能，让学生去感悟真理而不是把真理强加给他们的行为。如果我们不想让孩子成为没法跑步的狮子、不能飞翔的老鹰、离开水的海豚、被淹死的松鼠和平庸的鸭子，我们就应该让他们受到真正的教育，而不是仅仅关注学校的规章制度，不应该关注严格的学校纪律及没有太多实际价值的说教，更不应该把学校的制度绝对化。

上述动物学校是制度化教育的产物，体现出以下一些特征。

其一是学校制度僵化。学校作为一个组织、一个系统应该是能够实现其自身灵活变化发展的，然而在实际运行中，很多学校已不能适应灵活多变的社会发展的需要，其思想、行为已较为僵化。一方面体现为在管理过程中只对上级负责而忽视下级的参与，只要上级给学校的成绩以肯定就行了，就体现了学校的价值，不需要对下属员工和学生负责；另一方面是只对内部管理而忽视外部的参与，学校更多的是关注学校内部组织机构的发展建设，而很少关注社区、家长的参与，很显然，一旦学校失去了社区及家长的关注和支持，学校教育的影响力可能会变得更低效；再一方面是只注重对硬件的管理而忽视对软件的建设，学校更多的是看建了多少高楼，买了多少电脑，购置了多少仪器等，而很少关注教师素质的进一步提高、图书资料的购置及校园文化的建设等。这种僵化的教育思想和行为已经不能够很好地适应学校发展的需要。《动物学校》中的很多教育行为即这种僵化的教育制度所为。

其二是学校制度异化。学校教育的本质是一种培养人的活动，是一种使人的身心得到和谐发展的活动，而我们现有的学校教育制度在某种意义上已经背离了这一本质要求，不但没有使人的身心和谐发展，反而使人的身心受到摧残。正如《动物学校》中没法跑步的狮子、不能飞翔的老鹰、离开水的海豚、被淹死的松鼠和平庸的鸭子，它们不但没有获得身心的健康发展，相反通过教育后反而越来越不像自己，教育已经变成了造就"非人"的异化的活动。一位到日本考察了一年教育的教师回来后说：我教了十五年书，摧残了学生十五年。其实教师知道这是摧残，可还得在现行制度要求下用自己的双手，用受过多年教育的大脑，亲自去"摧残"学生，在"摧残"学生的同时，也时时在折磨自己的心灵并拷问自己的灵魂，使自己整天不得安宁。因此，不但教师的身心发展健康受到严重的影响，更为严重的是给学生带来了一种扭曲的心理。

其三是学校评价制度功利化。在学校评价制度中，过分地看重学生的考试成绩，如优秀率、升学率等，把这些作为衡量学校与教师业绩的唯一标准，这种"近视"或"短视"行为带有明显的功利取向，与人的发展的全面性、长期性及复杂性的要求是相悖的，进而也就忽视了评价对学生的教育和改进的功能。我们知道，评价不是为了证明，而是为了改进。通过评价，要能够

第二章 班级经营：班级管理转型的探索

发挥评价的教育功能和激励功能，来唤醒被评价者的主体意识，因为在某种意义上教育乃是个人自我实现的过程。所以，不应过分强调甄别与选拔功能，过分关注评价的功利价值，而应关注学生在评价中的成长与发展，即实现人的身心和谐发展的教育价值取向。

很显然，制度化教育自身存在着这样或那样的弊端，进一步影响了学校教育的有效发展，对此，美国学者里茨尔也分析了制度化教育所带来的负面影响。他指出：

> 小学尤其是形成了许多控制学生的技术。许多学校从新生入学的一开始就努力让学生们遵守学校的规则。人们把幼儿园描述为教育界的"新兵训练营"。那些遵守规则的孩子被看作是好学生，不遵守学校规则的则被称为坏学生。因此，一般来说，能读到大学毕业的都是那些能成功服从控制机制的学生。教给学生的不仅是服从权威而且是接受机械式学习和客观测试的合理化程序。更为重要的是，自发性和创造性得不到奖赏甚至是不予鼓励，这导致了一位专家所称的"温顺性的教育"。
>
> 按时上课及课程计划也对学生施加了控制，这在小学和中学中表现得尤其明显。由于"时钟的暴政"，一堂课必须上到下课钟声响起，即便是教学程序并不与时钟相一致。因此，即使是学生们正在进入对某一教学内容的理解阶段，下课钟声响了，课程也必须结束转到别的内容的教学上。由于"课程计划的暴政"，课堂必须集中于那天所要求的课程计划，而不管在课堂上学生们（也许还有上课的老师）对什么有兴趣。这儿有一个例子，讲到有一位教师"看到一群兴奋的孩子正以莫大的好奇心和注意力在仔细观察着一只乌龟，但这位老师仍坚持让孩子们把乌龟放到一边去。因为他们要开始上自然科学课了，而上课的内容是螃蟹"。总而言之，这儿所强调的是要生产出服从、温顺的学生来；而那些具有创造性、独立性的学生从教育体制的角度来说通常被看作是"紊乱、费神和浪费时间"。❶

由此可见，班级经营在制度化教育情境中的发展将会举步维艰，但也并非是无所作为，这就需要对制度化教育进行改进与完善，使其更具有人性化、

---

❶ 里茨尔.社会的麦当劳化［M］.顾建光，译.上海：上海译文出版社，1999：171－172.

生本化的倾向，进而实现班级经营在教育实践中的不断深入发展。

下面我们看看《分粥制度》的故事能够给我们改进制度化教育带来什么启示？

"权力会导致腐败，绝对的权力导致绝对的腐败。"事实胜于雄辩。

有一个由7个人组成的小团体，其中每个人都是平凡而且平等的，但不免自私自利。他们想通过制定制度来解决每天的吃饭问题——要分食一锅粥，但并没有称量用具。大家试验了不同的方法。

方法一：指定一个人负责分粥事宜。大家很快就发现，这个人为自己分的粥最多。于是又换了一个人，结果总是主持分粥的人碗里的粥最多最好。阿克顿勋爵做的结论是："权力会导致腐败，绝对的权力导致绝对的腐败。"

方法二：大家轮流主持分粥，每人一天。虽然看起来平等了，但是每个人在一周中只有一天吃得饱而且有剩余，其余6天都饥饿难捱。大家认为这种办法造成了资源浪费。

方法三：大家选举一个信得过的人主持分粥。开始这位品德尚属上乘的人还能公平分粥，但不久他就开始为自己和溜须拍马的人多分。

方法四：选举一个分粥委员会和一个监督委员会，形成监督和制约。公平基本上做到了，可是由于监督委员会常常提出种种议案，而分粥委员会又据理力争，等分粥完毕时，粥早就凉了。

方法五：每个人轮流值日分粥，但是分粥的那个人要最后一个领粥。令人奇怪的是，在这个制度下，7只碗里的粥每次都是一样多。每个主持分粥的人都认识到，如果7只碗里的粥不相同，他确定无疑将享用那份最少的。

固然，制度是很重要的，制度是制定、选择及交易的结果。但在管理过程中，也不要绝对地迷信某种制度，而更应该学会对制度的多维思考，实现对制度的改革与改造，《分粥制度》的故事就明确地告诉我们，当在管理中遇到类似的问题时，我们应该学会的是在制度化的情境中寻求变化，寻求改进与完善制度的策略，这样才能够从根源上解决问题。

对制度化教育下的班级经营而言，也同样需要追求对教育制度的改进，以便于为班级经营的有效实施创设良好的制度环境。

一是改进学校教育系统。现行的学校教育系统已经历了很长时间的洗礼，

第二章 班级经营：班级管理转型的探索

为我国社会主义现代化建设工作做出了重要贡献，但现行的学校教育系统毕竟带有时代的烙印，它既传承了我国古代社会中科举制的思想、行为精华，比如，非常强调考试的选拔功能，关注教育为少数人服务的价值观念，还有就是教育为政治服务的价值取向等；同时，也继承了计划经济时代的教育思想，比如过分强调教育的集中而缺少教育的民主，以专断的教育行为进行对教育的管理，以"杰出人才论"为教育的标准，关注的是一种精英教育等。这些教育思想、行为的存在，使得今天的学校教育系统出现了很多不好的价值倾向，给学生的身心健康发展带来了许多负面的因素，已经到了需要改进的边缘。我们今天已进入知识经济时代，知识的生产、创造与传播的速率已远远超越了以往任何一个时代，而人们对知识的渴求也越来越强烈，这就要求学校教育系统必须做出调整，去关注每一个人的知识发展需求。激进的非学校化社会的倡导者伊里奇甚至提出用学习网络取代学校教育，这些学习网络包括：学习资料、设备、设施的网络，有技能人员相互交流的网络，选择学习伙伴的网络，教育专家的网络等。他试图用这些网络创造一个不需要学校的社会。伊里奇的倡导可能言过其实，但也有一定的道理。它也至少预示着学校教育系统在将来会面临着越来越激烈的竞争和挑战，必须要自身做出必要的调整以适应不断发展变化的社会需要。所以，《学会生存——教育世界的今天和明天》一书也指出："未来的学校必须把教育的对象变成自己教育自己的主体，受教育的人必须成为教育他自己的人；别人的教育必须成为这个人自己的教育。这种个人同他自己的关系的根本转变，是今后几十年内科学与技术革命中教育所面临的最困难的一个问题。"❶

二是发展非制度化、非正规化的教育。现代社会一方面使传统教育变得不拘形式，从而使学校正在失去其神圣不可侵犯性；另一方面各种机构越来越多地履行教育的职能，成为制度化教育之外的一支"胜利军"。这两方面都在发挥作用。"从现在起，所有这些途径，不论是正规的还是非正规的，不论是制度化的还是非制度化的，原则上，我们认为它们是同样有效的。我们就应该从这个意义上去理解'非正规的'和'非制度化的'这一类名词。"❷ 因

---

❶ 联合国教科文组织国际教育发展委员会.学会生存——教育世界的今天和明天［M］.华东师范大学比较教育研究所，译.北京：教育科学出版社，1996：200.

❷ 联合国教科文组织国际教育发展委员会.学会生存——教育世界的今天和明天［M］.华东师范大学比较教育研究所，译.北京：教育科学出版社，1996：228.

此，非制度化教育、非正规化教育的发展，打破了制度化教育、正规化教育对整个教育系统的垄断，形成了对正规教育系统十分重要的补充。随着学习化社会的到来和终身教育理念的深入人心，非制度化教育和非正规教育也必然会受到越来越多的关注和重视。而现代科学技术的不断发展与更新，以网络资源为教育载体的远程教育的进一步开发及人性化教育思想和行为的不断深入，这些都为非制度化教育、非正规化教育的不断发展提供了极好的基础，同时也更需要更多教育理论研究者和教育实践工作者的不断努力，期望实现教育的有效发展。

就班级经营而言，也要从自身经营策略上做出调整，以积极的姿态迎接变化中的制度化教育的挑战。

首先，班级经营者要善于利用制度化教育中积极的教育因素。班级经营者在经营班级的过程中，要能够认真分析当前学校教育制度中的一些积极因素，以一种正面的、发现的眼光看待教育制度，善于从已有的教育制度中挖掘出积极的教育因素，而不要整天怨声载道，怨天尤人，更不要对现有的教育制度而感到心灰意冷，无所作为，因为每种教育制度都有自己的优点，当然也有自己的不足。班级经营者应该扬长避短，以一种"化腐朽为神奇"的精神去容纳、接受甚至是改造制度化教育。

其次，班级经营者要设计积极的经营策略。制度化教育从一定意义上说是一种"温顺性的教育"，它所强调的是要生产出服从、温顺的学生来，因此，对班级经营者来说，必须打破这种视培养学生创造性、独立性为"紊乱、费神和浪费时间"的教育体制，以一种自尊自重的班级经营策略实现对学生主体性的培养与塑造。这里，自尊自重的概念可以分为三个方面：接受自我的价值、对自己负责及对他人负责。所谓接受自我的价值，是指个人认可自己的内在价值，以及"人之所以为人"的重要性。这方面的内在需求有助于促使学生力争上游，克服困难，以便体验成功与荣誉，并且提高自己的价值。所谓对自己负责是指个人必须对自己的言行负责。所谓对他人负责，是指个人必须学习尊重别人。所以，经营者要能够通过对学生自尊自重意识的培养，使他们充分认识个体自我的价值，体验自我作为一个真正意义上"人"的尊严，进而达到自我主体的真正实现。

最后，班级经营者要能够在班级经营过程中，以"合理的处分"代替"奖赏和惩罚"。制度化教育是非常强调对学生实施奖惩措施的，其实，这在一定程度上会使学生永远生活在班主任奖惩的"阴影"下，而看不到自我成长与发展的超越之径。因为奖惩是由他人针对特定的行为而采取的酬赏与惩戒行为，而"合理的处分"是紧随着特定行为而出现的必然后果。奖惩会让学生习惯于遵从班主任的权威，事事看人脸色，仰人鼻息，自觉低人一等，形成不健全的人格；而"合理的处分"则让学生明确：只要确认自己的行为抉择正当合理，就会有愉快的后果，就会有挑战自我的欲望，进而产生发掘自身潜能的强烈愿望；反之，若是自己的行为抉择缺乏正当性，就得接受令人不快的结果。因此，前者更多地使学生产生对班主任和他人的依赖心理和奴性人格，而后者则在无形中养成了学生主体关注自我、关注自我价值实现的意识。比如，如果学生随意丢纸屑，班主任罚其站在讲台上，就是惩罚；如果班主任要求这位学生捡起所丢弃的纸屑，就是其应得的合理处分。再如，学生若是未写作业，班主任罚以打手心，就是惩罚；如果班主任要求这位学生自行花时间补写，就是其应得的合理处分。所以，班主任要改变制度化教育所强调的对学生的惩罚措施，逐渐向"合理的处分"过渡，以实现班级教育建构生命意义的价值使命。

三、契约理论与班级经营

契约理论来自商品经济（或市场经济）所派生的契约关系及其内在原则，是基于商品交换关系的一般要求而焕发出的一种平等、自由和人权的民主精神。契约及其所内含的契约精神，不仅是现代市场经济本质要求的最佳体现，也是现代法治国家不可或缺的"灵魂"；其对"平等和自由"的价值追求已日益渗透到社会生活的各个领域之中，对现代社会的不断深入发展起到了重要的促进作用。

在当今的社会政治经济生活中，契约关系已成为一种基本的社会关系，它是人们在交往过程中，通过某种承诺，明确确定双方彼此的权利和义务，从而使各自获得有约束性的联系。这种确定双方关系活动章程的契约形式，有的是有形的，通过文字、书面的东西加以确定；有的却是无形的，存在于意识当中，没有明确表达，却是关系双方彼此心照不宣，认为应该共同遵循的规则。不管是有形的,还是无形的,都在实际生活中发挥着重要的作用。

那么,什么是契约呢？"契约"一词由拉丁语"contractus"而来,基本意思是指交易。其主要特征为选择缔约方的自由,决定缔约内容的自由和选择缔约方式的自由。在狭义上,"契约为一种合意,依此合意,一人或数人对于其他一人或数人负担给付、作为或不作为的债务。"[1] 西方文化中的契约范畴不仅具有私法上的含义,而且被广泛应用于公法之中；它不仅局限于法律范畴,而且被赋予了宗教、政治、经济和社会意义。现代社会的契约内涵已被广义化：在经济层面,它是社会公认的让渡产权的方式,是创设权利义务关系的途径；在政治层面,它是联结政府与公民的纽带,是公共权力合法性的根源；在伦理层面,它是个人或团体信守承诺的道德体现。契约正逐步成为调整社会关系的根本行为规范。

契约理论在社会生活领域的日益深化,使得教育管理领域也出现了契约理论的价值诉求,并且在不断强化,尤其在班级教育发展过程中,这一教育思想更为突出。我们可以先看看下面这个例子,其中所蕴含的契约理论或契约精神是不言而喻的。

某校初二(1)班最近刮起一股"足球旋风",不仅男生言必"国脚",歌必"球迷",就连女同学也一个个都成了"孙雯第二",一下课就抱着足球往操场上跑。任课老师们大摇其头："再踢下去,期末考试可要'红牌出局'了！"班主任辛老师不得不下了一道禁令：不准再在学校里踢足球！禁令一出,立刻遭到全体同学的强烈反对。年轻的辛老师自己也是足球迷,时不时地也挤进同学们"万马战犹酣"的足球场上充当一回"临时替补",此刻他非常理解同学们的心情,但是,已呈现滑坡趋势的学习成绩逼他把心肠硬起来,他决心言出法随,把同学们"野"了的心收回来。一天放学,体育委员带着一帮同学围住辛老师,颇有谈判的架势："辛老师,您怕我们踢足球影响学习才下禁令的,如果我们保证不影响学习,您是否能取消禁令？""迷上了踢足球肯定会影响学习,这已经有事实证明了,这道禁令是不可能更改的！"辛老师口吻很坚定。"能不能再给我们一次机会？"体育委员几乎央求地说,"我们已经商量过了,只在每周两节的课外活动时间踢足球。谁要是

---

[1] 波塔利斯,等. 拿破仑法典 [M]. 李浩培,吴传颐,孙鸣岗,译. 北京：商务印书馆,1979：148.

第二章　班级经营：班级管理转型的探索

没完成作业，罚他一周停止玩足球；谁如果学习成绩下降，直到他重新赶上来再允许玩足球，您看，行吗？"体育委员说完，同学们都满怀期待地望着辛老师。辛老师有些动摇，不给同学们机会显得太武断，但又很怀疑同学们保证的可信度。于是，辛老师为此召开班会，专题讨论如何正确处理足球与学习的关系，全班同学在体育委员所做的"保证"的基础上制定了一条初二（1）班的新班规。谁知新班规的诞生引起了任课老师的不满，这个说："小辛啊，对学生不可以太迁就，否则班主任还有什么威信？"那个说："在班上，班主任的命令就是法律，哪能随便更改呢？"辛老师招架不住众老师的压力，想想老教师总是有经验的，于是到教室把贴在墙上的"新班规"揭了下来，然后迎着同学们困惑不解的眼神，低沉而坚定地说："这条班规作废！"[1]

上述案例体现出了班主任的权威高于一切，班规只有服从并服务于班主任的权威才能发挥其应有的作用，并且，案例中也反映出了教师群体还处于强势地位，教师文化在学校教育中一直是主流文化；相反，学生在班级及学校中仍然处于弱势地位，学生文化也一直处于亚文化或次要文化的位置。这其中就反映出了传统教育中以"教师为中心"的教育管理思想在当前的教育实践中还占据着主导的地位，也必然会给师生关系带来不和谐的声音，这种不和谐声音的背后反映出的是师生之间的不民主、不平等。最终也体现出了教育的基本特征还是以传统社会中的身份依赖为主体，还没有显示出现代社会所关注的以契约为主体的教育特征，这与我们今天所进行的素质教育及新课程改革的基本精神是相悖的，需要我们对此做出反思与应对。

很多中小学教师都在试图改变当前不民主、不平等的专制成分十足的师生关系，但由于其思想根源的立论基础的片面性、不合理性，使得他们对自由、民主、平等等思想也产生了不够科学的认识与理解，致使他们的努力往往只停留在口头和理论研究的层面，在实践中还不具有可操作性，对实际教育中大量侵犯学生正当权益的现象却视作当然，有的甚至是在"为学生好"和"对学生负责"的名义下做的，比如为了学生考出好成绩可以任意剥夺学生娱乐和休息的权利；为了实现对学生进行集体意识的培养与教育，可以任

---

[1] 马兰霞. 班规大，还是班主任大？[J]. 思想・理论・教育，2001（1）：54−55.

意扼杀学生个性的发展，等等。

那么，自由平等的师生关系的本质究竟是什么？要讲清这一点，先要弄清现代社会自由平等的人际关系的根本特征是什么。西方法学家梅因曾说："所有进步社会的运动，到此处为止，是一个从身份到契约的运动。"❶ 我国学者也指出："契约对经济生活的普遍覆盖，是现代经济的一个重要特征；同时由于自主主体的普遍性，契约观念的社会泛化，又是现代社会的一个重要特征。"❷ 可见，契约关系是现代社会基本特征的重要反映，是以自由、平等、守法、诚信为其基本特征的，契约关系的核心价值是自由。在现代社会，契约取代身份成为人们设定权利义务关系的常规手段，当事人不是依仗特权而是凭借自身的努力，通过自由竞争，自己设定权利、履行义务和承担责任。每个人都可依法主张自己的意志，捍卫自己的权利。社会关系契约化从根本上解除了人对人的依附，造就了独立自主的个人。显然，教师与学生之间在契约关系中彼此都是自由的主体，不应存在教师还是以自己所拥有的传统教育行政权力实现对学生自我意志剥夺的现象。案例中班主任辛老师的行为在一定意义上就是在利用教师手中所谓的教育权利去剥夺学生自我主观意愿的体现。契约关系存在的根基是缔约双方地位的平等，既不允许当事人把自己提升为他人的主人，也反对把自己贬低为他人的奴仆。契约平等体现了权利与义务的对等，是对过去强势群体的权利无限和弱势群体的义务无限状况的根本改变。所以，过去那种"一日为师，终身为父"的人身依附型的师生关系将不会再有存在和发展的空间，随之产生的则是师生之间在彼此地位平等基础上的契约关系。

案例中班主任辛老师所进行的班级管理，体现了两种契约形式，即显性契约和隐性契约。例如，班主任辛老师通过召开班会，专题讨论如何正确处理足球与学习的关系，全班同学在体育委员所做的"保证"的基础上制定了一条初二（1）班的新班规，这个新班规就是显性契约。在实际教育中，很多班主任已经充分认识到了显性契约在班级管理中的作用，"和学生一起制定契约，只要各项条款清楚明确并具有可操作性，学生也感到公平合理，并在班级公开宣布实施后即可生效"。这已成为众多班主任进行班级管理的基本要

---

❶ 梅因. 古代法 [M]. 沈景一，译. 北京：商务印书馆，1959：178.
❷ 龚群. 当代中国伦理生活 [M]. 成都：四川人民出版社，1998：340.

第二章 班级经营：班级管理转型的探索

件,甚至已成为班级管理的常规性工作。关于具体契约的制定,有这样一个例子:"小明和张老师同意本契约。本契约生效日期从1980年3月10日到1980年3月30日。在1980年3月28日对本契约的施行结果进行检讨。本契约的内容是:小明将在本契约生效期间,每天进行老师所规定的体育活动30分钟。老师将提供给小明一张外埠篮球比赛入场券。如果小明能够做到契约要求,则可以得到规定的奖赏;如果小明无法做到契约要求,则奖赏将自动取消。"❶ 这里体现出的就是显性契约。至于隐性契约,在案例中也非常明显,比如班主任辛老师由于招架不住任课教师的压力,到教室把贴在墙上的"新班规"揭下来,并迎着同学们困惑不解的眼神,低沉而坚定地说:"这条班规作废!"这里就体现出一种隐性契约,也称为心理契约。隐性契约在班级中是到处存在的,班主任在班级教育管理过程中会经常运用隐性契约来实现对班级学生的教育和管理,比如,班主任期望儿童取得与其年龄相称甚至超越其年龄的成就,为此,班主任会在实际教育中,按照成人的主观意志设计出儿童的发展目标,而儿童在老师的设计和引导之下,在获得相应知识的同时,更多的是使自己逐渐成为成人思维的"仆人",而没有了儿童所具有的天性,其创造性也在老师的"教育"下逐渐丧失。对此,儿童则是处于一种认为理应如此或者无意识的境地,这就是隐性契约的价值所在。所以,班主任辛老师在没有与学生协商的情况下,揭下墙上的"新班规"并宣布作废的行为是教师强势地位的明显体现。因此,从隐性契约的角度来看,学生的任何良好表现都并非是天经地义的,它取决于教师能否认识到隐性契约所暗含条款的约束,而失望、愤怒、逆反行为往往是学生们遭遇隐性违约后最常见的反应。

当然,案例中还存在着教师主流文化与学生亚文化之间的交流碰撞的问题。其实,在某种意义上,文化也是一种契约,这种契约通常表现出隐性的特征,尤其像案例中所涉及的处于强势地位的教师主流文化,对此,美国人类学家玛格丽特·米德则对教师文化做出了经典的描述,她指出:祖辈的人把刚出生的孙儿抱在怀里,除了他们往日的生活外,他们想不出孙儿们还会有什么别的未来。成年人的过去就是新生一代的未来,他们早已为新生一代的生活定下了基调。孩子们的祖先度过童年期后的生活,就是孩子们长大后将要体验的生活;孩子的未来就是如此造就的。这就是一种变化迟缓、难以

---

❶ 李佳琪,等.班级经营:教室百宝箱[M].南京:南京师范大学出版社,2005:167.

觉察的文化——前喻文化。在这种教育思想行为影响下，受教育者被培养成为缺乏疑问和缺乏自我意识的人。❶ 可见，前喻文化所反映出来的特征即教师主流文化的特征，而"主流文化没有作为一种敌对的外部力量，强加到次要群体的文化上来。相反是通过融合、重塑、牵制次要群体的文化，让原本用自己方式来确立其意识和经验的次要群体，与社会统治集团的主流文化的价值观和意识形态相融合。这一过程既没有抹杀掉次要群体的文化，也没有从'人们'那里剥夺属于他们的'真正文化'；它们要做的是，将这些文化整合到一个特定的意识形态和文化领域中，这样可以避免任何可能过激冲动的产生"。❷ 所以，阿普尔对主流文化的分析，也表明教师文化以一种隐性契约的形式实现对学生的影响，这种影响是以一种"细雨润无声"的形式出现的，正是这种和风细雨般的"文化渗透"，完成了对学生文化价值观的改造。而学生作为亚文化群体或主流文化的对立面，在接受文化价值观改造的过程中则不得不做出许多让步甚至是牺牲，正如美国学者阿普尔所言："对立文化的价值观是在与主流文化相抗衡的过程中形成和成熟起来的。如果两种文化要很好地联系起来，如果对立文化要与那些意识和经验部分受到主流文化支配的人打交道的话，那么在这一抗衡过程中，对立文化必须从主流文化中借鉴许多资源，并对后者做一些让步。对立文化必须通过反省自身，剥离那些表面的东西，在对立文化内部创立一个空间，以便进行自我对抗。在这个空间内，彼此对立的价值观相互呼应、做出反响并被人们倾听。"❸ 可见，文化作为隐性契约的一种形式，其所发挥的对学生的教育影响力值得期待。

以班级契约取代班级纪律对于班级管理具有重要的意义。对学生而言，纪律往往是由处于强势位置的教师（班主任）所规定的，是教师主观意志在班级教育管理中实现的载体或工具，也是成人思维在班级中的进一步延伸，使学生思维"成人化"得以实现的平台，它是外在于学生自身需要的东西；纪律所反映的则是教师对学生行为的控制与约束，在这一过程中，学生则表现出了表面接受而内心拒斥的心理，容易导致学生形成双重人格，这又会与教育所追求的培养学生健康人格的目标相距较远。我们知道，纪律主要是针

---

❶ 玛格丽特·米德. 代沟 [M]. 曾胡, 译. 北京：光明日报出版社, 1988：20.
❷ 阿普尔, 等. 教科书政治学 [M]. 侯定凯, 译. 上海：华东师范大学出版社, 2005：12.
❸ 阿普尔, 等. 教科书政治学 [M]. 侯定凯, 译. 上海：华东师范大学出版社, 2005：13.

第二章 班级经营：班级管理转型的探索

对学生而制定的，是需要学生绝对服从的，不允许有学生违反或蓄意破坏纪律的现象存在，对教师而言则是没有任何约束力的，这在一定意义上就违背了教育公平的原则，而缺少公平的教育或管理则很难体现教育的公共性特性，也就不可能实现对全体学生的有效教育和引导。当然，纪律仅仅说明了学生所应履行的义务，而没有说明学生应该享有哪些权利，不符合民主教育的精神。相反，班级契约是教师与学生经过一段时间的商量后共同决定的，是教师与全体学生共同意志的结晶，它足以承认学生是"一个能够自治的人，而不是一个要别人来管理的人"，它更承认学生与教师是站在同一个平台上与教师进行平等对话的人。所以，班级契约不仅规定了学生的权利义务，也规定了教师的权利义务。据此，我们也可以把班级契约表述为一种有"尊严的纪律"，而这种有"尊严的纪律"则是未来班级教育管理所追求的目标。

契约理论为班级契约的形成、为师生关系由传统的身份关系向契约关系转变奠定了重要的理论基础，对班级经营而言，经营者又应该做出何种应对策略呢？

首先，班级经营者应该承认学生与学校之间存在着契约关系，这是班级有效经营的重要前提。在班级经营过程中，如果班主任还是以传统的教育理念实现对学生的教育和引导，还是以学生对班主任的无限依赖作为教育发生的重要基础，并且仍然坚持以班主任的自我主观意志主宰班级学生发展的话，那么，班级经营则很难适应社会主义市场经济发展的需要，也就不能体现学生与学校之间的平等关系，更难做到与学校教育目的相适应。因为：（1）现行的学校与学生关系是基于宪法原理，旨在保障儿童作为"人"的学习权的法律关系，基于此，在要求学校设置者对实施公共教育承担很强的义务的同时，学生及其父母的权利主体地位也得到了提高。由此，学生和学校设置者之间应该是对等的权利义务关系。（2）学校教育的主要目的是保障儿童的学习权利充分实现，并非是实施教育者的支配权能，包括惩戒权的行使，主要是作为教育的一环被采用，遵循教育的非权力性原理，而不是旧法制下的行使公权力的行为。因此，学生一旦入学，即与学校构成契约关系并受契约条款的限制。学校与学生间，是一种对等的权利义务关系。学生接受学校教育是宪法上保障的基本权利，而非施教者支配性的权力。所以，在教育系统内部，教育行政的进行仍然不得违反宪法、法律和一般法律原则，一切纠纷应该通过法律来裁决。基于这种观点，儿童在学校内作为基本的权利主体而存在。换言之，宪法上的人权保障条款，原则上也直接适用于学校，学校也不具有来自宪法自由的豁免权。这意味着儿童、学生在对学校具有积极能动的作用的同时，也有防御学校对其自身权力、自由领域进行干涉的权利。只有这样，才能真正改变过去教师与学生不对等的现象，也才能更好地实现班级经营。

其次，班级经营者应该转变教育观念，逐步从师本教育观转向生本教育观，这是班级有效经营的重要基础。班级经营的重要特性之一即以对学生心理需求与学业需求的了解为基础，并达成教育目标的实现，而这一特性的真正体现应该建立在班主任与学生之间对话的基础之上，如果班主任还是以俯视学生的姿态去与学生接触和交流的话，就不可能真正认识、了解甚至是理解学生，也不可能真正地走进学生的内心世界，而一个不了解学生、不能够与学生进行心与心之间对话与交流的老师是不可能实现其教育发展目标的。所以，班主任应在教育实践中应做到：（1）成为班级经营的参与者。班主任要能够充分认识到，班级是学生与老师共同生活学习工作的地方，是师生之间实现各自梦想的地方，对学生来说，是实现学生自我生命的价值不断延续与延伸；而对班主任而言，则是实现班主任在班级教育中的自我满足感和成就感，即达到实现班级学生个性的良性发展。这就表明，班级不只是属于班主任一个人的班级，而是全班学生共同的班级，是需要教师与学生共同参与、共同努力才能实现彼此教育目标的地方。（2）成为班级经营的引导者。因为学生尤其是中小学学生，他们还处于生理上和心理上的成长与发育期，他们的思维发展还没有达到成人的水平，他们更多的还是处于"半社会化"的状态，还需要教师给予其人生的发展做出指引，引导其正确地面对现实生活、面对其所面临的机遇与挑战、面对各种各样的知识与行为等，从而为学生的有效发展、为其实现"完全社会化"发挥重要的引导作用。总之，班主任要打破自我绝对权威的神话，力争使自己成为学生中平等的一员，而不是整天使自己成为在学生面前"装腔作势""高傲神秘"的表演者，这只能是不民主的教育，也更多地表现为虚伪的教育。

最后，班级经营者应该具有依法经营班级的意识，这是实现班级有效经营的重要保证。契约精神的贯彻必须以法制为基础，需要用法律来确保契约的实现，虽然我国在教育立法上已经做了大量的工作，已经出台了《未成年人保护法》《教师法》，等等，但是，还没有覆盖到师生关系领域的各个方面。

尤其是教育执法的力度还远远没有达到法律的基本要求，所以，班主任要能够积极创造条件，为班级经营的有效进行尽可能地提供法律保障。一方面，班主任应该加强自身对法律知识的学习，深刻地理解并领会《未成年人保护法》《教师法》等相关法律的基本内涵，做到"心中有法，经营有法"；另一方面，班主任应该加大在全班范围内进行法律知识宣传教育的力度，使每个学生具有基本的法律观念与法律意识，做到"人人知法，管理有法"；再一方面，班主任应该身体力行地加强执法的力度，使班级经营在法律的监督与要求之下有序地进行，做到"切身执法，坚决执法"。因此，班主任在进行依法经营班级过程中的作用是毋庸置疑的，只有做到"心中有法""人人知法"及"切身执法"，才能够保障班级的有效发展、学生教育权利自由的实现及班级经营的规范化。

当然，班主任在依法经营班级的同时，还要尽可能地弱化自我的教育行政权威，提高班主任自我的专业权威。班主任的权威是由权力性权威和非权力性权威共同构成的，其中权力性权威主要是指由上级教育行政部门所赋予的传统的行政权威，是一种外在的权威；而非权力性权威则主要是指由其自身的专业知识、领导才能及情绪情感等因素综合作用而形成的专业权威，是一种内在的权威，是班主任进行班级有效经营的关键因素。正如案例中的班主任辛老师，他在班级教育实践中，则更多地体现为是以传统的行政权力进行班级教育的，过分地关注行政权力无疑会使班级失去其作为教育实体所具有的基本功能，导致班级发展功能的异化。所以，美国学者萨乔万尼指出："无论是科层权威还是个人权威，从长远看，都要失败，因为它们强调'听我的'，当领导者要求他人追随时，最有效的方式也就是'听我的'；我的职位使我有能力奖赏你'听我的'，也有能力惩罚你'不听我的'。"❶这种靠教育行政权威、命令式的单向的班级教育，只能是班主任的"一厢情愿"式的行为，也只能带来班级经营的低效甚至是无效，很显然已不能够适应时代发展的要求，对班主任而言则要谨慎行使。

根据上述分析，我们发现契约理论为进行班级经营提供了一种很好的思维视角，它既有助于建立民主平等的师生关系，尊重学生的正当权益，更有助于抑制教师随意践踏体现民主平等的"契约"精神，并实现对学生自觉契

---

❶ 冯大鸣. 沟通与分享：中西教育管理领衔学者世纪汇谈 [M]. 上海：上海教育出版社，2000：94.

约意识的培养，最主要的是契约理论为学生打破对教师依赖，从传统的人身依附走向师生之间平等的契约关系提供了强有力的理论支持，这也是契约理论对班级经营所做的最大贡献。但我们也应该清醒地看到，在现实教育中，类似于案例中辛老师教育行为的现象也不在少数，其实，这正是我们教师本身契约意识淡薄的反映，使学生刚刚萌发的"契约意识"横遭扼杀。试想，一个从小习惯于"尊重权力"大于"尊重契约"的人，将来怎么可能成为尊重法律，敢于运用法律武器保护自己的正当权利的人？因此，作为培养并提高中小学生基础素质的学校，作为班级经营的教师，理应承担起这一教育的重任。1999年6月，中共中央国务院颁布了《关于深化教育改革全面推进素质教育的决定》，明确地要求教师"要与学生平等相处，尊重学生人格，因材施教，有较好的教师职业道德与教学道德，从事教育教学工作"，以建立一种新型的师生关系。2001年6月颁布的《基础教育课程改革纲要（试行）》指出："教师应尊重学生的人格，关注个体差异，满足不同学生的学习需要，创设能引导学生主动参与的教育环境，激发学生的学习积极性，培养学生掌握和运用知识的态度和能力，使每个学生都能得到充分的发展。"2010年7月，中共中央国务院颁布了《国家中长期教育改革和发展规划纲要（2010－2020年）》指出："要以学生为主体，以教师为主导，充分发挥学生的主动性，把促进学生健康成长作为学校一切工作的出发点和落脚点。关心每个学生，促进每个学生主动地、生动活泼地发展，尊重教育规律和学生身心发展规律，为每个学生提供适合的教育。"这就既需要师生要加强彼此之间的相互沟通与交流，也需要教师以平和的心态和平等的姿态去引导和教育学生。所以素质教育的实施和基础教育课程改革的不断推进，也为契约理论在教育领域中的深入发展及班级经营的有序进行提供了政策保障，对此，我们没有理由不去把契约理论观照下的班级经营工作做好。

四、学习型组织与班级经营

学习型组织是什么？这还要从组织本身去思考，学习型组织的产生源于对已有的传统组织自身存在弊端的批判与反思，传统组织理论更多地体现出如下几个特征：(1)坚持等级式的管理和对底层人员的监管。在这种观点中，行政人员中的检查者和评估者的角色得到重视。(2)确定和保持适当的垂直交流。这样能够保证好的信息可以经过等级体系传递到决策层，同时命令也可以顺级而下，清楚、快捷地传输，便于实施。(3)制定明确的书面规章和程序以确定标准和指导行为。(4)颁布明确的计划和日程以供参与人员遵守。(5)在组织等级体系中增加监管人员和行政人员，因为有必要通过这种方式来解决组织在不断变化的条件下所面临的问题。❶ 传统组织理论曾在一定时期为企业的有序发展做出了重要的贡献，但该组织理论在一定意义上又存在着很大的局限性。在现代管理中，由于其局限性的存在使得很多人对一些问题的发生迷惑不解，如为什么在许多团体中，每个成员的智商都在120以上，而整体智商却只有62？为什么1970年列名财星杂志"500大企业"排行榜的公司，到了20世纪80年代却有三分之一已销声匿迹？

"怎么会这样？因为大部分的动态性复杂都是缓慢渐变的过程，极不易被觉察，即使察觉了，不是为时已晚，就是不知如何处理。想想看，水质是突然恶化的吗？交通是突然拥塞的吗？健康是突然变差的吗？婚姻是突然变糟的吗？孩子是突然变坏的吗？我们的社会是突然变得如此乱的吗？国家是突然变弱的吗？全球生态是突然恶化的吗？杰出的企业是突然转弱的吗？……而对我们威胁最大的，偏偏多属于这种缓慢渐变的过程，大部分人却要等到它爆发成'重大事件'时才会处理。"❷

对此，也有研究人员曾做过一个《关于组织惯性思维的实验》：

> 将5只猴子放在一个笼子中，并在笼子中间吊一串香蕉。只要有猴儿伸手拿香蕉，研究人员就用高压水喷所有的猴子，直到全体猴子不敢动那串诱人的香蕉为止。接着，研究人员用一只新猴子替换出笼子中的一只猴子。初来乍到的猴子并不知晓笼中的"游戏规则"，一来便动手去拿香蕉。结果它触怒了笼中的4只"老"猴子。于是，它们代替原先由高压水喷头行使的惩罚任务，群起教训新来者，直到它屈从于笼中的规矩。实验人员不断将经历过高压水惩戒的猴子换出来，直到笼子中的猴子全为后进入者，但它们同样

---

❶ 顾明远，孟繁华. 国际教育新理念 [M]. 海口：海南出版社，2003：162.
❷ 彼得·圣吉. 第五项修炼——学习型组织的艺术与实务 [M]. 郭进隆，译. 上海：上海三联书店，1998：11.

不敢去碰香蕉。高压水喷头浇注的"组织惯性"束缚着进入笼子的每一只猴子，使它们将本是盘中美餐的香蕉奉若神明。

《第五项修炼——学习型组织的艺术与实务》一书中，作者彼得·圣吉在谈到"导致许多公司失败的原因，常常是对于缓慢而来的致命威胁习而不察"时，列举了一个煮青蛙的寓言故事：

把一只青蛙放进沸水中，它会立刻试着跳出。但是如果你把青蛙放进温水中，不去惊吓它，它将待着不动。你如果慢慢加温，当温度从华氏70度升到80度，青蛙仍显得若无其事，甚至自得其乐。可悲的是，当温度慢慢上升时，青蛙将变得越来越虚弱，最后无法动弹。虽然没有什么限制它脱离困境，青蛙仍留在那里直到被煮熟。

为什么会这样？因为青蛙内部感应生存威胁的器官只能感应出环境中激烈的变化，而不是针对缓慢、渐进的变化。一个成功的组织应该是富有弹性的、能够敏感地发现组织外界的变化并对这种变化迅速做出反应的组织，而不是那种按照"惯性思维"僵化行事的组织。"学习型组织"的出现，将会是超越原有组织模式的最合适的典范，因为，它具有了作为未来组织所具有的竞争力和唯一持久的优势。

学习型组织所指的"学习"不同于我们一般所理解的学习。在日常用语中，学习主要是指吸收知识或者是获得信息，然而，这与真正的学习还有很长一段距离。"真正的学习，涉及人之所以为人此一意义的核心。通过学习，我们能够做到从未能做到的事情，重新认识这个世界及我们跟它的关系，以及扩展创造未来的能量。"❶事实上，你我在心底里都渴望这种学习能创造出生命的真正价值。

美国学者彼得·圣吉在《第五项修炼——学习型组织的艺术与实务》中指出，所谓"学习型组织"是指"能够设法使各阶层人员全心投入，并有能

---

❶ 彼得·圣吉.第五项修炼——学习型组织的艺术与实务［M］.郭进隆，译.上海：上海三联书店，1998：14.

第二章 班级经营：班级管理转型的探索

力不断学习的组织"。❶ 通过这个概念，也许我们还不能够对学习型组织的内涵有深刻的认识与理解。对此，台湾学者杨硕英则给学习型组织做出了比较明确的界定："圣吉所希望建立的学习型组织，是一种不同凡响，更适合人性的组织模式，由伟大的学习团队形成社群，有着崇高而正确的核心价值、信念与使命，具有强韧的生命力与实现梦想的共同力量，不断创造，持续蜕变。在其中，人们胸怀大志，心手相连，相互反省求真，脚踏实地，勇于挑战极限及过去的成功模式，不为眼前近利所诱，同时以令成员振奋的远大共同愿景，以及与整体动态搭配的政策与行动，充分发挥生命的潜能，创造超乎寻常的成果，从而在真正的学习中体悟工作的意义，追求心灵的成长与自我实现，并与周遭的世界产生一体感。"❷ 这一概念体现了三层内涵：其一，学习型组织是一个具有极强竞争力的组织，因为，它有一个伟大的学习团队，有着崇高而正确的核心价值、信念与使命，而这些因素的存在，是一个组织具有生命力和竞争力的基础性因素；其二，学习型组织是一个勇于超越、敢于挑战极限的组织，因为，它要求每人都要胸怀大志，要能够心手相连并相互反省求真，在反省中实现升华，在求真中实现超越；其三，学习型组织是一个人性化的、以达成人的心灵成长与自我实现的组织，在这里，更加关注每个人的生命成长，因为工作已不再是人们谋生的手段，而是一种目的，工作的意义在于追求自己的内在价值，通过工作，去体会人生，探求生命的真正意义与价值。

学习型组织具有以下几个特征：

(1) 自我超越 (Personal Mastery)。"自我超越"的修炼是学习不断厘清并加深个人的真正愿望，集中精力，培养耐心，并客观地观察现实，它是学习型组织的精神基础。精熟"自我超越"的人，能够不断实现他们内心深处最想实现的愿望，他们对生命的态度就如同艺术家对艺术作品一般，全心投入、不断创造和超越，是一种真正的终身"学习"。组织整体对于学习的意愿与能力，根基于个别成员对于学习的意愿与能力。因此，实现自我超越，将使组织与个人之间的关系发生革命性的变化，组织成员的发展不再是达成组

---

❶ 彼得·圣吉. 第五项修炼——学习型组织的艺术与实务 [M]. 郭进隆，译. 上海：上海三联书店，1998：3.
❷ 转引自：郁义鸿. 组织修炼 [M]. 上海：上海译文出版社，1997：4.

织目的的手段，组织与成员之间将是一种和谐、优美与均衡的关系。

（2）心智模式（Mental Models）。简单地说，就是我们每个人理解与看待周围世界的思维模式。它是每个人在自己长期的生活、学习及工作中所形成的假设、成见、或图像、印象等。我们通常不易察觉自己的心智模式，以及它对行为的影响。阿吉瑞斯指出："虽然人们的行为未必与他们所拥护的理论（他们所说的）一致，但他们的行为必定与其所使用的理论（他们的心智模式）一致。"❶ 可见，心智模式对组织及个人行为的影响是非常深刻的。

（3）共同愿景（Shared Vision）。"愿景"是指"一种愿望、理想、远景或目标"。共同愿景是组织中全体成员的个人愿景的整合，是组织中成员都真心追求的愿景，是能成为员工愿望的愿景，也是组织的凝聚力所在。只有有了渴望实现的目标，组织成员才会努力学习和追求卓越，并且这种追求不是基于外在压力，而是他们的内在愿望，从而使组织欣欣向荣。否则，一个缺少共同目标、价值观与使命感的组织必定难成大器。

（4）团队学习（Team Learning）。"团队学习"是发展团队成员整体搭配与实现共同目标能力的过程，它是建立在发展"共同愿景"和"个人超越"这两项修炼的基础上的。团队中的成员互相学习，取长补短，不仅使团队整体的绩效大幅度上升，而且使团队中的成员成长得更快。因为"在现代组织中，是团队而不是个人成为基本的学习单位，因此，团队学习成为不可缺少的。即，如果团队不能学习，组织就不能学习"。

（5）系统思考（Systems Thinking）。"系统思考"是五项修炼的核心。企业和人类的其他活动一样都是一种"系统"，他们受到细微且息息相关的行动牵连，并彼此影响着。这种影响往往不易觉察，要经过漫长的时间才能显现出来，如果置身其中就能更难看清整体变化。因此，系统思考显得尤为可贵，唯有对整体而不是对任何单独的部分深入地加以思考，才能够了解系统的全貌。

学习型组织理论为我们展现了一幅美好的、关注人的生命健康发展的理论图景，它的出现，既是对传统组织理论缺乏生命活力进行改造的结果，也是对组织理论自身实现自我超越的努力，更是在组织理论内部发生的一次革

---

❶ 彼得·圣吉. 第五项修炼——学习型组织的艺术与实务 [M]. 郭进隆，译. 上海：上海三联书店，1998：201.

第二章 班级经营：班级管理转型的探索

命性变革。它不仅会在政治经济领域产生重要的影响力，比如实现对政治组织官僚化的超越，对经济组织低效化的改进等，也将在文化、教育等领域体现其重要的价值，它也会给教育组织带来新的思想、行为、机制甚至是结构的变化，也必将会给我们长期以来"目中无人"的教育以最有力的回击，还教育以关注人的生命健康发展之价值使命的本来面目，从而为我们改革今天已经出现的异化教育增添生命的活力与气息。

那么，学习型组织对班级经营提出了哪些具体要求呢？或者说，班级经营又该如何应对学习型组织对班级教育发展所带来的新的挑战呢？

首先，要建立以学生为中心的学习模式，教学活动的设计以学生为中心，更加强调教师的专业自主与学生的参与决策，权力下放，形成上下互动的决策机制。这种以学生为中心的学习模式的建立，将更有助于学生根据自己的兴趣、爱好及动机特性进行学习，改变以往教师规定一切学习任务的被动学习局面，最主要的还在于这种变革将会给学生的生命健康发展创设良好的环境与氛围。一方面，班主任要能够在经营班级过程中，充分地相信学生，以学生为本，以学生的学习与发展为本。虽然我们在现实班级教育中，也一直强调以人为本，但这里的"人"是指谁，还不够明确，较为模糊，是领导、教师还是学生？若以领导为本，则又回到了科层制、官僚化的管理之中，见物不见人；若以教师为本，可能又会过度地强调教师中心，强调教师的权威，使教育成为目中无人的教育，从而忽视了学生主体自身的价值。所以，美国学者萨乔万尼则明确强调要以学生为本，以学生的学习和发展为本，只有如此，才能真正体现教育的基本内涵及其内在的价值追求。另一方面，班主任在经营班级过程中，也要关注自身专业化的建设，为了能够更好地进行班级经营，为了使学生更好地参与班级教育与管理，也为了班级能够真正形成上下互动的决策机制，就需要有高素质的班主任，缺少具有专业化素质的班主任，这些策略和要求都将很难实现，而学生在班级要想获得真正的学习与发展则更是不可能。

其次，班级教育要逐渐从过去更多地强调知识与技能的传授，转变到更注重学习能力与创造能力的培养，使学生在学习过程中，不再是仅仅感受到他们在学习冷冰冰的、缺乏生命气息的、枯燥乏味的知识，而更应该在班级教育中，让他们尽可能地通过对知识的学习，既感受到知识的价值与意义，更能够体验到在获得知识、增长才干的同时所产生的精神上的愉悦及学习本身所富有的生命内涵。这就需要班级经营者要能够充分认识到班级传统教育所存在的问题与不足，只有找准问题、对症下药，才能够更好地解决问题。对此，美国学者保罗·克拉克将传统学校教育与学习型教育进行了比较分析，或许能够为班级经营的深入发展提供新的思维路径。如表2-3所示[1]。

表2-3 传统学校教育与学习型教育：不同的方面

关于传统学校教育的个体化观点	关于学习型教育的整体性观点
只有在正式的学习场所才能学习	人们可以通过多种途径学习知识
每个人都必须学到普通知识的"核心"内容	每个人都必须明白学习过程且具备基本的学习技能
由教师控制学习过程，该教什么，何时教，如何教，所有这些都由一个专业教师来决定	由学习者控制学习过程，该教什么，何时教，如何教，都是由学习者决定的
教育和学习都是个体活动，学习的成功是以学习者作为个体而学得有多好作为衡量标准	教育和学习是高度的整体性活动，成功基于学习者如何很好地进行团队学习
正规教育为生活而准备	正规教育是终身学习的基础
"教育"和"学习"差不多是同一回事	"学校学习"仅是整个教育旅程中的一部分
一旦你离开正规教育，你就进入了"真实的世界"	正规教育为学习者与政治、经济、精神、技术、科学和社会世界提供了联系途径和网络平台
你接受的正规教育越多，你就越成功	你的能力与适应力越强，你就越成功
基础教育由政府资助	基础教育既由政府资助，同时也得到了社区和私人的资金支持

表2-3对我们理解教育本质是什么及如何给教育定位、如何发展学习型教育、如何更有效地进行班级经营等，都提供了积极的思维发展空间，对进一步拓展班级经营起到了积极的促进作用。

再次，要积极构建学习型班级，营造良好的发展环境。学习型班级是指

---

[1] 克拉克. 学习型学校与学习型系统［M］. 铁俊，等，译. 北京：中国轻工业出版社，2004：36.

第二章 班级经营：班级管理转型的探索

在日常学习、工作、生活中善于获取、创造、提炼各方面有益知识，并以这些新知识、新见解、新理念为指导，不断修正自己行为、努力实现共同愿景的班级。其特点表现为：（1）学习型班级是一个不断进行知识积累、创造甚至再生的团体，通过集体的智慧去实现对每个人的教育和陶冶。（2）学习型班级具有较强的适应能力，是学生适应并迎接社会挑战的必需品，也是形成学生健全人格的必要场所和机构。（3）学习型班级认为学习的目的是为了延伸自我的生命内涵，是为了实现学生自身对知识渴求的愿望，此目的不是外在的、工具性的，而是发自学生内心的、内在的，是维持、延续生命健康发展的目的，也是学生期望通过知识的学习与创造以实现自我的重生与再造的过程体验。（4）学习型班级采取以学生为主体的、自功能式的管理模式，它是学生体验、感悟并实现自我生命价值的发展模式，这一模式，最终引导学生走向自我实现，这也是人本主义教育的最高目的。（5）学习型班级是一个追求学生彼此之间相互尊重、信任，能够自由、平等对话的班级，同学们把彼此当作学习伙伴，无论成绩高低，相互都可以自由地交流，创造出班级自我良性发展的内部平台及发展班级的团体动力。（6）学习型班级要求大家形成共同的班级发展目标和愿景。（7）学习型班级也是一个十分注重系统思考的班级，并把系统思考作为班级发展的核心理论与方法。

通过对学习型班级内涵及特点的分析，我们认为班级经营者应该做好以下几点。一是鼓励自我超越，构建主动、长效成长机制。自我超越以磨炼个人才能为基础，以精神的成长为发展方向。自我超越的意义在于以创造的现实来面对自己的学习和工作，并在此创造的基础上，将自己融入整个班集体中。二是改变心智模式，我们现实的班级教育之所以效率不高，创造乏力，缺少创新及生命的活力，一定意义上是由于班级教育者囿于已有的思维模式，仍然是以自己过去的经验进行班级教育和引导，而没有随着社会发展变化及学生发展变化做出相应的调整，这无异于古代社会的"刻舟求剑""缘木求鱼"之再现，因此，我们不希望在班级教育中出现现代版的"刻舟求剑""缘木求鱼"现象。三是指导团队学习，构建信息共享网络。我们知道未来社会是一个竞争与合作共存但更加关注合作的社会，而合作的基础则是有一个良好的团队，离开了团队，合作也就失去了其存在的价值。所以，我们更应该在班级中培养学生的团队意识，通过设计各种教育活动，使学生在实践活动中实现对团队意识及团队构建的认识与思考。团队意识的形成也是建立在

"自我超越"之上的，因为只有更多有个性、有才能学生的存在，团队建设才会有更牢固的基础。四是建立共同愿景，创设动态的班级发展目标。共同愿景是班级成员所共同持有的愿望、理想、远景或景象，是学生内心发出的对班级建设的一股令人深受感召的力量。班主任要善于利用班级发展愿景实现对学生学习内在动力的激发，同时，学生学习内在动力的增强又有助于班级共同愿景的实现。五是提倡系统思考，转变管理者的角色与行为。系统思考就是要以系统的整体观念来考虑问题，不要一叶障目，只见树木不见森林。班级系统思考就是要求班主任在班级教育过程中，既要关注班级内部的发展需要，又要关注外部环境变化给班级带来的挑战；既要关注班级软环境的建设，又要关注班级硬件的建设；既要关注班级学生群体中的"两头"发展，更要关注班级学群体中的"中间"提升，等等。

最后，在经营班级过程中要注意克服以下几个障碍。（1）局限思考：我们在教育实践中，一直强调要忠于职守、固守本职工作的观念。这种观念如此牢固使许多学生认为自己对班级整体只有很小影响力或毫无影响力，他们往往只对自己的学习、工作负责，至于班级的很多任务，他们则认为与己无关，他们通常会发出"我又不是班干部，班级是由他们进行管理的，我怎么能做他们的工作"等如此的声音，当班级中的人只专注于自我发展的狭小空间时，他们便不会对班级发展产生强烈的责任感，也就不愿意承担起发展班级的责任，这非常不利于在班级中培养学生的"归属感"及"主人翁"精神。（2）归罪于外：归罪于外实际上是局限思考的副产品，是以片段的方式来看外在的世界。如果我们学生在班级发展只关注自我的发展空间的话，便看不见自身行动的影响如何延伸到自身以外，当有些行动的影响回过头来伤害到自己时，他们还认为这些新问题是由外因引起的，而且他们不仅限于指责班内的同学，甚至还会指责班级以外的因素，这样肯定不利于学生思维的拓展与延伸。（3）专注于个别事件：专注于个别事件似乎是我们做事时的一种习惯，在班级教育中也是如此，很多学生在班级发展中，更多的只是专注于自我的考试成绩，而把班级发展的其他目标都置之不问，我们学生在班级发展过程中，其所取得的每一项成绩都不是突然形成的，都有一个缓慢、渐进的过程。如果我们学生的思考充斥着短期事件，那么创造性的学习在一个班级中便难以持续；如果我们专注于个别事件，最多只能在事件发生之前加以预测，做出最佳的反应，而仍然无法学会如何创造，更不用谈如何使学生培养起"独立、自主、自由"之精神。（4）经验学习的错觉：经验固然是好的，能够在一定的时空范围内发挥重要的作用和价值，但经验毕竟有其自身的局限，它会因时、因地、因人而异，对于班级的未来发展而言，不应该固守已有的经验，那样，只会使班级发展停滞不前，因为他所走的每一步都带有前人的印迹，不可能实现自我的创造与创新，也就不可能发现自我发展的超越之境。

《别人的路》就是对经验学习之错觉的最好诠释。

一个人要穿过沼泽地，因为没有路，便试探着走。虽很艰险，左跨右跳，竟也能找出一段路来，可好景不长，未走多远，不小心一脚踏进烂泥里，沉了下去。

又有一个人要穿过沼泽地，看到前人的脚印，便想：这一定是有人走过，沿着别人的脚印走一定不会有错。用脚试着踏去，果然实实在在，于是便放心走下去。最后也一脚踏空沉入了烂泥。

又有一个人要穿过沼泽地，看着前面两人的脚印，想都未想便沿着走了下去，他的命运也是可想而知的。

……

又有一个人要穿过沼泽地，看着前面众人的脚印，心想：这必定是一条通往沼泽地彼端的大道，看，已有这么多人走了过去，沿此走下去我也一定能走到沼泽的彼端。于是大踏步地走去，最后他也沉入了烂泥。

世上的路不是走的人越多就越平坦越顺利，沿着别人的脚印走，不仅走不出新意，有时还可能会跌进陷阱。

五、有效学校与班级经营

学校是人类社会发展到一定历史阶段的产物。在不同的历史阶段，学校由于受到当时社会政治、经济制度的影响而产生了不同的价值取向，学校教育目的也存在一定的差异。人们在接受学校教育影响的同时，也在不断地拷问学校存在的价值，学校的发展能否有效地服务于社会和个人。进入21世纪，由于社会的激烈竞争和人才质量观的挑战，这种观念更加强烈，社会也更加关注学校发展的有效性，关注学校能否在科学、有效、合理的制度下发挥出更大的潜能，体现出更大的价值，因此，有效学校的构建已经成为学校变革过程中的重要形式和内容。

（一）有效学校构建的背景分析

1. 素质教育思想的影响

20世纪90年代以来，我国开始对应试教育所存在的问题及弊端进行深入的反思，认为应试教育在某种意义上是一种精英教育、选拔性教育，是一种忽视人的主体性的"目中无人"的教育。在这种教育模式下，教师成了灌输知识的机器，学生成了接受知识的容器；教师成了知识权威和理性的代表，而学生则更多地形成了奴性意识。因此，使得我国基础教育陷入了困境，出现了严重的偏向，与教育的内在价值追求即实现人的身心和谐发展的要求越来越远。所以，要求改革教育、改变现实教育发展不利局面的呼声越来越高，1993年《中国教育改革与发展纲要》明确指出："中小学要由'应试教育'转向全面提高国民素质的轨道，面向全体学生，全面提高学生的思想道德、文化科学、劳动技能和身体心理素质，促进学生生动活泼的发展。"1996年《中华人民共和国国民经济和社会发展"九五"计划和2010年远景目标纲要》再次提出，"改变人才培养模式，由'应试教育'向全面素质教育转变"。这就明确指出，基础教育应由"应试教育"向关注人的素质全面发展的素质教育转变。素质教育是要求学生获得全面发展的教育，是要求实现学生主体性的教育。因此，一场关注教师有效教学及学生素质提升的学校教育改革势在必行。1999年中共中央国务院颁布了《关于深化教育改革全面推进素质教育的决定》，明确要求教师"要与学生平等相处，尊重学生人格，因材施教，有较好的教师职业道德与教学道德，从事教育教学工作"。这些思想从某种意义上说就是要求在关注学生全面发展的基础上，实现学校的有效发展。

2. 基础教育课程改革的影响

由于传统固有的知识本位、学科本位问题没有得到根本的转变，其所产生的危害影响至深，同时，也由于应试教育的传统根深蒂固，素质教育的真正实施受到一定程度的影响，因此，课程改革无疑是改变教育发展不利现状

第二章　班级经营：班级管理转型的探索

的重要途径。2001 年颁布的《基础教育课程改革纲要（试行）》指出："教师应尊重学生的人格，关注个体差异，满足不同学生的学习需要，创设能引导学生主动参与的教育环境，激发学生的学习积极性，培养学生掌握和运用知识的态度和能力，使每个学生都能得到充分的发展。"这里所体现的教育价值观是：为了每位学生的发展。这就意味着我国基础教育课程体系必须走出目标单一、过程僵化、方式机械的"生产模式"，让每一位学生的个性获得充分发展，培养出丰富多彩的人格，让每一个个性充分发展的人去健康地接受社会的选拔和其他挑战。基础教育课程改革对主要关注课程标准的课程目标、课程改革的基本理念和课程设计思路，关注学生学习的过程和方法，及伴随这一过程而产生的积极情感体验和正确的价值观，教师在使用课程标准的过程中，重点关注的是如何利用各门学科所特有的优势去促进每一个学生的健康发展。因此，基础教育课程改革的内在价值诉求也在要求学校教育应该更加有效，能够更好地满足学生个性发展的需要。

3. 教育投资与收费制度变革的影响

长期以来，由于我国经济发展水平较低，人口负担较重，穷国办大教育是我国教育的基本特征。我国教育经费占国民生产总值的比例较低，不仅远远低于发达国家的水平，还低于发展中国家的平均水平，因此教育经费短缺一直是困扰我国教育发展的最主要问题。从 20 世纪 90 年代初以来，我国政府就强调把教育放在优先发展的战略地位，逐步建立和完善国家以财政拨款为主，辅之以征收用于教育的税费、收取非义务教育阶段学生学杂费、校办产业收入、社会捐集资和设立教育基金等多种渠道筹措教育经费的体制，使教育经费有了较大幅度的增长。随着越来越多的家庭及个人对教育投入经费的增加，以及市场经济追求质量与效益观念的影响，同时也根据"谁投资谁受益"的原则，更多的纳税人开始关注教育的质量，认为投入教育中的钱要花得其所，有限的资金投入应该得到应有的回报，也即获得有效的学校教育。因此，学校应该为学生提供更好、更高质量的教育服务，以便于使学生获得更好的发展。

4. 国际教育改革思潮的影响

当前，世界各国都把教育作为促进国家和社会发展、促进综合国力提升的重要因素，都在大力发展教育；同时，也非常关注教育的质量和效益，出现了校本管理运动、全面质量管理、学校效能研究及有效学校研究等学校改革思想和模式，企图通过政府简政放权、学校自主管理、教师主动参与、学生自我建构等方式的运行，实现学校的有效发展和学生的良性发展，而这些思想无疑对我国今天的学校改革尤其是有效学校的改革与发展提供了很好的借鉴价值，也进一步推动了我们对有效学校的研究与思考。

(二) 有效学校的内涵及特征

什么是有效学校？对此各家观点不一。

Sammons认为，有效学校应该是：(1) 由高级管理人员，尤其是校长扮演专业领导角色；(2) 对学校目标和价值的共识；(3) 对教与学的质量和数量的关注；(4) 有目的地教学；(5) 家校之间的互助和合作；(6) 促进行业持续发展的氛围。❶

埃德蒙（Edmonds, R.R）认为，有效学校应该：(1) 有强有力的行政领导；(2) 有助于学习的学校气氛；(3) 对儿童成绩的期望高；(4) 有监控学生表现的清晰的教学目标；(5) 重视基本技能教学。❷

上述概念从不同角度阐述了有效学校的基本内涵，涉及的范围比较广，设计出的有效学校的影响要素也较全面，对我们进行有效学校的研究与分析提供了极好的参照价值。对此研究者认为，有效学校是指在依法治校的前提下，在充分尊重教育发展规律和学生身心发展特点的基础上，倡导正确的学校价值取向，通过教师的自主管理和社区及家长的有机参与管理，实现教学质量的提升及学生获得学习进步的学校。

(1) 有效学校是一个有正确价值取向和明确目标的学校。正确的价值取向为有效学校的发展奠定了价值基础，也是有效学校发展的重要前提；明确的办学目标对学校组织的发展具有激励、评价和控制的功能，是学校实现有效发展的重要基础。

(2) 有效学校是一个能够遵循教育发展规律和尊重学生身心发展特点的学校。学校有其自身的发展特点和规律，我们不能漠视或无视学校发展规律

---

❶ 杰夫·惠迪，萨莉·鲍尔，大卫·哈尔平.教育中的放权与择校：学校、政府和市场[M].马中虎，译.北京：教育科学出版社，2003：142.
❷ 转引自：范国睿.学校管理的理论与实务[M].上海：华东师范大学出版社，2003：102.

第二章　班级经营：班级管理转型的探索

而完全按照政府管理模式或企业管理行为进行教育和管理，如果在教育和管理中忽视这些特点，那么教育在某种意义上就被"强奸"了。同时，我们也应该尊重人及人的身心发展特点，对学生而言，应该使我们的教学和管理适合于他们的身心发展规律和阶段，不能拔苗助长、急功近利，也不要因循守旧、止步不前；对教师而言，应能够满足其自我发展的合理而正当的需要。

（3）有效学校应该是一个教师自主发展，能够真正实现自身价值的学校。学校不是领导者个人的学校，如果教师在一种有形或无形的行政框架之下发生了价值的扭曲，出现了人格的变异，并导致了教学水平和质量的下降，这是应该值得深思的，在教育中应该还教师以真正的自由、自主和真实自我的本来面目。学校是教书育人的机构和场所，不是专治独裁的场所，不是充满虚伪、欺骗和尔虞我诈的世界。"什么地方计划和知识独行和武断，精神价值大张挞伐，那么这些计划和知识就必然会变成自身目的，教育将变成训练机器人，而人也变成单功能的计算人，在仅仅维持生命力的状况中人可能会畏缩而无法看见超越之境。"❶ 因此，需要教师的自主管理，思想的自由发展及追求和发展真理，正像陶行知所言："千教万教教人求真，千学万学学做真人。"

（4）有效学校是一个能与社区、家长有效交流与沟通的学校。有效学校鼓励学校与所在的社区中的各种组织（包括家庭、机关、社团、企业等）和家长"双向互动"，也就是在学校和社区教育过程中，学校和社区能够利用己方的各种教育资源给予对方必要的支持与援助，以便于实现学校教育的有效发展和社区良好文化氛围的建立。当前许多国家也充分地认识到学校有效利用社区和家长教育资源的必要性和实效性，已把其看成是学校是否有效发展的很重要的一个条件和特征。

（5）有效学校是一个能使学生获得学习进步的学校。学习既包括书本知识的学习，也包括社会实践的学习；既有学习方法的获得，也包括实践能力的提升。人的发展固然需要一定的书本知识，但仅有书本知识是不够的，今天已进入知识经济社会，知识更新的速度加快，在学生时代所掌握的知识已经远远不能满足时代所赋予我们的挑战，不仅要掌握知识，更要掌握获得知

---

❶ 卡尔·雅斯贝尔斯.什么是教育［M］.邹进，译.北京：生活·读书·新知三联书店，1991：35－36.

识的途径和方法。同时，未来社会是一个竞争激烈的社会，需要有很强的社会活动和适应能力，因此，有效学校应该使学生获得学习进步，成为一个获得良性发展的人。

（三）构建有效学校应注意的几个问题

有效学校是一种价值取向，这种价值取向的实现无疑需要一定的制度给予保障，也就是要制定科学、合理的游戏规则，以改变过去政府直接控制管理学校及学校被动服从的局面，改变政府过去"管了很多管不了、管不好、原本就不该管的事情"，以及学校"做了许多做不了、做不好、原本就不该做的事情"的现象。正本清源，各司其职，使政府真正成为教育服务的组织者、协调者和裁判者，使学校能够真正关注教育的质量、效益和改革创新，从而使学校成为真正而有效的教育实体。

1. 依法自治

一个注重法制的社会，也是一个法律制度相对较为完备的社会，整个社会处于相对较为有序的状态。我国在依法治国的前提下提出要依法治教，要求进一步明确学校的法人地位，以便使学校在法制的环境中更好地发展。《民法通则》第三十六条规定："法人是具有民事权利能力，依法独立享有民事权利和承担民事义务的组织。"学校如果成了独立的法人，就相应地成了权利和义务的统一体，从而"有助于增加教育供给（或学校类型）的多样性和选择性，有助于在学生培养、教师教育、研究开发和内部管理方面确立校本机制，有助于引导学校走内涵发展的办学之路，有助于为学生的多元发展提供制度上的保证"。[1]

2. 政校分离

政府是现代教育的举办者、所有者，也是管理者和经营者，既是裁判员，也是运动员。因此，政府的这种双重身份也必然导致政府教育管理的错位、越位和失位，这就要转变政府的职能，实现权力下放、重心转移，突出责任和服务功能，着眼于宏观指导而非微观管理，从过程管理向制定标准转变，从直接指导向质量评估转变。因此，江泽民曾指出："进行教育创新，关键是

---

[1] 中国教育与人力资源问题报告课题组. 从人口大国迈向人力资源强国 [M]. 北京：高等教育出版社，2003：124.

通过深化改革不断健全和完善与社会主义现代化建设要求相适应的教育体制。要扫除制约教育发展的体制性障碍，努力提高教育资源的利用效益，优化教育结构，扩大教育资源，进一步转变政府管理教育的职能和模式，增强学校依法自主办学的能力。"❶

3. 科学评价

评价具有导向、激励、鉴定及协调等功能，科学合理的评价标准能够引导学校教育向良性的轨道发展。当前学校制度的庸俗化在某种意义上是评价制度庸俗化的体现，由于教育评价制度自身的评价思想、内容和机制的失误甚至是错误，导致评价游离于教育目标之外，不能够从学校教育的全局和人的全面发展出发，只是关注学校教育的某一个层面及人的某个方面的发展，因此导致了在实际教育中，仅仅关注学校的升学率和学生智力的发展，形成了学校教育的急功近利和人的片面发展。所以，有效学校是拒绝教育的急功近利和人的片面发展思想和行为的，它需要的是能够根据教育发展规律和人的身心发展特点而进行的一套科学有效的评价标准和评价机制，从而为有效学校的发展创设良好的外部空间。

4. 民主管理

"这种民主不是由于官僚主义者或专家统治论者的鼓励而建立起来的，也不是由某一统治阶级所批准的。它至少将是一个真实的、具体的、实际的民主。它将是生气勃勃的、富有创造性的和继续演进的。"❷ "教育应该通过教学实践和社会职责为我们时代的一个典型做出贡献，这个规划就是要用一种活生生的、民主的决定过程去代替那种机械的、行政式的权威统治。"❸ 所以，民主管理应该注重权力的合理分配，避免权力的滥用，并且实现对权力的有效监督和制约，从而改变学校行政权力泛化及防止教育腐败现象的发生，进而淡化教师的官本位意识，实现专业教师自我的价值使命——教书育人，育好人。美国有效学校研究为我们提供了较好的例证，使学校教育避免了行政

---

❶ 江泽民. 在庆祝北京师范大学建校100周年大会上的讲话 [J]. 高校理论战线，2002（10）：1.
❷ 联合国教科文组织国际教育发展委员会. 学会生存——教育世界的今天和明天 [M]. 华东师范大学比较教育研究所，译. 北京：教育科学出版社，1996：110.
❸ 联合国教科文组织国际教育发展委员会. 学会生存——教育世界的今天和明天 [M]. 华东师范大学比较教育研究所，译. 北京：教育科学出版社，1996：190.

权力的泛化，体现了民主管理的精神。如表2-4所示。

表2-4 优效与低效学校组织的行政控制

特 点		低效学校组织	优效学校组织
行政控制高于平均水平的学校		68.1	39.4
监督部门和中央机关对学校的影响高于平均水平的方面	课程设置	56.6	32.7
	教法	76.0	55.0
	聘用新教师	79.0	44.1
	解雇或调动教师	92.1	43.6
	制定纪律规范	43.2	39.4

注：样本能够代表全国范围内的公立和私立高中。
资料来源：约翰·E.丘伯，泰力·M.默.政治、市场和学校[M].蒋衡，等，译.北京：教育科学出版社，2003：159.

5. 社区、家长有机参与

学校是开放的社会组织，所在的社区对学校发展有着更为直接和重要的影响，良好的社区环境是学校发展的基础，学校办得越好越有效，社区参与的积极性也就越高越深入，也就越有利于促进学校的发展和教育资源的共享；家长支持和信任学校是学校的宝贵财富，家长是学校教育的消费者和支持者，也就需要家长的参与，以便于更好地影响和教育学生。社区和家长的积极参与和大力支持，为学校的发展打破了封闭性，使学校组织更具开放性、适应性和灵活性，从而能够更好地适应社会发展的需要。

6. 人文管理

人文精神和人文关怀的缺失无疑会给学校教育和人的发展带来重大的负面影响，也不可能实现学校教育的有效发展。学校是育人的地方，是以人为发展和教育对象的，是以人与人之间的心灵的交融与沟通为前提的，所以，不管是教育还是管理，都需要尊重人，尊重人的价值和尊严，这正是有效学校所需要的。

(四) 有效学校影响下的班级经营

班级经营在有效学校的观照下应如何发展呢？这就需要班主任改变过去

第二章 班级经营：班级管理转型的探索

班级教育的理念，以一种经营的理念实现对班级的教育和管理。在研究者看来，最主要的是班主任应改变过去不正确、不科学的班级学生评价方式，树立一种发展性的学生评价观，从而更好地适应有效教育发展的需要，也更有利于满足学生发展的需要。

1. 在评价目的上，要淡化选拔，突出发展。长期以来，学生评价的目的常常更加着眼于选拔，比较重视总结性评价，往往使一些单元考试之类的教育行为演变成为排名的工具，从而在教育实践中更加注重评价的工具价值。虽然说评价的选拔功能在历史上曾经起过积极的作用，使一部分人凭借自身的才能改变其社会地位，但过分地突出教育评价的选拔功能，使得大批学生被筛出教育范围，不能获得其应有的发展，与我们今天所关注的发展人的素质并实现其全面发展的教育观是不合拍的。

侧重教育评价的选拔功能，固然与现有的社会条件有关，因为目前的社会发展水平还不可能使每个人的升学愿望无条件地实现，但更重要的原因还是来自于人们固有的教育观念，很多教育理论研究者与教育实践工作者在实践中都存有一些非常不利于学生发展的思想观念，这些观念使得"每个教师在新学期或新教程开始时，总怀有这样的预想：大约三分之一的学生将完全学会所教的内容；三分之一的学生将不及格或勉强及格；另外三分之一的学生将学会所教的许多内容，但算不上好'学生'"。"这些使师生学业目标固定化的预想，是当今教育系统中最浪费、最具破坏性的一面。它压抑了师生的抱负水平，也削弱了学生的学习动机。在法定的10年到12年的学习期间，相当数量的学生由于年复一年地遭受挫折与羞辱，他们的自我与自我观念被这些预想有条不紊地摧毁了。"❶ 所以，更新教育评价观念，实施发展性评价观显得尤为重要。

发展性评价观不仅注重学生智力水平的提高，同时也关注学生心理水平、身体素质等方面的发展，力求使每一个学生都能够在原有的基础上取得较大、较快、较好的进步。发展性评价不再把评价仅仅看成是甄别与选拔人才的过程，而是把评价看成是促进学生改善学习手段、完善自我的过程。因此，"考试不应是一个结论，而是一个起点的标准，它帮助每一个人估计他自己的学

---

❶ 布鲁姆，等. 教育评价［M］. 邱渊，等，译. 上海：华东师范大学出版社，1987：1.

习方法的效率。评定的手续应像衡量一个人是否符合外在标准一样衡量他的进步。"❶

2. 在评价标准上,要避免单一化的视角,实现评价标准的综合化。多元智能理论认为,人有多种智能,我们不能以偏概全,只有多角度地看待学生,才能看到展现在面前的不是单一的图案,而是丰富多彩的画卷。正如教育评价的奠基人泰勒在《变化中的教育评价概念》里指出的那样:"最近在教育的公认观点上发生的深刻变化,使教育评价的概念也发生了相应的变化。标准化的测验发展了服务于挑选学生的最初意图。学院的入学考试和其他选择形式的挑选仍然是测验的一个重要功能,但是它只是许多其他意图之一。"❷ 泰勒所说的"其他意图",包括"监视学生的进步""鉴定在什么地方、哪类学生,在什么条件下,还没有达到预期的成就水平",等等。因此,以培养学生创造意识和创新精神为重点的主体性评价理应实施多元的、多类型的评价。俗话说:物以类聚,人以群分。因而可以运用聚类的方法,归纳出学生的若干类型,制订出几种类型的评价标准和方案,对不同类型的学生进行分类评价。

素质教育理论也告诉我们,人的遗传素质差异较小,而更多地取决于后天的教育环境的发展变化,或者说更多地取决于教育者为学习者提供什么样的教育环境和氛围。如果教育者在评价过程中过多地关注用单一化的思维视角看待学生,可能会人为地造成学生发展的不均衡;相反,若教育者能够在教育过程中,以全面发展的眼光,以综合化的评价标准对学生进行教育,则会进一步减小学生之间本来就不是很大的素质差异,进而实现学生身心的较为全面的发展。

3. 在评价方法上,要避免简单化的评价行为,实现评价方法的多样化。简单化或单一化的评价方法导致了人的片面的发展,正如过去那种"一张试卷定终身""分、分,学生的命根"现象,是影响学生全面发展的重要障碍一样,这完全是单一化的评价行为所带来的不利于学生发展的最好证明。所以"正规教育系统常常受到不无道理的指责,说它限制个人的充分发展,因为它

---

❶ 联合国教科文组织国际教育发展委员会. 学会生存——教育世界的今天和明天 [M]. 华东师范大学比较教育研究所, 译. 北京:教育科学出版社, 1996:246.

❷ 泰勒. 变化中的教育评价概念 [M]. 汪世清, 译. 合肥:安徽教育出版社, 1989:113.

第二章 班级经营：班级管理转型的探索

强迫所有儿童接受同样的文化和知识模式，而不充分考虑个人才能的多样性。例如，正规教育系统越来越趋向于优先提高抽象认识，这很不利于提高人的其他素质，如想象力、交往能力、对领导集体劳动的兴趣、美感或灵性、动手能力等"❶。因此，应有效地整合定量评价和定性评价，改变过去单一的定量评价方法，适当引入学习过程档案、评价日程表、反思日记、成果展示等定性评价方法，使二者有效地进行整合，在不同的方面发挥各自的作用。同时，也应尝试着去构建立体、综合、多层次的评价方法体系，以更加全面真实地反映学生的发展情况。

4. 在评价主体上，应突出学生的参与性，注重评价主体多元化。评价主体多元化可以丰富评价的信息来源，有助于提高评价的公正性；评价主体多元化也可以减少评价的阻力，进一步提高评价的效率与效益；同时，评价主体多元化可以使更多的人员通过评价得到发展，尤其是学生的自主发展。所以，在评价过程中，应消解评价者与被评价者之间的二元对立，把评价视为评价者与被评价者协商建构意义的过程。凸显学生的主体性，因为"解决教育问题只有依靠那些直接接触问题的人"，使学生在评价中能够发挥自身的积极性、主动性和创造性，从而改变在过去评价中学生被动地接受评价的状况。所以，在《教育——财富蕴藏其中》一书中也指出："过去，学生一般被迫接受学校传授给他们的东西，在教学语言、内容或安排方面都是如此。今天，公众越来越认为在有关教学组织安排决定方面，他们有权发表意见。"❷ 在教育越来越趋近于民主的今天，我们理应关注多元化的评价主体。我们来看看实践中这位班主任王老师教育思想的真实体现吧，它则给我们留下了非常有价值的思考空间。

某中心小学有位名叫S的学生，性情古怪，喜怒无常，不仅自己学习马虎，而且无事生非，小打小闹不断，屡教不改。让所有教过他的教师头疼，同学们也唯恐避之不及。班主任王老师采用编《小主人》报管理班级之后，就让当职小干部注意留心他的优点，在小报上尽量多表扬他，即使批评也与

---

❶ 国际21世纪教育委员会向联合国教科文组织提交的报告. 教育——财富蕴藏其中［Z］. 联合国教科文组织总部中文科，译. 北京：教育科学出版社，1996：41.

❷ 国际21世纪教育委员会向联合国教科文组织提交的报告. 教育——财富蕴藏其中［Z］. 联合国教科文组织总部中文科，译. 北京：教育科学出版社，1996：136.

他的优点相联系，态度诚恳，措辞委婉。如：针对他上课乱插嘴的习惯，当职干部在《小主人》报上写道："S 同学上课肯动脑筋，反应敏捷，说话声音响亮，表达的语句精练确切，如果他能把问题考虑周到后，再举手发言，用完整语句表达自己的观点，那对他的学习将有很大的帮助。"班长在晨会上宣读之后，对他的触动很大。以后上课，他便注意改正这一缺点。轮到 S 同学当职时，班主任安排让他主编《小主人》报，来评价其他同学的行为，晨会课上也让他来总结班里其他学生的行为表现。通过长期的自我或他人的感情评价，这位学生也体会到了真、善、美的意义。一次，他在自己编的《小主人》报上写道："小报像一面镜子，帮我照出身上的'污点'；又像不会说话的老师，谆谆教诲我，帮我改正错误，给我前进的动力，我的点滴进步都离不开小报的帮助，离不开同学们的厚爱。我希望和我以前有同样缺点的同学，在小报的关心帮助下能虚心改正，真正做班级的小主人。"经过一段时间之后，他有了长足的进步。现在已成为一个讲文明、勤学习、爱助人的好学生了。❶

有效学校强调的是学生在学校教育中能够获得身心的和谐发展，而班级经营在这种教育价值取向影响下，做出的班级学生评价目的、标准、方法及主体的变革，也是为了更好地适应这一价值取向的基本要求。当然，在班级经营的过程中，若班主任真的能够按照上述评价要求去做的话，是完全可以实现学生身心和谐发展这一价值诉求的，我们期待着班主任这一教育行为的出现。

六、班级经营的文化使命

班级经营是什么？其价值何在？有什么样的文化使命？特别是对其文化使命的探索显得尤为重要。研究者在前面已经对班级经营的内涵进行了界定，

---

❶ 高谦民，吴立德. 小学班主任实施素质教育指南 [M]. 南京：南京师范大学出版社，1999：242—243.

第二章 班级经营：班级管理转型的探索

指出班级经营就是一种由班主任于班级情境中，利用各种相关资源，以有效的教育策略，对学生实施适宜的教育和引导，借以激发学生有效学习，促成学生生命健康地成长并达成教育目标的活动。班级经营是建立在对学生心理需求与学业需求了解的基础之上的，是通过运用经营的理念与策略，以达成班级学生人格健全发展之目标要求的一种班级管理思维。班级经营的实施与实现，不仅能够防止学生不良行为的产生，也有助于提高其学习的效果，更为重要的是它有助于学生的健康成长与成才。那么，班级经营的文化使命又是什么呢？

我们首先需要了解什么是文化？"文化"，至今仍是一个值得认真揣摩的词汇。《辞海》上将其解释为人类社会历史实践过程中所创造物质财富和精神财富的总和（有时专指精神财富）。美国学者克卢伯和克拉认为："文化是指借助符号获得有关交流的各种明确的和模糊的行为模式，它构成了人类群体的各项成果，包括物化的成就；文化的基本核心是传统（即经过历史的演变和选择而保留下来的）观念，尤其是附属于观念的价值；文化系统一方面是行为产品，另一方面又是构成远期行为的必要条件。"[1]"文化"（Culture）一词，源于拉丁文"Cultura"，后者是由"Cultus"演化而来的，两个词都与耕作、培养、教育、敬神等互动有关。也就是说，从文化一词的词源学意义来看，含有人类物质活动与精神活动两方面的内涵。从这个意义上讲，文化是人类物质生产与精神生产活动及其产品的总和。但在哲学人类学或文化哲学中，文化却很少指历史长河中时生时灭的造物，而是指一种历尽沧桑仍留存在群体与个体意识深处的力量，一种无形、强大且富有韧性的力量。基于此，胡适先生称"文化"为"人们生活的方式"；而梁漱溟先生对文化的界定似乎更注重概括，他说"文化"是"人类生活的样法"。的确，从人类的整体历史来看，个体总是在先于自己的特定文化中成长起来的。这种文化深刻地影响着文化中的人的一切理性与非理性的活动，直至内化为多数个体稳定的心理意向与行为方式。由此可见，文化具有对相应人格的养成与塑造的作用。

通过上述对文化内涵的分析，我们可以从中体验到文化中所包含的关于人的人格及内在本质的价值取向。首先，人在本质上是实践的，实践是人类能动地改造自然和社会的活动，文化在本质上指的就是人类实践活动及其对

---

[1] 转引自：范国睿. 学校管理的理论与实务 [M]. 上海：华东师范大学出版社，2003：102.

象化，是与自然相对的人造物。人只有在文化实践中才能感受、认识、理解文化世界的价值与意义，才能对文化世界的价值和意义进行评价、选择与改造。其次，人类文化是以人类自我创造为逻辑前提的，创造性的活动状态是人的生命存在的根本形态，是人的存在的根本意义，因此，文化也就是在人类的创造性活动中不断延伸与深化的人类智慧"结晶"。最后，文化的世界与人的世界具有同一性。正如有的学者所言，人既是文化世界大厦的建筑师，又是这个大厦的砖瓦。人处于文化世界中，是文化世界的基本"要素"，同时也是文化世界的推动者，由于有了人对自然的对象性实践活动，即按照人的主观意志实现对自然世界的改造活动，自然世界也就被赋予了"人性"和思想，形成了新的文化物体。由此可以发现，文化世界体现出了人的主体性的特性。

当然，班级经营是在基础教育的环境中进行的一种教育改革行为，其文化使命的实现必将会受到基础教育环境中一些因素的影响，而在当前的基础教育中，则出现了一些令人担忧的、非常不利于"人"的发展的因素，这些因素主要体现在以下几个方面。

第一，教育政策价值取向心智化的制约。教育政策价值取向心智化主要是指教育政策在制定之初就含有其内隐的价值取向——城市中心主义，并且这种价值取向在几乎所有的教育政策之中都有体现。因为，"政策明显是一件'对价值观进行权威性配置'的事情；政策是对价值观的可操作性表述，是'对法定意图的表述'。但是价值观不是游离于社会背景之外的，我需要问一下在政策制定中谁的价值观是有效的，谁的无效。因此，'价值观的权威性配置把我们的注意力集中到了政策概念中权力和控制的中心上。'"[1] 在这种价值取向影响下所形成的一个基本逻辑就是：农村的教育当然是比较差的，城市教育当然是先发展的，城市当然是应该比较好的，农村及落后地区能做到这一步已经很不容易了。因此，也就有了金字塔式的教育等级结构，中心城市则受到最好的财政支持及社会支持，然后大城市、中小城市得到相应的支持，最末流的就是乡村。这种教育政策心智化的价值取向带有内隐性，表面上看是平等的、合理的，实际上则潜藏着一种人为的歧视及人为的教育不平

---

[1] 斯蒂芬·鲍尔. 政治与教育政策制定——政策社会学探析 [M]. 王玉秋，等，译. 上海：华东师范大学出版社，2003：1.

第二章　班级经营：班级管理转型的探索

等。比如我们可以借用柏纳·威廉斯的一个例子来说明这种情况。"假如在一个阶级社会中，武士是受尊敬的职业，这个职业的收入、社会地位、权力等都是大家所羡慕的。在这个阶级社会中，只有武士阶级的孩子才准做武士，很显然的，这不是一个机会均等的社会。假如由于某种理由，这个社会做了一种改革，而允许所有阶级的人都有机会做武士。但是，做武士却必须具备许多条件，身体与心智都要比一般人优秀，而在这个社会中，只有武士的家庭可以提供给他们的孩子好的营养及教育，使得他们的身体及心智可以有好的发展，农民及工人的家庭无法提供这种营养及教育，因此，他们的孩子能够做武士的机会还是非常少。在这个改革之后的社会中，机会均等并非完全不存在，但这种均等只是形式上的，武士的工作只是对有能力的人才开放，而农民的孩子能够具备条件的机会比武士之子要低得多。"❶ 也许有人会说这是阶级社会的个案，而我们已经是社会主义无阶级的社会，它不适应于我们今天的社会发展。固然，由于时代的差异及社会性质的不同，它们之间的可比性程度较低，但不可否认的是案例本身所体现的武士"招生政策"的心智化倾向是存在的，表面上看是平等的，而实际则隐含着政策的不平等。所以，很多教育政策不可避免地会带有这种倾向性，它不可能在短时间内解决东西部之间的地区差异，也不可能实现城乡二元结构体系的瓦解，更不可能实现对贫富差距明显的不同家庭文化背景的孩子差别对待。它们总会以"城市取向"的价值观来设计教育，而根本没有触及那些处于社会最底层人们的生存状态及教育需求，它们也总是以城市人的知识观、教育需求及行为方式来作为评定教育发展的一个标准，于是，乡村教育除了以更多的努力沿着它们设计的教育往上爬之外，还能做些什么呢？

第二，教育机制结构化的阻隔。教育机制结构化带给我们的则是教育系统的固定化、程序化，使得教育系统失去了其所应有的灵活性及权变性，致使一方面教育系统固有惰性的继续延续，即"使它在使其内部事物适应外部新的需要时，非常缓慢，即使在资源不构成这种适应的主要障碍时，也是如此"。❷ 另一方面它也会把社会本身的惰性引进教育中来，也即"沉重的传统态度、宗教习俗、威信和激发模式及结构体制——这些都阻碍了它们充分利

---

❶ 石元康. 罗尔斯［M］. 桂林：广西师范大学出版社，2004：52.
❷ 菲利普·库姆斯. 世界教育危机［M］. 赵宝恒，等，译. 北京：人民教育出版社，2000：3.

用教育及受过教育的劳动力来促进国家的发展"。❶ 正是教育机制结构化的阻隔，使得我国教育机制运行出现低效甚至无效的现象，这种现象在教育政策、法规领域尤为明显，比如我国教育行政部门或国家机关为解决一些教育问题而制定了相应的教育政策与法规，随着时间的推移，教育政策及教育法规的数量在不断增加，但其所发挥的效应却很差。例如我国教育行政部门曾三令五申，提出并制定减轻学生学业负担的政策，但我们发现学生的课业负担不但没有减轻反而在不断加重，根本没有体现教育政策本身所具有的价值。再如我国义务教育法已经颁布 20 年了，但义务教育法所体现出来的法的效率是不高的，没有能够维护法的威严，更没有能够解决义务教育公平与公正的发展等问题。具体表现为：其一是作为教育机制运行的主体办事效率低下，一些教育政策、法规的贯彻执行者素质低下，在执行过程中阳奉阴违，敷衍塞责，甚至可能出现一些执行者本身带头抗拒执行的情况，因为政策是各方利益的聚焦点，它"不是反映某一个社会阶层的利益，而是对一个复杂的、异类的、多种成分的组合体做出反应"❷。其二是缺乏有效的监督机制或监督不到位，在我国教育发展中，始终缺少有效的监督，更多地体现为教育行政权力的过分集中，没有监督也就意味着很多事情会暗箱操作，甚至是多样化寻租行为的出现。由此可见，结构化教育机制，将会进一步影响班级经营文化使命的纵深发展与延伸。

第三，教育环境"沙漠化"的影响。班级经营的发展离不开相应的教育环境，可惜的是我们今天的教育环境却越来越被"沙漠化"，首先是应试教育的依然强势，由于应试教育有着深厚的社会思想及制度根源，致使应试教育之风依然盛行，并且在现实社会中还处于强势的位置。虽然素质教育及基础教育课程改革不断深入发展，但其推进速度、质量及效果都是不尽如人意的，并没有体现素质教育及新课程改革本身的内在价值要求——实现学生个性的健康发展，教育仍然强调甄别和选拔的功能，忽视其陶冶和教化的作用，使得教育正在向着越来越不利于发展人的方向延伸，致使学生身陷教育"囹圄"而发现不了超越之径。正如许纪霖先生在《不合理的应试教育为什么被合理

---

❶ 菲利普·库姆斯. 世界教育危机 [M]. 赵宝恒，等，译. 北京：人民教育出版社，2000：3.

❷ 鲍尔. 教育改革：批判和后结构主义的视角 [M]. 侯定凯，译. 上海：华东师范大学出版社，2002：19.

第二章 班级经营：班级管理转型的探索

化了？》一文所言："无论是家长、学生、老师，还是学校、教育管理部门，大家都批评和痛恨应试教育，为什么这几年应试教育不仅没有弱化，反而被变本加厉地再生产出来？其背后的生产机制究竟是什么？它在我们当今这个社会结构中扮演了什么样的功能？令人困惑的是：一种人人都认为不合理的制度，为什么它还能够存在下去，并且在继续蔓延？让人真正忧虑的，是高等教育沙漠化的来临。假如不改变应试教育，中国的教育从小学一直到博士，迟早会被应试的沙漠完全吞噬。"[1] 其次是教育仍在进一步复制社会的不平等，教育尤其是学校教育还在以表面上的公立、平等及公平的角色复制着社会的不平等。学校是一个培养人、发展人及成就人的组织机构，学校教育通过教师把教科书内容传授给学生，当然"教科书，或多或少地支配着学生所学的知识。它们确立了课程的框架，而且通常是确立了大部分科目中一些必修的知识。对许多学生来说，教科书是他们唯一能读到的书籍，也是他们第一次并且是唯一的阅读机会。在公众看来，教科书是权威的，是准确无误和十分必要的。教师们则需要依靠教科书来安排自己的教学内容。但是充斥我们学校的现行教科书体系，就像是特洛伊木马——它们只是外表华丽的一堆印刷品，而其间的文字使我们国家的年轻人思想僵化呆滞，还使他们产生厌学情绪"[2]。更为严重的是："教育系统将属于少数上层人物的文化特权转换成他们的文化特长，将社会不平等转换为教育不平等和个人能力的不平等，从而掩饰了权力关系，并加深了社会区隔……精英阶层的子弟通过继承父辈的文化资本，在学校中能够获得更高的分数、更好的评价和更多的机会，而贫寒家族出身的学生倘想同样如此，则难于上青天。"[3]

如此的教育环境无疑会给人的发展蒙上一层神秘的"面纱"，使人身陷其中而无法认识其本来的面目。另外就是教育民主化程度较低，缺乏民主的教育环境，教育的发展将会缺少应有的生机与活力，生命的"绿洲"也会在教育环境中萎缩，正如日本教育家小原国芳所言："当我想起这前后二十年的学校生活时，不由得毛骨悚然。本应该是最美好、快活、奔放、自由、进取、幻想、浪漫的时代，却充满了阴险、守旧、虚伪、不自由的气氛。我在别人

---

[1] 许纪霖. 不合理的应试教育为什么被合理化了？[N]. 南方都市报，2004-10-25.
[2] 阿普尔，等. 教科书政治学 [M]. 侯定凯，译. 上海：华东师范大学出版社，2005：5—6.
[3] 朱国华. 权力的文化逻辑 [M]. 上海：上海三联书店，2004：87.

的号令下生活。"❶ 这种"命令式教育的最大弊端在于对儿童起了权力的示范作用,而且向他们显示了各种与享有权力有关的快乐"。"这种教育不但产生专横类型的人,而且产生奴隶类型的人,因为它使人感到,在实行合作的两个人之间,唯一可能的关系是一个人发号施令而另一个人服从命令的关系。"❷我们知道,教育是一种培养人的身心和谐发展的活动,而"沙漠化"的教育环境正在使教育这一本体功能逐渐丧失,正在慢慢吞噬教育中的"人",一个看不见"人"的"沙漠化"的教育环境何以能够实现教育变革的真正落实与深入发展呢?

很显然,基础教育的环境出现了很多不利于教育改革与创新实现的因素,给班级经营的发展及其文化使命的实现带来很多负面的影响。但是,班级经营的发展也并不是毫无办法的,一方面,基础教育的大环境有逐步变好的趋势,上述很多不利因素的存在只是暂时的,在国家宏观教育改革及微观教育改进中,会有较大的发展空间;另一方面,班级经营也可以通过对自身周边环境的改善及影响因素的"扬弃",最大可能地为其文化使命的实现——学生人格的健全发展创造条件。尤其是后者,通过学校及班级经营者的努力是完全可以实现的,因此,研究者认为班级经营可以从微观方面做出以下几点思考。

第一,班级经营要体现学生的人格特性,以实现学生的人格健全发展为目标。加拿大学者贝克在《优化学校教育——一种价值的观点》中指出:"学校教育的两个主要缺陷:一是学校极大地剥夺了儿童的智慧和文化激情,以比所需要的狭窄得多的范围和较低的效率去教育他们;二是学校极大地歪曲了儿童对社会和政治现实的概念及对生活意义的看法。"❸ 正是由于存在这样的缺陷,再加上学校师生关系不够和谐,应试竞争仍然激烈,致使很大一部分学生的多层次需求受到压抑。在学生群体中,真正能够实现挫折超越、人格升华的只是少数,所以大多数学生的合理需求得不到满足必将会导致或强或弱的人格障碍。没有安全感的学生怯懦、多疑;归属感得不到满足的学生会冷漠;个人价值得不到群体承认的学生自卑与怨恨越积越深等。阿普尔在

---

❶ 小原国芳.小原国芳教育论著选(上)[M].由其民,译.北京:人民教育出版社,1993:342.
❷ 罗素.权力论[M].吴友三,译.北京:商务印书馆,1991:9.
❸ 克里夫·贝克.优化学校教育——一种价值的观点[M].戚万学,等,译.上海:华东师范大学出版社,2003:2.

第二章 班级经营：班级管理转型的探索

《意识形态与课程》中，接着用资料描述了学校对儿童的观念和行为产生的压制性影响……教师"被其他许多学校人士推为典范。然而几个星期之内，儿童们就已变得惊人的被动和顺从"……在这个意义上，偶然放在教室里的两个塞得满满的大洋娃娃被提名表扬为行为模范："衣衫褴褛的安妮和衣衫褴褛的安迪是多好的助手啊！他们整个上午从来不说一句话。"教师的指导在很大程度上都被接受了，即使有时显得很专断。活动的内在趣味和意义已不再重要。儿童们学会了把"工作"这一术语运用到一整套新的活动中："涂颜色，画画，排队，听故事，看电影，打扫卫生和唱歌。"一件事情叫作"劳动"还是"玩耍"主要取决于它是否被规定了；工作这种活动的要点是完成任务——达到要求——而不是把事情做好，从中得到快乐或实现某种目的。"例如，在音乐课上，教师告诫孩子们要大声唱歌。教师们对孩子们既不提音调和谐、旋律、音色纯正，也不提音乐的基调，或者并不期望他们做到这些。"因此，孩子们很快就被迫"调整他们在感情上的反应以适应那些教师们认为合适的要求"❶。这些都进一步影响了学生人格的健全发展，所以，班级经营者应注重班级文化的建设，尽可能让每个个体获得满足感，不仅个体能得到激励，班级文化也能得到更深层次的认同。而且班级文化也在无形之中为成员设计"理想的人格模式"。正如特定的文化有如一个特定的人一样，有着一定的思想和行动的模式，而且向着一个总体的目标迈进。文化中的人遵循这样的模式，有意无意地向着这样的目的逐步强化自己的经验，最终形成有一定文化共性的稳定人格。

第二，班级经营要逐步改进制度化教育中的不利因素，实现制度的公平与合理。"韦伯预见，一个人的社会被束缚到一系列合理的结构中，使人们的行为只能从一个合理系统转到另外一个合理系统。因而，人们将从合理化的教育机构转到合理化的工作单位，从合理化的休闲场所转到合理化的家。社会除了成为一张封闭的合理化结构之网以外，什么也不是，人们面对这张巨网无从逃脱。"❷可见，制度化带给我们的只是在一个所谓合理的框架内的人的"合理"的生活图景，根本没有能够与人的内在本性相联系，或者说是忽

---

❶ 克里夫·贝克. 优化学校教育——一种价值的观点 [M]. 戚万学, 等, 译. 上海：华东师范大学出版社, 2003: 32—33.

❷ 里茨尔. 社会的麦当劳化 [M]. 顾建光, 译. 上海：上海译文出版社, 1999: 36.

| 班级管理新思维

视了人的内在特性,而以一种工具性的外在的手段来实现对人的束缚与制约,并且把手段当成目的,也就很难在这样的制度中看到真正意义上"人"的存在。同时,对教育而言,我们不管实施什么样的制度,其目的都是为了能够让学生获得更好的发展,在这里手段应该是为目的服务的,不应该在教育过程中把手段与目的混为一谈,因为这样就不可能实现教育的本质目的要求,这样就会使得人在教育过程中既没有平等的感觉,也没有幸福的感受,更不会有成功体验的快感。贝克指出,无论是校内还是校外,平等是教育的一个目标,其中原因也有几个。其一,似乎没有任何理由因人的种族、宗教信仰、性别、阶层等的原因而偏袒某类人或者歧视某类人。其二,一个社区内的不平等无论大小,都会造成人们之间的摩擦,从而减少每一个人获得幸福的机会。其三,也是更加肯定的一点,在追求幸福生活过程中,人际关系的平等更有可能使人人均富有互助精神。其四,对他人和自己幸福的关心是人类天性的一部分,所以,无偏见的利益可能会增进人内在的利他主义。❶ 同时,他还指出,平等就不应视为是绝对的。我们的根本目的在于增进人类的幸福,而有时一种特定形式的平等并不能切实服务于这一目的。例如,如果我们不管学生的作业质量而给所有学生打了同样的分数,下了同样的评语,那么教学过程就会受到损害,每个人的利益都不会得到满足。❷ 所以,班级经营的文化使命也包含着让学生在教育过程享受一种平等的教育过程,体验一种幸福的教育价值,而这种对教育平等过程的享受和对幸福教育价值体验的获得,则需要经营者在教育实践中要尽可能地实现对制度化教育的"扬弃",否则,这一文化使命则很难实现。

第三,在班级经营中要关注班级组织的有效发展,逐步学会适应,形成发展性教育组织。斯宾塞·约翰逊在《谁动了我的奶酪》中讲述了四个小家伙——小老鼠嗅嗅和匆匆、小矮人哼哼和唧唧在一座神奇的迷宫里找奶酪的故事。他们都发现了C奶酪站,然而,不久C奶酪站消失了。两只小老鼠早就意识到这件事会发生,于是凭着直觉艰难地找到了N站。而两个小矮人却仍然等候在C站,希望奶酪会重新出现,然而奇迹没有在等待中发生。这时,

---

❶ 克里夫·贝克.优化学校教育——一种价值的观点 [M].戚万学,等,译.上海:华东师范大学出版社,2003:11.

❷ 克里夫·贝克.优化学校教育——一种价值的观点 [M].戚万学,等,译.上海:华东师范大学出版社,2003:12.

第二章 班级经营：班级管理转型的探索

哼哼仍然在等待。唧唧决定动身去找新的奶酪，经过复杂的心理斗争和千辛万苦的追寻，终于找到了一个更大的 N 站。唧唧每取得一些小的胜利，都在墙壁上写下一些话鼓励自己和可能找来的哼哼。当最后发现 N 站时，它在墙壁上写道："变化总是在发生——他们总是不断地拿走你的奶酪。预见变化——随时做好奶酪被拿走的准备。追踪变化——经常闻一闻你的奶酪，以便知道它们什么时候开始变质。尽快适应变化——越早放弃旧的奶酪，你就会享用新的奶酪。改变——随着奶酪的变化而变化。享受变化——尝试冒险，去享受新奶酪的美味！做好迅速变化的准备，不断地去享受变化——记住：他们仍会不断地拿走你的奶酪。"[1] 究竟是"谁动了我的奶酪"则为我们提出了一个新的思维空间，对班级经营者而言，要能够具有预见能力和更好地适应外部环境发展变化的能力。这里就给我们提出了更高的要求，也即要求经营者要把自己的经营理念建立在科学的人性观基础之上。美国学者道格拉斯·麦格雷戈创立的 X 理论—Y 理论则为我们提供了很好的理论支持。X 理论认为：（1）人是生而好逸恶劳的，所以常常逃避工作；（2）人生而不求上进，不愿负责，宁愿听命于人；（3）人生而以自我为中心，漠视组织需要；（4）人习惯于保守，反对改革，把个人安全看得高于一切；（5）只有少数人才具有解决组织问题所需要的想象力和创造力；（6）缺乏理性，易于受骗。以 X 理论为指导思想的管理特性体现为：（1）企业的管理者应以利润为出发点来考虑对人、财、物诸生产要素的运用；（2）管理者对员工的工作要加以指导，控制并纠正其不适当的行为，使之符合组织的需要；（3）管理者把人视为物，忽视人自身的特点和精神的需要，把金钱当作人们工作的最主要的激励手段；（4）严格的管理制度和法规，运用领导的权威和严密的控制来保证组织目标的实现；（5）采取胡萝卜加大棒的管理方法。可见，X 理论自身的局限性难以实现其所提出的适应性及创造性的要求。

相反，Y 理论则认为：（1）人并非生性懒惰，要求工作是人的本能；（2）一般人在适当的鼓励下，不但能接受而且追求担负责任，逃避责任并非是人的天性，而是经验的结果；（3）外力的控制和处罚，并不是使人朝着组织的目标及能力的方向发展；（4）个人目标与组织目标的统一，是人们对组织目标的承诺；（5）一般人都具有相当高的解决问题的能力和想象力。以 Y

---

[1] 斯宾塞·约翰逊. 谁动了我的奶酪 [M]. 吴立俊，译. 北京：中信出版社，2001：69.

理论为指导思想的管理特性体现为：（1）企业的管理要通过有效地综合运用人、财、物等要素来实现企业的经营目标；（2）人的行为管理，其任务在于给人安排具有吸引力和富有意义的工作，使个人需要和组织目标尽可能地统一起来；（3）鼓励人们参与自身目标和组织目标的制定，把责任最大限度地交给工作者，相信他们能自觉地完成任务；（4）外部的控制、操纵、说服、奖罚绝不是促进人们能力工作的唯一方法。所以，Y理论则更适合人的基本特性，与人的内在发展需求具有一致性，以Y理论为基础的教育组织将有助于构建成发展性的组织，也更有助于班级经营文化使命的实现。

第四，在班级经营过程中，应注意对学生进行正确的知识观的塑造与培养。美国学者阿普尔指出"现在进入学校中的知识已成为一种选择……（并且）经常反映我们的社会总体中有权势那部分人的观念和信仰……这些价值观现在还经常通过我们不知不觉地发挥作用……"❶ 我们知道，在学校教育中，所进行的知识的传授几乎都是通过教科书来进行的，而"教科书是一种表达的过程，在这一过程中，人们在试图改造（而不是再生产）自身和他们社会关系的同时，也改造了知识和价值观"。"在被社会普遍接受的知识的问题上，教科书提供了特定的意识形态的立场和依据［教科书成为知识筛选过程（谁的知识、被谁筛选、通过什么方式筛选）的一个产物］。"❷ 这就给我们提出了一个新的问题，过去我们一直是在"什么知识最有价值"的背景下去学习的，而在这种观点影响之下，我们所进行的所有学习活动或内容都是以科学知识为主旨的。时至今日，时代的变化及其所带给我们的挑战，使我们逐步开始思考"谁的知识最有价值"，而这一转变将会对学生的知识观产生根本性的变革。"谁的知识最有价值"将引导我们去重新审视我们过去所接受的那些知识的科学性与合理性，也将重新审视学校教科书自身的存在价值，因为"教科书是一个政治的产物。教科书传递的只是'正式知识'（Official Knowledge），而非中立知识，因为教科书是社会各种政治、经济和文化作用的结果——它们要体现教育重要决策者的意图；要体现教育专家的思想；要为出版社的利益服务；也要为那些帮助学生通过标准化考试的学校和教师利

---

❶ 克里夫·贝克．优化学校教育——一种价值的观点［M］．戚万学，等，译．上海：华东师范大学出版社，2003：46．

❷ 阿普尔，等．教科书政治学［M］．侯定凯，译．上海：华东师范大学出版社，2005：320．

第二章 班级经营：班级管理转型的探索

益考虑，等等。教科书是教育决策者、政府部门和其他社会力量共同影响学校的一个缩影"。❶ 可见，我们以前所接受的那一套知识是经过筛选之后的并带有一定价值倾向性的知识，而这种知识则更多的是以静止的知识形式呈现在学生面前的，并且在教育中是以一种陈述—接受式的教育方式来进行的，在这种知识观的影响下，我们的学生则更多的是学会了死记硬背，学会了机械模仿，学会了应付考试，等等，最主要的是学生在这一教育过程中，没有能够形成自我独立的人格，也没有能够形成正确的知识观和价值观，从而进一步影响了学生的有效发展。

固然，通过教育大环境的改进和班级经营周边环境的改革及对相应影响因素的"扬弃"，能够较好地实现班级经营的文化使命，但在班级经营文化使命实现的过程中，也应该注意克服文化自身所具有的惰性特征。

首先，主流文化与亚文化的矛盾与冲突，导致组织经营比较困难。每个社会组织中都存在着不同层次的文化，既有主流文化，也有非主流文化，也即所谓的亚文化。班级作为一个最基层的组织，也同样存在着主流文化与亚文化之别，他们之间也就不可避免存在着这样或那样的冲突。正如美国学者玛格丽特·米德所阐述的"三喻"文化，即前喻文化、并喻文化及后喻文化，其中前喻文化代表教师文化，以僵化、保守、专制为其主要特征；而后喻文化则以学生文化为主体，代表着灵活、多变，富有探索精神和创造意识等，很显然，在交往过程中，必然会发生相应的冲突，进而影响着班级育人功能的实现，也进一步影响着其文化使命的达成。

其次，班级文化促进了班级的稳定与安全，但当班级组织面临外界环境挑战，需要进行变革时，班级文化往往会表现出一种安于现状的惯性或惰性。这是由文化本身所具有的保守性所决定的，对文化而言，它是经过长期的积淀而形成的，文化在一定意义上是滞后于教育发展速度的，所以，在教育过程中，文化原有的保守性、滞后性特征必然会影响到班级组织的经营与变革，甚至可能会成为班级组织经营与变革的主要障碍。

最后，班级文化对班级学生的思想与行为具有一定的规范与控制作用，但这往往也会使班级组织排斥各种新观念的影响，减少组织变革与发展的机会。

---

❶ 阿普尔，等. 教科书政治学［M］. 侯定凯，译. 上海：华东师范大学出版社，2005：1.

所以，文化本身所具有的局限性也会在一定范围内影响班级经营的发展，进而影响到其文化使命的实现。当然，对班级经营者而言，则要求有一种改革的信念、一种创新的意识、一种探索的精神，在经营班级的过程中，不管出现什么样的困难和问题，都要能够以实现学生的人格健全发展为大局，所有工作都应该服务和服从于这个大局，离开了学生的健康成长与发展，一切的教育行为都是无效甚至是错误的，这是作为一个教育工作者所必须具有的最基本的教育意识，也理应把这一教育意识在实践中发扬光大。

第三章 班级共同体：班级管理模式的创新

> 马赛克班级是指班级作为学生的集合体，是一种零碎的，没有核心，不成体系并缺少内在文化的班级。马赛克班级自身的很多弊端与局限使其不可能获得更多更大的发展空间。而作为对马赛克班级超越的班级新模式——班级共同体，则给班级的进一步深入发展及学生的自我实现提供了平台。班级共同体是在班级成员具有明显差异的基础上建立的，它要求把所有儿童都包括在内，追求一种真正平等的人员之间的相互关系，并追求一种道德伦理和过一种有道德的生活。美国学者科瓦列斯基指出："我们对学校'制度'的判断标准应该是道德责任感：我们的儿童能学会符合道德的思索、交谈、行为吗？我们的目标不是只要求遵守规矩，而是要过一种美好的生活，过一种有道德的生活。"这对班级共同体的建设与发展而言同样适应，并且应该成为其发展的最终目标。

一、马赛克班级的"是"与"非"

班级是学生学习生活的重要场所，不同班级管理模式会产生不同的教育效果和教育影响，在现实班级教育管理中，有一种不好的倾向，更多地注重班级整体，以整体的利益为班级建设之根本，以班级整体获得发展作为学生发展之要求。其实，这种所谓整体利益或整体建设不过是班主任所关注的忽视学生个性特征及生命价值的"借口"，以整体的逻辑去掩盖学生个体的价值存在，以整体的思维去限制甚至束缚学生的个体思维。当然，学生在这一班级管理模式之下，彼此之间也没有交往与交流的欲望与愿望，即学生在整体逻辑要求下已经丧失了自我。其实，这些意蕴足以表明班级已经成了缺乏文化内涵的马赛克班级。那么，什么是马赛克？马赛克班级又是什么呢？

何谓马赛克？根据《辞海》中的解释，马赛克（mosaic）是指：用不同颜色的小块玻璃、石子等材料拼凑、镶嵌成的图画或图案。马赛克的最大特点是远看是一幅完整的图画，是浑然一体的，近看则是由不同的小块个体组成，每一个体是独立的、各具特色的，相互之间互不涉及。因此，马赛克实际上只是一种貌合神离之体制，表面看来是一个相对比较完整甚至是完美的整体，实际上只是由更多小的彼此没有内在联系的个体所组成的，也是一种有形而无神的整体。

所谓马赛克班级是指班级作为学生的集合体，是一种零碎的、没有核心、不成体系并缺少内在文化的班级。在这样的班级里，学生没有归属感、成就感及自我认同感，他们彼此之间是缺乏沟通与交流的，尤其是学生之间缺少情感及心灵的交流，班级已成为一个冷漠有余而情感匮乏、表面热闹而实际冷清的组织。如此班级更像是茫茫沙漠，表面看去是一个整体，而实际上则是由一颗颗毫无牵连的小沙粒所组成，他们彼此之间没有一种内在的联系体以形成牵连，随着风的摆动而形成大小不等的沙丘，毫无自身特性之体现。同时，教师与学生之间也没有相应的联系，或者说至少联系很不紧密，教师以自己的强势文化出现在学生的面前，而学生只能在自己弱势的文化中漫步。这难道就是我们所需要的教育中的班级吗？我们在现实教育中到底有没有这一类型的班级呢？它的存在对我们的班级教育带来了什么？

现实教育中马赛克班级并不少见，我们经常能够看到班级表面上是一个整体，而实际上则表现为班级内部矛盾不断、问题不少等，每个人都有自我的发展需要而毫不顾及班级发展目标，各自为是，最主要的是班级虽然是一个实体性组织，但不是一个富有精神内涵的组织体，或者说班级最多是一个由一个个有生命特征的学生组合成的集合体而已，而没有体现出学生生命所具有的基本特性，更没有体现学生作为一个主体的主体性。另外，班级教师也只是奉命完成自身教学任务的人，没有把自己的精神气质在教育教学中给予体现，也没有能够在教育中给学生以思想的启迪和思维的训练，更没有渗入自己的情感因素及发自内心的爱，这就意味着教师与学生之间是一种以

第三章　班级共同体：班级管理模式的创新

"任务"为导向的关系，而没有体现出教育的内在价值。正如，一个四十人的班级，四十个人有四十个目标，四十个人有四十种价值取向，而班级则没有一个属于整体的发展目标，或者说虽然有班级发展目标，但由于实践价值导向的偏离及学生重心的转移，班级目标只不过是毫无意义的文字"摆设"而已，班级更是没有属于自己的文化，而一个没有属于自己文化的班级真的能够算是教育意义上的班级吗？同时，在这个班级中，班主任及教师更多的是形成了自己的生活圈，而很少去影响学生的学习、生活及身心的健康成长。

那么，这种班级带给了我们教育什么样的影响呢？研究者认为，在这样的班级氛围中，学生很少能够获得对教育真谛的科学理解，也很少能够获得属于自己的成长空间及内容，更是没有能够实现自我精神世界的丰腴与发展，导致一个个学生成长为精神不够饱满、人格不够健全、身心不够健康的个体。

马赛克班级是一种貌合神离的班级。马赛克班级给人一种表面完整而实际松散的感觉，它只是表明班级是一个生命存在的场所，没有把存在的意义发扬光大，更没有把存在的生命力给予充分体现。其实，作为生命存在的机构或场所，班级应该是到处都能够体现出生命的价值与意义，到处都可以体现出生机与活力。但由于种种因素的制约，使得这些生命个体在班级中根本没有体现出其应有的价值与意义。最主要的是，这些生命个体之间没有能够形成一个班级意义上的生命体，也即他们在学习、生活及生命的成长过程中，没有能够形成一种生命链条，进而把班级所有的生命个体联结成为一个整体，是一个真正意义上的整体，而不是类似于马赛克式的表面上的、形式上的整体。所以，我们需要的是把这些生命的个体通过一种有形或无形的、物质或精神的联结去建构成为一个富有生命活力的班级，进而形成一个既有班级学生个体的存在，更有其存在意义体现与实现的价值实体。所以，班级应该成为一个既有表面上的"貌"，更有实际的"神"，并使二者融为一体，达到教育发展之要求的集体。

马赛克班级是一个缺乏目标或目标模糊的班级。班级作为教育组织，应该有自己明确的教育发展目标，以便于更好地激励、协调和控制班级自身的发展。因为，"所有的组织，包括教育机构在内，都应该积极地依据目标来进行管理。换句话说，组织不仅应该有它进行的方向，而且应该有标示物，依此来评价和发展……组织目标既能驱使人们产生创造性和张力，又能发挥人的能动性和调动人的活力。组织目标确保组织朝着某一方向前进"❶。而马赛克班级则更多地体现为班级发展目标的模糊性，没有整合制定出符合学生自身生命健康发展的班级目标，最主要的是它们既没有教师发展目标，也没有学生成长目标。约翰·古德莱得（J. Goodlad）的观点也印证了这一行为，他指出"除非清晰确定学校的目标，否则为教育观念、技巧和价值所设计的具体细节便成了目的而不是手段，从而模糊更大的目的"❷。

马赛克班级是一种缺少情感与爱的班级。在这种班级中，师生之间是一种完全没有情感渗入的关系，更没有教师"爱"的关怀，班主任老师更多的是以完成学校的教育教学任务为己任，更多的是以完成班级学生考试成绩的提升为其主要使命，他往往通过把班级的外在发展目标强加给学生，使学生在强制性的目标要求下获得相应的发展空间，而这与学生内在发展要求是有很大差距的，也没有能够真正在教育实践中发挥学生作为主体人所具有的价值。同时，学生之间也是彼此相对独立的，没有在学习生活过程中形成融洽的关系，他们平时缺少应有的交流与沟通，把更多的时间都放在完成老师的教育教学任务之上，而很少去顾及他人生活、学习状况，更没有去真正地关心同学的内心所需。所以，整个班级就像是空旷的沙漠，没有生命的绿意——缺乏情感的介入，没有赋有生命象征的水源——缺少师爱的影响。我们知道，沙漠中没有生命的绿意，没有生命的水源，更多地意味着"死亡"。而班级教育中若没有情感的渗入及师爱的影响，也很难能够称得上是真正意义上的教育，班级也就不可能被称为教育意义上的班级。

马赛克班级是一种缺少内在文化的班级。文化所体现的是一种价值，它在一定意义上与文明同义。班级的教育目的、课程、教学组织、规范等都受到社会中占统治地位的文化的渗透。班级文化作为一个班级特有的环境力量和精神力量，其意义在于它是一种"社会—心理动力场"，渗透于班级的一切活动中，形成一个陶冶人的氛围，对于班级内每个成员都起着潜移默化的教育作用。正是因为马赛克本身缺少文化内涵，具有零碎、不系统的特性，致使班级很难能够真正形成属于自己的文化。一个没有属于自己文化的组织何

---

❶ 托尼·布什. 当代西方教育管理模式［M］. 强海燕, 译. 南京: 南京师范大学出版社, 1998: 61-62.

❷ 克里夫·贝克. 优化学校教育——一种价值的观点［M］. 戚万学, 等, 译. 上海: 华东师范大学出版社, 2003: 1.

第三章 班级共同体：班级管理模式的创新

以能够生存，又谈何能够获得更大的发展呢？所以，马赛克班级作为缺少文化内涵的班级，也就不可能完成教育的价值使命，更不可能实现班级学生的有效与有序发展。

马赛克班级是一种处于混沌状态的集体。马赛克本身的技术特性决定了其背后必然存在混沌的状态，它的价值就在于使人难以认识事物的真实面目。就马赛克班级而言，它也不可避免地会给班级带来朦胧、模糊之感，使人看到的是一个不够清晰的、乱成一团的组织。这种模糊的背后隐含着班级的无序与无效，因为班级组织的任何发展都应该是在相对思路清晰、环境和谐、合情合理的要求之下实现的。假如班级处于一个不够透明、不够清晰甚至是朦胧状态的话，可能就会出现很多对班级发展及学生成长非常不利的因素与行为，也就很难能够实现班级的发展育人目标。加拿大学者迈克·富兰指出："生活在混沌边沿意味着要习惯于一定程度的不确定性，蕴含其中的理由是，任何系统，例如拥挤的蜂房、企业、经济秩序，当它们处在太多的组织框框和没有任何组织框框之间的混沌边沿时，它们会'自我组合'以产生复杂的适应性行为。如果组织框框太多，那么这些系统就会僵化而无法变动；如果缺乏组织框框，那么它们就会分崩离析。"[1]

由此看来，马赛克班级存在很多非常不好的价值倾向，它们在现实教育中发展得越多越快将越不利于班级教育改革的进行，也不可能把班级教育改革推向深入发展的方向。在素质教育不断推进和新课程改革不断深入发展的今天，我们更需要看到的是班级的良性、有效及有序地发展，而不是让班级以马赛克的模式出现，我们更愿意看到的是班级成为一个发展目标明确，教育手段合情合理，富有凝聚力、向心力及生命力的集体，也更愿意看到班级中学生不仅仅是一个个单个的我，而是一个处于同一个场所中有价值共享的我们，这就是我们所追求的班级共同体。我们希望班级共同体的建立与完善，能够实现对马赛克班级的完全超越，能够更好地适应素质教育及新课程改革的价值诉求。我们期待着班级共同体的出现！

---

[1] 迈克·富兰. 变革的力量——透视教育改革［M］. 中央教育科学研究所，加拿大多伦多国际学院，译. 北京：教育科学出版社，2000：224.

二、什么是班级共同体

一个共同体并不等同于一个松散的个人集合体，集合体是一种自然组织，它缺乏管理和整体运行的规则，人与人之间的关系是随意的、自发的，缺乏共同理性，即那些共享平等公民身份的人的理性。一个真正的共同体，是一个在自愿的基础上组织集合起来并由协商建立的、有规则运行的团体。它的首要特征是共同体成员之间的平等关系和资源共享。斐迪南·滕尼斯指出，与一般的松散的社会组织相比，共同体这一人际结合具有自己的特性：它是积极的现实的有机的生命；使人拥有一切亲密的、秘密的、单纯的公共生活，使人休戚与共，同甘共苦，相互地负有责任，相互地占有和享受共同的财产；它是人的一种真正的结合，在共同体里，尽管有着种种分离，但其显然的关系是结合。共同体中所建立的交往是一种亲密关系中的交往，是一种既能够充分地发展和发挥个性又能信奉和遵守规则的交往，是一种能够体验到自我的价值又有机会认识他人价值的交往，也是一种在尊重他人的基础上获得他人尊重的交往。

共同体内有着有效的沟通和共同的目的。美国教育家杜威认为，"在共同、共同体和沟通这几个词之间，不仅字面上有联系，人们因为有共同的东西而生活在一个共同体内；而沟通乃是他们达到占有共同的东西的方法。为了形成一个共同体或社会，他们必须具备的是目的、信仰、期望、知识——共同的了解——和社会学家所谓志趣相投。这些东西不能像砖块那样，从一个人传递给另一个人；也不能像人们用切成小块分享一个馅饼的办法跟人分享。保证人们参与共同了解的沟通，可以促成相同的情绪和理智倾向——对期望和要求做出反应的相同的方法。""如果他们认识到这个共同的目的，大家关心这个目的，并且考虑这个目的，调节他们的特殊活动，那么，他们形成一个共同体。"❶ 杜威进一步指出，"在任何社会群体中，有很多人与人的关系仍旧处在机器般的水平，各个人相互利用以便得到所希望的结果，而不顾所利用的人的情绪和理智的倾向和同意。这种利用表明了物质上的优势。就亲子关系、师生关系、雇主和雇员的关系、统治者和被统治者的关系而论，

---

❶ 杜威. 民主主义与教育 [M]. 王承绪，译. 北京：人民教育出版社，2001：9.

第三章 班级共同体：班级管理模式的创新

他们仍旧处在这个水平，并不形成真正的社会群体，不管他们各自的活动多么密切地相互影响。发命令和接受命令改变行动和结果，但是它本身并不产生目的的共享和兴趣的沟通。"❶ 在这里杜威所讲的社会群体即我们意义上的共同体。因此，共同体中所建立的交往是一种亲密关系中的交往，是一种既能够体验到自我的价值同时又有机会认识他人价值的交往，是一种在尊重他人基础上获得他人尊重的交往。所以，美国教育管理学家萨乔万尼指出："共同体是由于自然的意愿而结合的，并对一套共享的理念和理想负有义务的个人集合体。这种团结和约束的紧密性足以把每个人从一种'我'的集合体改造成为一种集体的'我们'。作为'我们'，共同体的成员们是紧密编织而成的富有意义的关系网络的一部分。这个'我们'，通常共享一个公共场所，并随着岁月的推移开始共享共同的思想情操和持久的传统。"❷ 正像哈贝马斯所言：

  在交往的教化过程中，他们同时获得并保持着个体和集体的同一性。由于人称代词系统的使用，社会化的相互作用和以相互理解为目的的语言使用，内在地蕴含着一种使主体逐渐个性化的行为。

  作为一种规范话语论证的参与者，每一个人都立足于自身，但同时又植根于一个普遍的关联之中……通过话语活动取得的共识既有赖于每一个个体不可替代的"是"与"否"，又取决于个体自我中心的克服。没有对可批评的有效性要求表明态度的绝对个人自由，实际上达成的共识便不具有真正的普遍性，而没有人人为他人着想的态度，要达成一种获得普遍赞成的解决方法亦是不可能的。话语意志形成的程序恰恰考虑到两个方面——不可替代的个人自主性和所有人都植根于一种主体间共有的生活形式的事实。个人的同等权利和对个人的尊严的同等尊重，在一个人际间关系和相互承认的关系网络中得到充分体现。另外，共同生活的质量不仅要用相互同情的程度和福利水准，而且应当每一个人的利益在何种程度上得到同等照顾的尺度来衡量。❸

哈贝马斯的话语所隐含的是在参与社会活动个体方面所提供的个体思想

---

❶ 杜威.民主主义与教育[M].王承绪，译.北京：人民教育出版社，2001：10.
❷ 冯大鸣.沟通与分享：中西教育管理领衔学者世纪汇谈[M].上海：上海教育出版社，2002：71.
❸ 章国锋.关于一个公正世界的"乌托邦"构想[M].济南：山东人民出版社，2001：54—55.

和共识的达成。其实，话语只是一种象征，话语权代表个体的参与意志，并不单纯地指个体的语言表达，而是个体在群体中的存在方式，一种不能被排除在外或被他人所代替，也不能因为被压制而失去自我的主动性的存在方式。话语权即发言权的获得是个体获得自己利益的前提，也是个体自我实现的条件。它给个体带来的并不仅仅是具体的利益，而是一种自我价值感和自尊的体验。

班级共同体的形成并不像一般的共同体那样是成员自由和自愿结合的结果，是由其成员在相互了解和认同的基础上通过协商建立的。相反，班级是学生因为一些偶然因素而被"分配"到一起的散乱的"个人集合体"。比如，他们在起点上可能是因为年龄的相同或相仿，在发展过程中，也可能是因为考试分数的相近而组合在一起的。他们没有机会选择自己的同辈群体，他们进入班级时，这个班级共同体成员已经由学校安排与设计好了，他们也不能任意地把某一个成员随便剔除出去，不能像一个自由组织的共同体一样可以不接纳他们认为不符合条件的人。班级形成之初，他们除了年龄或考试成绩相差无几以外，几乎没有已经形成的相同性。他们既不是因为班级成员的共同爱好、兴趣与动机等联合在一起，也没有建立或认可一些真正的共同体所具有的共同的、自愿遵守的规则与制度。他们组建共同体的前提是，在班级成员不变的情况下进行组建与设计。因此，班级共同体是在一个班级成员具有明显差异的基础上建立的，它要求把所有儿童都包括在内，追求一种真正平等的人员之间的相互关系，并追求一种道德伦理和过一种有道德的生活。正如美国学者科瓦列斯基所言："我们对学校'制度'的判断标准应该是道德责任感：我们的儿童能学会符合道德的思索、交谈、行为吗？我们的目标不是只要求遵守规矩，而是要过一种美好的生活，过一种有道德的生活。"❶ 这对班级共同体的建设与发展而言同样适应，并且应该成为其发展的最终目标。

可见，班级共同体是要求班主任或班级成员能够在一种平等的基础上去尊重别人、重视别人，发展彼此之间良好的关系，并能够达成一种更富道德色彩的生活。以下是一篇题为《重视别人》的故事，读来让人欣慰。

---

❶ 琼斯，等.全面课堂管理：创建一个共同的班集体［M］.方彤，等，译.北京：中国轻工业出版社，2002：29.

第三章　班级共同体：班级管理模式的创新

一个人的品位主要表现在与人相处的过程中。17世纪的英国诗人约翰·堂恩在《钟为谁鸣》的诗中说："谁也不能像一座孤岛，在大海里独踞，每个人都似一块小小的泥土，连接成整个陆地。如果有一块泥土被海水冲去，欧洲就会缺其一隅，这如同一座山峡，也如同你的朋友和你自己。"这首诗告诉我们，谁也不可能离群索居，都要与人相处。在与人相处中，要想受到欢迎，就应真诚地关心别人、重视别人。

纽约电话公司曾就电话对话做过一项调查，看在现实生活中哪个字使用率最高，在500个电话对话中，"我"这个字使用了大约3950次。这说明，不管你是什么人，不管你实际状况如何，在内心中都是非常重视自己的。

美国学识最渊博的哲学家约翰·杜威说："人类本质里最深远的驱策力就是希望具有重要性。"每一个人来到世界上都有被重视、被关怀、被肯定的渴望，当你满足了他的要求后，他就会对你重视的那一个方面焕发出巨大的热情，并成为你的好朋友。

有个业务员曾说过这样一个例子。他的工作是为强生公司拉顾主。顾主中有一家是药品杂货店。每次他到这家店里去的时候，总要先跟柜台的营业员寒暄几句，然后才去见店主。有一天，他到这家商店去，店主突然告诉他今后不用再来了，店主不想再买强生公司的产品，因为强生公司的许多活动，都是针对食品市场和廉价商店而设计的，对小药品杂货店没有好处。这个业务员只好离开商店。他开着车子在镇上转了很久，最后决定再回到店里，把情况说说清楚。

走进店里的时候，他照常和柜台上的营业员打过招呼，然后到里面去见店主。店主见到他很高兴，笑着欢迎他回来，并且比平常多订了1倍的货。这个业务员对此十分惊讶，不明白自己离开店后发生了什么事。店主指着柜台上一个卖饮料的男孩说，在你离开店铺以后，卖饮料的男孩走过来告诉我，说你是到店里来的推销员中唯一会同他打招呼的人。他告诉我，如果有什么人值得做生意的话，就应该是你。店主同意这个看法，从此成了这个推销员最好的顾主。这个推销员说："我永远不会忘记，关心、重视每一个人是我们必须具备的特质。"

关心别人、重视别人必须具备高尚的情操和磊落的胸怀。当你用诚挚的心灵，使对方在情感上感到温暖、愉悦，在精神上得到充实和满足，你就会体验到一种美好、和谐的人际关系，你就会拥有许多许多的朋友，并获得最终的成功。

尊重别人、重视别人是班级共同体的重要内涵所在,因为班级还不同于其他任何组织,班级是学生学习生活的场所,甚至是学生生命意义建构的场所,这就需要班级要能够体现人的价值与作用。正如"人——→从——→众"所蕴含的内涵一样,这一过程并不仅仅是汉字组合递增的公式。它是要求班主任或任何一个班级成员都要能够以尊重个体人的存在作为基本的起点,离开了对人的关注,也就没有了"众",就没有了班级集体,即使有的话,也只能是有名无实的个人散乱的组织而已。这就要求不管是班级建设与设计者,还是班级同辈群体,都应该有一种对人的价值与尊严的尊重与关注的意识,这才能够使得班级共同体具有其本真的意义。

班级共同体的建立,必须满足以下几个条件:(1)必须将班级重新定义为人的和思想的集合体,而不是依旧用砖和泥的建筑物来定义班级。(2)班级内必须鼓励共享的价值观,因为这些价值观导致紧密结合的脑和心的共同体的发展,与此同时,班级之间需要彼此尊重和鼓励。(3)必须培养层体式忠诚,即忠诚于个体自己的班级共同体,并忠诚于更大范围内由许多班级组成的共同体。(4)班级美德被定义为:共同体的每一个成员乐意为共同的善个别地、集体地牺牲他的自我利益,必须在承诺班级美德的构架内,将权利与责任有意识地联系起来,从而使着重于个人权利这一点经受考验。(5)应当承诺与共同的美好联系在一起的个人权利和责任分担,由此为班级道德领导的实现提供基础等。上述几点是相互联系的,共同作用于班级共同体的发展与实现,我们在教育实践中也不应该背离这些基本要件。

班级共同体的建立有助于班级成员真正学会关心。美国学者诺丁斯指出:"班级应该成为这样一个地方:学生们在其中合法自由地展示和探索他们多种多样的人生目的。伴随着强烈的好奇心和探求欲,教师和学生共同生活和成长。我们必须追求人的全面发展,这种追求不会限制和阻碍学生的智力发展。即使有这种妨碍的可能性,我们也应该愿意冒这种风险,因为我们更愿意看到学校培养出这样的人:他们应该与人和平相处;他们善待自然环境;他们

第三章　班级共同体：班级管理模式的创新

待人接物都追求一种理智与和谐。"❶ 可见，这里明确要求班级要能够成为一个实现学生彼此关心的地方，要求学生之间学会彼此相互照顾，要求班主任与学生之间达成彼此的默契。正如上述案例中的业务员一样，他不仅在推销商品，更为关键的是他能够在推销商品时关心每一个人，也正是通过这种方式使他赢得了信任，赢得了对方的尊重，也赢得了更大的市场。所以，班级共同体应该能够为班级每一位成员的成长与发展提供一个良好的平台，为每一个成员学会关心提供一个融洽的空间。

班级共同体的建立使学生人格得到较好的发展。班级共同体的特征表明，它并不要求儿童在发展上达到完全的一致，也不倾向于让儿童在智力因素方面开展竞赛，班级共同体主要是为了改善学生的关系和存在的状态，改善学生个体自我的人格特征。"所谓教育，就是人们尝试持续在任何一方面改善他人心理素质结构，或者保留其心理素质结构中有价值的部分，或者避免不良心理素质形成的行动。""教育就是人们尝试在任何一方面提升他人人格的行动。"❷ 教育应该朝向这一目标迈进，因为儿童在知识上的发展只是达成这一目标发展的必要手段，一种让儿童获得更多成就感的必要途径，但还不是充分的途径。为了获得精神上的充分发展，更重要的就是要让儿童在精神上相信他人，在精神上处于对自己和集体的双重信任之中，生活在一个能够释放能量并相对自由的生活中，对罗尔斯而言，共同体的善不仅在于在社会合作中达到直接利益，而且在于情感纽带和动机的品质，这种品质也介入了合作，并在合作中得以提升。

班级共同体的建立有助于人性及人性教育得到真正的理解。"人──从──众"所蕴含的规律明白地告诉我们，一个班集体的精神共同体就是这样并不复杂地形成，凸显的是班集体建设途径。如果我们再做深层次的解剖，我们就会发现，一个精神共同体的成功聚合，最初的起点，全在乎个体的人。那么，做好"个体人"的工作，便是做好班级精神共同体构建工作的关键一步。要做好"个体人"的工作，我们无论如何也不应当绕过人性教育。人性教育的核心内容是善性启蒙和理性教育。所谓善性启蒙，就是有目的有系统

---

❶ 内尔·诺丁斯.学会关心——教育的另一种模式[M].于天龙，译.北京：教育科学出版社，2003：20—21.

❷ 沃尔夫冈·布列钦卡.教育科学的基本概念——分析、批判和建议[M].胡劲松，译.上海：华东师范大学出版社，2001：75.

地启动和张扬人的善良本性。本来，作为自然本性的人并无固有的善恶之分，只是在人的发展中不可避免地被赋予了社会属性，这就使人具有了善恶的两面性。教育对于矫正人性恶的作用，是大有可为的，古人所谓的"师法之化"，即指教育在这方面是有作为的；"苟不教，性乃迁"正说明了教育之于人性的巨大作用。教育的目的就在于扬善弃恶，着力培养人的良知、仁爱、同情、正义、互助、平等等美德。作为称职的班主任老师务必要认真实践善性启蒙教育，关注每一个发展的人。这个根基对于班集体来说是每一个学生，对于学生来说则是心灵深处亟须匡护、引导的本性。

所谓理性教育，就是通过教育建立和强化人的理性意识、理性概念和理性行为。由于人的理性行为并非与生俱来并且极易波动，经常要受到非理性因素的影响，故教育的责任就是要强化学生理性的防线和理性的高度，让学生懂得理性的优势和非理性的后果；同时，赋予学生理性判别和调控的方法、技巧，养成"三思而行"的行为习惯，则是教育的责任体现。理性教育应当作一种形成规范制度的重要支撑点。个体的"人"如何才能合为"众"？作为集体概念的"众"怎样才能有利于个体的人？关键是要看这个集体有多少理性的"度"。从学生认识心理方面来看，案例式的教育形式乐为学生接受。那么，班主任老师就应当从实例中寻求教育的突破，正面教育是必要的，反面教育也不能或缺，结合面尽可能广泛些，法制教育、道德教育、人文教育、环保教育等，都应当是理性教育的重要工作面。青少年学生正处于极易冲动、自我调控能力较低弱的发展时期，班主任老师要适时而为，趁势而行，把理性教育与规则教育结合起来，与心理健康教育结合起来，与各类活动结合起来，与生活实践结合起来，与职责义务结合起来，与为人境界结合起来，使理性教育充分社会化、生活化；在与现实的比照中，突出社会公德的需求和个人发展的需求，二者不可偏废。

班级共同体的建立要求班级成员去追求一种有道德的生活。班级共同体内部突出的关系网与更具社会特征的组织中的关系之间类型是不同的，前者更特殊、更富有意义和个性，它们造就一种折射出道德色彩的品质。正是因为有这样的道德色彩，成员们便有一种特殊的相互照料的道义感。班级共同体内部不再强调班主任一人的传统权威，而更多的是要求体现与学生之间去过一种富有道德的生活，使学生在班级教育中实现自我伦理道德的不断升华及学生自我价值的实现，只有这样的道德关系品质才能更好地实现班级成员

第三章 班级共同体：班级管理模式的创新

的真正成长。正如美国克来蒙特研究生院教育与改革研究所的一份报告所言，"关系的品质和其他关于关系的主题是学校改进的决定性着力点。关系的品质决定学校的品质。或者，用克莱蒙特研究生院院长约翰·马圭尔的话说，就是'如果师生之间的关系是错误的，那么不论出于何种理由，你都可以无限地重构，但改革却不会发生'。"❶ 其实，这种关系品质不仅对学校建设有决定性的影响作用，对班级的改革与发展同样具有决定的意义，所以班级共同体期望通过这种关系品质的建立，使班级成为一个真正意义上的道德共同体，以便于对学生的学习、生活及价值观、人生观的更好发展奠定坚实的基础，也能够实现班级教育管理思想的彻底改变。

当然，班级共同体的建立也需要注意以下几个问题。

首先，班级管理者应转变教育观念，有建立班级共同体的心理意向。虽然班级共同体是对原有班级集体概念的超越，并且也具有很多优点，但如果没有班级管理者的内心认同与支持，班级共同体最多只能成为一种没有实际操作价值的"观念"而已。因此，班级管理者具有建立班级共同体的心理意向，一方面表明班级管理者的自身教育管理思想转变，能够以一种较为超前的视野来审视班级的发展变化，这是一种对原有班级教育管理思想与行为的超越；另一方面也说明班级管理者更加关注学生的成长与发展，把学生作为具有鲜活个性的生命个体进行引导与陶冶，并能够引导学生实现对原有不合理规则的警觉与警惕，要求学生去构建班级发展的道义性行为。因此，班级管理者教育观念的转变及心理意向的建立，使得班级共同体的建立与发展有了重要的思想前提。

其次，班级共同体的建立要使学生"在场"，并体现学生的自我价值。使学生"在场"就是使学生有一种在场感，让他们能够参加活动、讨论，并体现主体自觉。在班级中，学生要明确他与谁一起生活、学习，促使其产生最初的熟悉感、存在感和自我意向感。因为班级基础上的共同体是一个在差异基础上的共同体，其本身在起点上是很少具有更多的相同之处的。因此，班级共同体建立的重要工作就是要使班级成员从心理上产生集体认同感，既把自己同时也把班级中的其他人作为平等的一分子，在此基础上逐步建立一致承认的规则。这就要求班级管理者在班级建立之初就应该增加成员相互交往

---

❶ 萨乔万尼. 校长学：一种反思性实践观 [M]. 张虹, 译. 上海：上海教育出版社，2004：95.

的机会，让他们能够相互地熟悉和认同而不是在开学伊始就进入"正常"的教授学习的轨道中去。这种"正常"是在知识教学占据统治地位、学生被片面地当成知识"容器"的思想下形成的教学。很显然，这种"正常"现象的存在是非常不利于学生自我价值实现的。所以，班级管理者应尽可能地采取各种途径以实现学生在班级场域中的自我价值。

再次，班级共同体的建设要真正体现的是"人"的共同体，而不是"物"的共同体。学校是育人的机构和场所，班级则是实现这一教育目标的重要载体与平台，在以往的班级教育发展中，更多地体现了"物"的特性，更多地是以"物"的思想与行为来对人进行教育与管理，这很显然与人的身心发展是不相吻合的，也是与教育的内在本质要求是相背离的。对于班级共同体建设而言，如果是只见"物"不见"人"，缺少对"人"真诚的关怀，便不会有真正意义上的班集体，更谈不上形成更高境界的班级共同体，即便勉强组合，也不过是"貌合而神离"的假集体。忽略了"人"的教育，也就割舍了教育的命根。所以，我们非常期望所有的班主任老师都能做好"有头有尾"的工作，顺着"人──从──众"的轨迹，走进教育中"人"的内心世界，向着教育的本质与本源不断靠近。

最后，班级共同体的建设要体现道德责任感。正如加拿大学者迈克·富兰对学校教育目标所阐述的那样，他认为"在那些为教育工作者提供指导信条的学校和教育中，应该强调道德责任。这一隐含的想法包含了两个部分，并在行文中变得日益明晰。其一，属于某一社会和政治民主制度的人们被维系在某一道德生态系统（moral ecology）中，道德生态系超越了自己所包含的不同利益、贫富等级、文化渊源、宗教、民族与种族。人们可以感觉到它并对它加以颂扬。其二，有着深思熟虑的道德意图的教育，为具有意识的公民们提供了培养他们自身不可或缺的那种理解力、品性和行为机会。提供这种学习过程，应该成为我们学校工作的一个主要目的"。[1] 学校作为一个共同体具有了如此的道德使命，作为学校教育中最基层的班级组织，同样具有重要的道德使命，在班级共同体的建设中，班级管理者应该与班级所有成员一道共同对班级道德目标的实现负责，应该力求使班级成员具有道义感，使班级

---

[1] 迈克·富兰. 学校领导的道德使命 [M]. 中央教育科学研究所，加拿大多伦多国际学院，译. 北京：教育科学出版社，2005：3.

充满道德色彩，从而为班级民主、和谐与平等的发展奠定重要的基础。

班级共同体是班级在发展过程中的一种自我超越，是班级为了更好地实现自己教育发展目标而出现的一种有效的管理思想与模式。它既体现了班级作为一个组织所具有的精神价值和文化品位，改变了班级教育中的"物"的生产特性，它更加关注人的价值和尊严，关注人的主体地位的体现，它也不再是一种外在的控制和约束，而是学生自身内在发展要求的体现，是学生实现自我道德使命的有效形式。

三、班级共同体视域中的师生关系

师生关系的好坏对班级能否满足学生的个人需要起着重要的作用，学生从入校那一刻起，就与班主任老师发生着这样或那样的联系，也意味着要与班主任老师一起生活、学习，学生自己承担着实现自我价值的任务，而班主任在这一过程中扮演着重要的角色，对学生的学习、生活及心理等方面都起着重要的指导作用。所以，由于班主任老师对评估学生的学业及控制班级生活负有责任，他们是学生生活中最具影响力的成人。一位好的班主任，应该深知自己对学生的影响，并且能够善于利用这种影响来实现对学生的教育与指导。

比如下面是一位教师在与一位研究者之间的谈话内容，谈话中明确体现了这位教师的教育心理及教育行为，她没有仅仅站在教师自身的角度来考虑问题，也没有局限于很狭小的教育"空间"去引导学生，而要求自己要能够更多地理解、接纳并体谅学生，从而在教育实践中形成较好的师生关系，有助于班主任老师教育思想的延伸及教育行为的推进。

一个被同事称作"明星"的教师对我谈了自己的经历：她教高级写作课，正试图解决学生写作时话不直说、言不由衷的问题。她尝试了多种鼓励学生写真心话的策略，可没取得什么效果，于是打算给学生读一封自己写的信。她有四位密友，这封信就是她在其中一位朋友去世后写给另外三位朋友的。这封信在夜深人静的时分写成，写得凄凉苦楚，委婉动人，淋漓尽致地倾泻了自己的满腔悲伤情绪，她希望通过读自己袒露心声的信，使学生也能写自己的心里话。在决定是否使用这封信件作为讲课材料时她不禁犹豫起来，反复考虑这样做的各种后果和自己的动机。这么公开地袒露自己的个人情感是否有招摇之嫌呢？能受得了众人对自己脆弱情感说长道短吗？学生会不会对自己的意图嗤之以鼻呢？会不会毁掉师生之间所需要的各自独立性呢？最终，她决定不在班上宣读这封信。她说"我的直觉告诉我这不是个好办法"，不过她说这句话时还是带点犹豫不决的口气。这个例子的重要性不是在于这位教师解决教学难题的方法，而是在于这位教师的心理活动过程，以及她怎样按有才能、负责任的教师形象来要求自己。

这位老师做出的决定不是考虑什么对自己最有利，而是什么对学生最有利，关键是教师要根据对自己和学生的认识来做出决定。这才是一个优秀教师所应该真正考虑的问题，同时，作为优秀的班主任老师也应该能够与学生和睦相处，并且能够真正地理解学生，理解学生的气质类型、理解学生的性格特征、理解学生的生活态度及方式，更能够理解学生的所思所想，从而走进学生的内心世界。美国学者诺格拉指出：我发现那些难以与学生创建亲密关系的教师大多是错误地理解学生或是害怕学生。老师这种态度导致的结果是，或是对学生的不良行为视而不见，或是简单地采用如"严明纪律"那种不讲情面的手段，或是把学生交给学校行政人员处理而不先尝试着当场解决问题，这无疑加深了班主任老师与学生之间的区隔程度，既没有赢得学生的信任，也没有能够解决问题，更没有实现师生之间的真正交流与对话。

美国学者莱特富特指出"不害怕学生而且理解学生的思想感情"是优秀教师的重要特征。她指出，老师知道和理解学生在发展过程中遇到的各种难题，当然，除了这种理解之外，教师也不是有意地围绕着学生转，而是自然而然地乐于与学生相处。所以，她进一步指出：我所说的老师无畏不能解释为老师的鲁莽或教师的无知，而是老师确实感到了来自真正危险的威胁。我更同意这种说法，老师的无畏来源于自信。教师之所以无畏，是因为教师能深刻地认识处于某一发展阶段上的青少年，是因为能理解每一个学生。老师对学生需要的理解、判断、解释常常令我感到惊讶，这些解释往往不那么清晰、明朗和连贯，似乎是出自直觉。可当我具体地问到某种办法或决定时，他们常常胸有成竹，说得头头是道，做出的决定兼顾到学生的个性特征、生

第三章　班级共同体：班级管理模式的创新

活经历、青少年的一般发展趋势。因此对不同的学生表现出来同样的行为问题，教师的解决办法是因人而异的。❶ 这一思想无疑对班主任工作具有一定的启发意义，要求班主任在班级教育管理中，应该充满自信地去面对学生，面对班级所发生的各种问题，只有班主任自身充满自信了，他才能够从容地去处理与协调班级所出现的各种情况，也才能够更好地实现班级的教育与管理。

那么，在班级共同体中，班主任与学生之间的关系应该是什么样子呢？我们知道，班级共同体是在一个班级成员具有明显差异的基础上建立的，它要求把所有学生都包括在内，追求一种真正平等的人员之间的相互关系，并追求一种道德伦理和过一种有道德的生活。在这里所追求的是人员之间的平等，并要能够体现班级成员之间的道德伦理关系。因此，研究者认为班级共同体视域中的师生关系应该具有以下的性质。

第一是开放性或透明性，也即是要求班主任与学生之间可以直言不讳，坦诚相见。在这一过程中可以避免很多不必要的麻烦，因为开放或透明本身就表明了班主任在做事或做人方面的廉洁、正直与公正，能够把班级很多事情在公开的状态下完成，使班级同学能够明确班级很多事情的发生、发展及所产生的相应的结果，也不至于使学生之间相互猜忌、怀疑，更不至于让学生对班主任产生偏见，班主任老师必然会在班级实行较为客观、公平的管理手段实现对班级环境的改善，而且也不会在班级创设"寻租"的空间，从而使班主任的权力能够发挥出其正向的教育价值。所以班级能够形成一种宽松、和谐的人际氛围，从而有助于学生的学习、生活甚至是身心的健康成长。

第二是关爱性，也即要求班主任与学生双方都感到被对方看重，既有班主任老师对学生的关心、爱护，也有学生对班主任的尊重与接纳。诺丁斯指出：……儿童，尤其是青少年感到在学校没有得到关爱。儿童的健康成长不仅需要周到的照顾，而且需要时时处处都能确实感觉到与关爱相连的一种关系。并认为，以关爱为基础的道德教育包括四个方面：示范、对话、实践和确认。示范是指我们作为教育工作者如何对待其他人——即如何对待成人和孩子。对话是指成人不做出预先限制与学生进行无拘无束的对话，允许学生就自己有关的事情提出问题并参与决策。实践是指学生必须有参加关爱关系

---

❶ 琼斯，等．全面课堂管理：创建一个共同的班集体［M］．方彤，等，译．北京：中国轻工业出版社，2002：75.

的机会，这包括为集体服务，辅导同学的功课，或其他能够帮助和鼓励他人的活动。确认是指找机会来确定每个学生是否已经逐步成长为集体中具有爱心的一员，也意味着力图了解学生做出不良选择的原因，帮助学生认识到我们看重他们，并真诚地希望他们有一种可接受并体现爱心的方式来满足自己的需要。

  第三是依存性（而非依赖性），也即是班主任与学生之间的彼此亲密无间，师生双方相互依靠。这就打破了传统教育中学生对班主任老师的人身依附，使得学生能够作为一个主体的人出现在班主任老师的面前，更主要的是能够使学生自身的更大价值及潜能得到真正地发挥。正如日本学者岛原和酒井所言："日本教师强调师生情感上的亲密和依恋是实现其教学目的的关键……他们认为由师生之间产生的，通常称为'Kizuna'（在日语中该词汉语意思是'情丝'）的情感纽带，会激发学生的学习动机和成就感，'Kizuna'是一种强调心领神会的人际关系，以'心心相通'为特征。为了培植'Kizuna'，教师促使儿童体验一种内在的、朴实的人际关系，通过这种体验使儿童和成人建立一种亲密无间的情谊。"[1]这和传统的以"教师为中心"的师生交往关系不同，以教师为中心的师生关系，虽然也对学生进行了解，但了解学生是为了更好地控制学生，从而能够顺利地进行班级管理，这样，班主任教师面对学生并没有敞开自己，也没有真正地接纳学生；学生虽然接受班主任老师的传统活动，但没有"敞开"自己的精神世界，教师学生双方虽然在进行着交往，但这是以知识为中心的交往，二者在精神层次上并没有沟通，而更多地体现为彼此的相互疏离，也没有能够形成彼此的真正对话。

  第四是独立性，就是要求班主任与学生双方都允许对方发展自己的独特性、创造性及个性。长期以来，我们在班级教育管理中，更多的是遵循着"教师主导，学生主体"的教育指导思想来进行着班级的教育与管理。其实，在教育实践中，我们又是以教师为中心的，所以，班主任在班级中则完全按照自我的主观意志对学生做出各种设计，而学生的主体性则没有任何可以发挥的空间，也就不可能体现学生自身所具有的独特性、创造性及个性，学生更多地成了班主任老师塑造、雕刻甚至是灌输的"物体"，班主任老师在教育

---

[1] 琼斯，等. 全面课堂管理：创建一个共同的班集体[M]. 方彤，等，译. 北京：中国轻工业出版社，2002：72.

过程中也就不可能有更多的欣赏、赞赏与鼓励,学生自我人格的发展也必然会受到一定程度的影响。所以,罗杰斯则提出了非常有利于学生独立性发展的观点,他指出:在那些能有效地促进学生学习的教师身上,还突出地表现出另一种行为,我把这看作是赞赏学生:赞赏学生的观点,赞赏学生的感情,赞赏学生的个性。这也是对学生的一种关心,但不是一种施舍式的关心,这种关心把每个学生当成独立的个人,承认每个学生的特有价值。

第五是互惠性,班主任与学生双方都不应该以牺牲对方的需要来满足自己的需要,真正实现"教学相长"。一方面,班主任作为前喻文化的象征,代表着经验、学识甚至是权威,他能够把自己所具有的这些"财富"通过教育或教学的途径实现对学生更好的影响,以期能够把学生教育成自己所期待的"人才",也即使学生能够真正实现作为社会人所具有的基本要求。另一方面,学生作为后喻文化的代表,更多地体现为富有激情、活力的生命个体,他们敢于想象、敢于打破旧的不合时宜的心智模式,他们在与班主任老师的交往中,时刻体现着后喻文化所包含的内在价值,也对班主任老师的思想、行为产生着深刻的影响。可见,班主任老师有自身的优势,能够在与学生的交往中实现对学生的更好的启发与教育;相反,对学生而言,他们也有班主任老师所不可替代的特征,在与班主任老师的对话中,能够更好地对班主任产生一种启迪,实现班主任老师自我的不断完善。因此,互惠性对班主任与学生而言都是相当重要的,能够实现彼此的发展目标,也有助于实现彼此的教育使命。

班级共同体中具有上述特征的班主任与学生之间的关系富有特殊的价值,在教育实践中,如何维持并改善这一师生关系呢?

第一,班主任要逐渐了解学生。班主任老师可以通过了解学生及影响学生生活的社会因素,增强与学生建立良好关系的能力。班主任老师为了能够更好地对班级学生进行教育、引导甚至是陶冶,为了更好地与班级学生拉近心理距离,真正认识学生、了解学生甚至是理解每一位学生,班主任老师应该了解如下一些问题:(1)家庭结构,主要包括家庭成员由哪些人组成?在这些人中或其他的人中,有谁住在一起?谁是家中的当家人?(2)生命周期,包括采用什么标准确定人生的各个时期、阶段或过渡期?有什么重大的人生阶段?(3)角色和人际关系,人们各自扮演什么样的角色,人们是怎样获得自己的角色的?教育与学会扮演自己的角色有关吗?(4)纪律,包括什么是纪律？什么算纪律？什么不算纪律？（5）时空概念，守时重要吗？能迅速地完成一项任务吗？（6）食物，吃什么？怎么吃？（7）健康和卫生，以什么方式治病？找谁治病？什么情形下视为有病？（8）历史、传统、节日，什么是本民族引以为豪的事件或人物？本民族还保留了多少原来国家的习惯和传统？学校欢庆什么样的节日和庆祝日？因此，对班主任而言，不管我们的背景或文化传统是否与学生相同，多了解一些影响学生生活的因素是非常有益的。比如，班主任还可以问问学生有什么兴趣，如何消磨时间，什么学科或学习活动最有趣或最难学，同时，也可以了解学生的学业负担和课外活动等。

第二，要时刻注意师生交往的质量。这就要求班主任要多说一些肯定的话语而非否定的话语，我们知道，学生对班主任老师所给予的表扬或批评很敏感。遗憾的是，在教育实践中，很多班主任认为班级学生捣乱行为更应该引起注意，因此，班主任总是对捣乱行为而不是对认真学习的行为做出反应。在一项研究中，对此有明显的体现，当教师只批评学习不认真的行为，而不表扬学习认真的行为时，学习不认真的行为由 8.7% 上升到 25.5%。当教师要求在每20分钟内把批评由5次增加到16次时，学生表现出更多的学习不认真的行为，平均达到 31.2%，有时超 50%。只注意学习不认真的行为而又没有相应的表扬，助长了学习不认真的行为。当教师重新开始表扬学生时，课堂上又出现了良好的学习行为。[1] 美国学者珀基指出，"在这里，正面诱导是对一类信息的总称——无论是语言的还是非语言的，无论是正式的还是非正式的——即有意地不断传递给学生说他们是负责任的、有能力的、有价值的信息。相反，负面诱导是有意地告诉学生说他们是不负责任的、没有能力的、没有价值的信息。"[2] 比如有一个例子可以说明教师有意地负面诱导。在开学的第一天，一个教师专门找到一个学生（这个学生的兄弟在几年前是个有名的问题学生）说，如果你像你兄弟那样，你今年的日子会很不好过。即使教师说这番话的本意是促使这位学生行为端正，可学生听了会觉得这是表示不欢迎自己的一种带偏见的警告。因此，班主任应该尽可能在班级教育中，多进行正面的诱导，提高与学生交流与交往的质量和水平，从而使学生在与老

---

[1] 琼斯，等. 全面课堂管理：创建一个共同的班集体 [M]. 方彤，等，译. 北京：中国轻工业出版社，2002：77-78.

[2] 琼斯，等. 全面课堂管理：创建一个共同的班集体 [M]. 方彤，等，译. 北京：中国轻工业出版社，2002：78.

第三章 班级共同体：班级管理模式的创新

师的交往中实现自我的价值。

第三，要创造与学生进行私下交谈的机会。就像任何人与人之间的关系一样，交往的双方不要受日常事务的干扰，花点时间互相了解是很有好处的，这样既有利于增进师生之间的感情，也有利于师生之间的心理相容，更有利于教育本真价值的实现。（1）班主任老师要能够表示对学生的活动有兴趣，花些时间参加学生所喜爱的活动可以表明我们对学生的关心，是一种加强师生关系的重要方法。通常，家长对班主任能够参加学生的活动也非常感动和感激，由于班主任的参与，那些参加活动的学生会有很大的进步。（2）适当进行家访，家庭是学生成长的重要场所，对学生的影响相当重要，班主任如果不了解学生的家庭背景及文化氛围，在教育中学生所发生的很多行为则不知道如何解决，即使采取一些措施，但由于措施不到位，也不可能达到对症下药，致使教育效果也不明显。所以，班主任对学生进行适当的家访则有助于问题的解决。（3）给学生写信或便条，班主任能够亲笔为学生写一封信或便条是建立亲密师生关系较为有效的方法，比如当学生成功完成一项新的或较难的学习任务的时候，当学生行为得到改善的时候，当学生为某件事发愁的时候，或学生过生日的时候等，这时班主任若能及时地给学生写一封信或便条，都会对学生的心灵产生触动，便于师生关系的改变。（4）使用建议箱，学生一般认为班主任对他们在班级里的想法没有兴趣，虽然我们也许觉得学生的看法在有些时候可能是有失偏颇的，但我们也应该在某种程度上向学生表明，班主任老师对创建合适的班级环境负有主要的责任，表示非常看重学生的一些想法或建议，并鼓励学生拿出各种改善班级学习环境的主意，只要老师是真心的，学生也一定会对班级的发展建设负起一定责任，从而实现班级环境的有效发展及师生关系的极大改进。

第四，要能够显示与学生之间的平等。班主任只有与学生站在一个平台上进行心与心的交流与对话，才可能对学生自我意识的形成，对学生独特个性的展示及真实自我的实现奠定坚实的基础。因为教育是要求对人的发展做出合理指向的，并尽可能实现人的主体性，正如兰德曼所言："人必须在自己思考的帮助下独立决定自己的行为，必须独自决定怎样对待这个世界，怎样在这个世界中认识世界，人必须尽可能全面地具备关于世界的深刻的、客观经验，以便按这种经验的尺度塑造他的行为。"❶ 只有班主任与学生都处于平等的位置上，才可能实现彼此个体人的独立行为。同时，双方的平等也有助于彼此敞开心扉地面对事和物，更有助于双方在精神层面相互接纳，实现精神上的交流与对话，而这也是教育所具有的内在隐喻，德国教育家雅斯贝尔斯也指出，教育是一种使人的灵魂、思想得到自由启迪的活动，所以，班级共同体视域内师生关系的平等是实现班级学生良性发展及班级教育目标达成的重要条件。班主任应尽可能在班级教育实践中，采取各种措施让学生积极参与班级各种活动，在参与中实现学生自我意识的增强及教师对学生的更多地理解。正如《从现在到2000年教育内容发展的全球展望》一书所言："由于学生积极参与自学过程，由于每个学生的创造性都受到重视，指令性和专断的师生关系将难以维持。教师的权威将不再建立于学生的被动与无知的基础上，而是建立在教师借助学生的积极参与以促进其充分发展的能力之上。这样教师的作用就不会混同于一部百科全书或一个供学生利用的资料库。一个有创造性的教师应该能够帮助学生在自学的道路上迅速前进，教会学生怎样对付大量的信息，他更多的是一名向导和顾问，而不是机械地传递知识的简单工具。"❷ 由此可见，班主任则没有理由在班级管理中还是遵循着传统的权威性因素，把自己放在非常高的位置，而不与学生一道实现彼此发展的目标。

四、班级共同体的道德使命

在分析班级共同体的道德使命之前，首先需要知道什么是道德？道德对班级共同体的发展有何影响？道德在人的发展过程中起着什么样的作用？那么，什么是道德呢？正如任何生命的萌芽，不仅需要一定的条件，而且需要这些条件之间"发生关系"。道德问题的要害无非是怎样看待他人、他物的问

---

❶ 兰德曼. 哲学人类学 [M]. 张乐天, 译. 上海：上海译文出版社, 1988：189.
❷ 维迪努. 从现在到2000年教育发展的全球展望 [M]. 马胜利, 等, 译. 北京：教育科学出版社, 1996：105－106.

第三章　班级共同体：班级管理模式的创新

题。如果世界上只有一个人，他的所作所为就无所谓道德与不道德的问题；或者地球上有很多人，但彼此隔绝，也不会产生道德问题。所以道德不是先验的，也不是一成不变的，而是在人与人的"交往"过程中发生了的，而且不断变化着的道德意识，是可以被改造、被建设的。

曾读过《猴子的经典实验之道德的起源》及《猴子的经典实验之道德的沦丧》的文章，对我们理解何谓道德有很深的启发。

猴子的经典实验之道德的起源：

> 把五只猴子关在一个笼子里，上头有一串香蕉实验人员装了一个自动装置。一旦侦测到有猴子要去拿香蕉，马上就会有水喷向笼子，而这五只猴子都会一身湿。
>
> 首先有只猴子想去拿香蕉，当然，结果就是每只猴子都淋湿了。之后每只猴子在几次的尝试后，发现莫不如此。于是猴子们达成了一个共识：不要去拿香蕉，以避免被水喷到。
>
> 后来实验人员把其中的一只猴子释放，换进去一只新猴子A。这只猴子A看到香蕉，马上想要去拿。结果，被其他四只猴子揍了一顿。因为其他四只猴子认为猴子A会害它们被水淋到，所以制止它去拿香蕉，A尝试了几次，被打得满头包，但依然没有拿到香蕉。当然，这五只猴子也没有被水喷到。
>
> 后来实验人员再把一只旧猴子释放，换上另外一只新猴子B。这猴子B看到香蕉，也是迫不及待要去拿。当然，一如刚才所发生的情形，其他四只猴子揍了B一顿。那只A猴子打得特别用力（这叫老兵欺负新兵）。B猴子试了几次被打得很惨，只好作罢。
>
> 后来慢慢地一只一只的，所有的旧猴子都换成新猴子了，大家都不敢去动那香蕉。但是他们都不知道为什么，只知道去动香蕉会被猴扁。
>
> 这就是道德的起源。

猴子的经典实验之道德的沦丧：

> 天变热了，笼子里的猴子们想冲凉却找不到地方。终于出现了一位反潮流英雄，猴子HERO。HERO在无意中碰到了香蕉，理所当然地招致了一顿

暴打。但在挨打的过程中，猴子们享受到了冲凉的乐趣。等身上的水干了之后，猴子 A 在无意中碰撞了 HERO，使 HERO 又一次接触到了香蕉，于是，猴子们享受了第二次冲凉，HERO 遭到了第二次痛殴。

在此之后，只要大家有冲凉的需要，就会有一只猴子挺身而出，对 HERO 进行合理冲撞。大家对 HERO 的态度也有了明显的不同，在平时大家会对 HERO 异常温和，以弥补在冲凉时为维护规则而不得不对它进行的暴力举动。

一天，在大家冲凉时，饱受折磨的 HERO 闻到了香蕉的清香，生物本能使它在别的猴子心有旁骛时将香蕉吃了。而且此后没有了新的香蕉来填补空缺。猴子们陷入了另一个尴尬境地：没有冲凉的水，也没有香蕉，只有 HERO。

于是，另一个规则形成了。猴子在烦躁的时候会痛打 HERO 出气，HERO 不得反抗。

当笼子里的旧猴子被新猴子换掉时，新猴子会在最短的时间内学会殴打 HERO。终于有一天，老天有眼，历尽沧桑的 HERO 被另一只猴子代替了。猴子们失去了发泄的对象，只能任意选取一个目标进行攻击。

这就是道德的沦丧。

上述两篇文章使我们对道德有了更进一步的认识与理解。用最通俗的话来说，道就是人们该走的路，是人世间的游戏规则。德就是人们该如何上路，该如何掌握游戏规则。什么样的人，走什么样的路，成什么样的事。播什么样的种，施什么样的肥，结什么样的果。具体而言，道德就是教人走路之时，该走什么样的路；玩游戏规则之时，该采取什么样的游戏规则。概言之，道德就是社会经济基础决定的一种特殊的社会意识形态，是一个社会调整人们之间及个人和社会之间关系的行为规范的总和。

可见，道德是建立在一定的社会经济基础上的，是调整人与人、人与社会、人与国家之间关系的一种特殊的意识形态和行为规范。道德规范与其他行为规范的区别，在于道德规范包含善恶评价标准，大多数行为规范却不包含这种标准。道德事件可以而且必须根据善恶标准进行评价，而纯粹的政治事件、礼仪事件等却不可以从善恶上加以评价。虽然法律规范也包含善恶标准，法律事件可以根据善恶标准进行评价，但是法律规范诉诸国家机器，而道德规范则一方面诉诸社会舆论和传统习惯，另一方面诉诸个人的良心——

第三章　班级共同体：班级管理模式的创新

内心信念。

教育是一种有目的、有计划或有意识地对学生施加精神影响的活动。但是，有目的或有意识地对学生施加的精神影响，却未必是教育。所谓教育，其影响不但是有目的的，这种目的还必须是道德的目的；这种影响不但是有意的，它还必须是一种善意，即使是善意地对学生施加的精神影响，也未必是教育。教育必须包含有价值的内容，产生有益的影响。广而言之，教育必须是以某种合乎道德的方式至少是在道德上可以接受的方式来影响学生的行为。因此，教育应该至少包含三条相互联系的道德标准：（1）教育必须包含善良的意图，或道德目的，没有了道德的目的，教育也失去了应有的内涵；（2）教育必须包含有价值的内容，或有益的影响；（3）教育必须采取合乎道德的方式，或在道德上可以接受的方式。

因此，班级共同体中的教育至少也应该包括上述几层意思，这里就要求班级共同体要能够通过一定的方式进行着有道德的教育，或者是使班级共同体中体现出一种更具道义色彩的行为，让学生能够在班级共同体中过着一种有道德的生活，实现班级内部学生目标德性化、行为规范内在化以及很多行为的发生与发展信念化。这样，班级内部的学习生活环境将不再习俗化；同时，在学生道德发展过程中也渗透着知、情、意、行等德性因素。

道德与习俗是有区别的，下面这段话来自于一个4岁女孩的面谈，以考察她对幼儿园里发生的违反规定的行为的看法。[1]

> 道德问题：你看见发生的事件了吗？看见了，他们在玩，约翰打他打得太重了。你会不会这么做？不会打那么重。有这方面的规定吗？有。规定怎么说的？不应该使劲打人。如果没有不准使劲打的规定，去打人可以吗？不行。为什么不行？因为他可能会受伤，会哭。
>
> 习俗问题：刚刚你看见发生什么事了吗？看见了，他们太吵了。你会不会这么做？不会。有这规定吗？有，我们要安静。如果没有这样的规定，吵闹可以吗？可以。为什么？因为没有规定不许吵。

研究者确定人们是否对道德和习俗有一个概念上的区别，认为其方式是

---

[1] 纳希.道德领域中的教育[M].刘春琼,等,译.哈尔滨：黑龙江人民出版社,2002：9.

要求人们根据以下标准评价不同的行为。(1) 规则一致性，某一行为的错误之处是因为支配性的规则或社会准则的存在吗？(2) 规则可变性，废除或改变现有的标准，对不对？(3) 规则普遍性，另外一个社会或另一种文化没有一定的规则或准则，对不对？(4) 行为普遍性，如果某一个社会或某一种文化中没有关于某种行为的准则，其成员做了这种行为，对不对？(5) 行为严重性，某种行为在多大程度上是不对的？其中，规则一致性和规则可变性指的是道德哲学的标准——规范性，规则普遍性和行为普遍性指的是道德的另一种哲学标准——普遍运用于每一个人。上述几个标准为我们理解与判别道德与习俗之间的区别提供了基本的准绳，也使我们在教育过程中，能够采取相应的教育手段与措施，实现教育目的、内容更加德性化，教育行为更加符合道德的方式，或者至少在道德上是可以接受的方式。

当然，班级学生在道德教育过程中，也渗透着知、情、意、行等德性因素。首先，道德中隐含着对知识的理解与掌握。道德知识的掌握是对道德知识材料的领会、保持和应用的过程。它是从具体到抽象，再从抽象到道德实践的过程。最初，学生掌握是非、善恶、美丑等道德概念是同具体的、个别的事物联系在一起的。后来，随着生活范围的扩大，年龄的增长，知识的增加，特别是从成人那里获得了有关的道德评价经验，于是就从先前的基础上向前进了一步，开始初步掌握一些粗浅而不准确的道德概念。再往后，在丰富的感性认识的基础上，学生通过抽象、概括，逐渐达到对社会道德现象及道德规范的本质特征的理解。他们开始能以比较抽象的道德规范来评价行为的是非、善恶、美丑，并能在新一些的道德情境中发生迁移，实际是对道德知识的应用。

其次，道德教育中要求关注人的信念的确立。道德信念的确立是在已有的道德概念的基础上实现的。道德信念是知、情、意、行联系、结合的结果。据研究资料表明，一般地说，小学生还难以形成道德信念。道德信念的确立是从初中开始的。初中生道德认识的原则性、概括性有所增强，开始从社会意义和人生价值方面要求自己，对社会产生某种使命感和责任感，因而其道德行为也表现出了一定程度的原则性和坚定性。这表明初中生初步形成一定的道德信念，但具有易变性，道德行为还不够稳定。而高中学生的道德信念则更加坚定了。其道德信念常常以道德理想的形式表现出来，与生活理想、职业理想相联系的道德理想，在其道德动机中占有相当的位置，表现为对自我行为的反省性、监控性和调节性的增强,但还残留着动荡性的特点。

再次,道德教育中也非常重视学生意志力的发展。学生道德意志的发展有两个层次,即抗拒诱惑、勇于牺牲。学生首先从抗拒各种诱惑刺激,约束自己遵守社会道德规范,避免违反社会的禁忌方面开始形成自己的道德意志力。在此基础上可以发展更高层次的勇于牺牲精神。这两个层次主要表现为控制力的发展和言行一致的两个方面。小学生比起幼儿来虽有明显的控制力,但抗拒诱惑的水平还是比较低的;道德行为有时表现出言行脱节现象。到了少年期,学生的自我控制能力比儿童的有了进一步的发展。在中学生中,言行一致或不完全一致的占多数,言行脱节和道德水准很低的是少数。助人为乐、见义勇为、忘我学习和工作等属于勇于奉献,是道德意志发展到高水平的表现。

最后,道德教育中尤为注重学生行为的发展及其习惯的形成。学生随着道德认识、道德情感和道德意志的发展而在道德行为方面也有了相应的发展。这种道德行为的发展大体是经历了从模仿、顺从到心理趋同,再到自觉行为的过程。道德行为的反复出现便形成道德行为习惯。它是与一定的道德需要相联系的自动化的行为方式。养成道德习惯,就使一个人由不经常的道德行为转化为内在的道德品质。据资料表明,养成道德行为习惯的学生,60%是在初中,20%是在高中,余下 20%在高中毕业时还不行。要解决这个问题,主要靠教师实事求是;了解学生,理解学生,尊重学生,个人言正与行实的一致性等。

上述分析表明,班级共同体的道德使命在于实现学生对道德内涵的更好的理解与掌握,在于实现班级教育的德性目标,在于让班级内充满着有价值的教育内容,在于让学生在班级真正过一种有道德的生活,进而实现人的精神发展体现出道德的内涵,发展目标德性化以及自我行为的信念化等。因此,班级共同体道德使命的实现,要求学生应具有以下一些品质。

第一是与人为善的优秀品格。在培养学生"与人为善"的品格时应注意以下几点:(1)要教育学生从一点一滴做起,积小善为大善;(2)要有一颗博大的仁爱之心;(3)与人为善并能够一视同仁等。

第二是公正无私的良好品格。公正无私,是一种办事公平、为人正直的道德品质。公正无私是集体主义道德原则在个人品质上的集中体现,是道德品质的最高层次。在日常生活中要自觉养成公正无私的品质,办事公平,为人正直。

第三是谦虚谨慎的道德品质。谦虚是一种虚心好学的人生态度和永不自满的进取精神。谦虚是人类的一种美德。要使学生养成谦虚的品质，教育中要注意：（1）明白骄傲是无知的表现；（2）要懂得"满招损，谦受益"的道理；（3）切勿自夸；（4）要养成对自己不满足的良好心理等。

第四是诚实待人的良好品质。诚实，就是言行要跟思想一致，说话办事实事求是。教育学生树立这一高尚品德：（1）懂得诚实的品德是做人之本；（2）诚实，就要实事求是地对待缺点和错误，敢于开展批评与自我批评；（3）若学生做了撒谎失诚之事，老师要了解情况，不应盲目训斥。

第五是乐为善小的人生境界。《易经》中讲："善不积，不足以成名；恶不积，不足以灭身。小人以小善为无益，而弗为也，故恶积而不可掩，罪大而不可解。"教师教育学生要善于乐为善小：（1）从小激励他们多为他人做好事；（2）要教学生在小的方面加强修养，锻炼自己，积小为大；（3）要以生活中的榜样典范教育学生。

第六是积极忍耐的忍让态度。培养学生积极的忍耐精神：（1）要让学生知道积极的忍耐精神是个人修养高深的标志；（2）积极的忍耐是克服自己急躁、鲁莽，克制冲动妄为的有效方法；（3）积极忍耐是战胜困难的一种毅力表现。

为了能够让学生能够更好地把上述道德品质内化为自己的行为，下面是国外学者在道德教育中运用历史或虚构人物进行对学生道德价值观影响与塑造的建议，具有一定的启发意义。[1]

（1）选用的人物要与所教的学习单元相关。这一点与对社会道德教育活动的其他方面的要求基本一样。这些活动与日常的课堂活动结合得越紧密，学生就越感觉自然，教师也就越愿意采用。实际上，这表明要从被研究的时期来选择历史人物，或从指定的文学作品中选择虚构的人物。

（2）允许学生选择将要关注的人物，或者是将要完成的作业中的人物。给学生选择的机会可以提高他们的内在兴趣，会使他们更愿意把自己与榜样联系起来。同时还会使他们不太可能把布置的作业看成是他们必须接受的、

---

[1] 纳希. 道德领域中的教育 [M]. 刘春琼，等，译. 哈尔滨：黑龙江人民出版社，2002：254-256.

第三章　班级共同体：班级管理模式的创新

事先规定好的成人的观点。

（3）提供的人物要让学生能够接受。马丁·路德·金、居里夫人、亚伯拉罕·林肯都是历史上伟大的人物，让儿童学习他们非常有意义。但是，从学生的角度看，历史人物的诸多成就让学生感到这些人物离自己很遥远，不容易接近也不太现实。谁能和他们相比呢？对付这个难题有几种处理办法。首先，给学生展示其他的不太出名但可以效仿的人物。其次，对所展示的人物要采取实事求是的态度，例如对杰弗逊和林肯，可以让学生把他们当成一个完整的人来评价。在这两种情况下，除了让学生做评价讨论和作文外，还可以让他们进行文献研究。最后，引用与学生年龄相仿的人物，可以是某些历史时期年轻人的传记，或者是小说中的人物。

（4）提供给榜样曝光的内容，他们的道德行为与当代的常规格格不入。行为榜样人物的做法与当时流行的观点或现状相反时就表现出他们的道德意志。此外，榜样人物所具有的道德倾向性是在对所接受的道德规范采取批判的态度上而形成的，这正是部分地需要学生采纳作为其道德同一性的一部分。这种伦理学立场是对发生领域交叉的例子做出道德反应中所包含东西的实质，在那里社会和社会系统现存的常规（例如一个人自己的家庭）与公平和人类幸福是相背离的。

马丁·路德·金就是这种道德人物的原型代表，一些女权主义者和妇女运动的领导者也属于这一类人物。这些榜样并不一定是历史人物，我们也可以从小说描述中看到，例如某个青年为了维护正义而与同伴的压力或习俗相对抗。

（5）提供的榜样应该为真理而斗争。哈克贝里·芬就是这样一个有名的品格曾有过瑕疵的人，他的道德力量受到了最全面的考验。品格有瑕疵的人物使学生与自己内心相伴随的道德冲突斗争联系起来。

（6）让青少年接触非英雄式的人物。霍尔登·考费尔德是美国小说 *The Catcher in the Rye* 中的主人公，也是美国小说中最坚忍和广为人知的人物。这个人物的魅力很大程度上是由于他的脆弱、道德温和的品性以及表面上体现出来的俗气。他就是一个典型的在道德混乱世界里寻找人生意义的青年。

在这个病态的或不道德的世界里寻找真理的人往往对成年人不具有吸引力，但却能感召努力找寻道德世界的青少年。杰希·莫里的小说 *Way Past*

Cool 中的人物就是很好的例子，小说描绘了加利福尼亚城市里的一群年轻人与匪徒和毒品走私者做斗争的故事。这类榜样人物的影响作用，在于使年轻人可以把自己与那些选择并不是总是道德的人加以比较，而他们的努力奋斗反映了个体作为道德人的屈从过程。

五、重点中学政策的隐喻与班级共同体建设

在我国，发展重点中学一直是学校建设中的重要价值倾向。发展重点中学的政策既有较长的历史，也有广阔的发展空间，重点中学的不断发展与延伸，给班级共同体的建设与发展带来了相应的难题。研究者认为，首先应该对我国的重点中学发展过程及价值取向进行历史的分析，通过对其梳理与反思，以便于发现其中的很多对班级共同体发展的不利因素，从而为班级共同体的良好发展与建设提供有价值的信息。

何谓重点？《现代汉语词典》解释为"同类事物中的重要的或主要的"。因此，重点中学也即同类学校中重要的或主要的学校，在现实学校中则主要体现为前者即为"重要"的学校。既然是重要的学校，也就意味着它在发展中享受同类学校所特有的优惠政策和条件，也正是这些优惠政策和条件使得同类学校中其他学校失去了应有的办学资源，出现了两极分化现象，也就形成了少数重点学校与多数薄弱学校共存的局面，进而也引发人们对教育公平的思考。

（一）重点中学发展的历史考察

1. 重点中学政策的提出阶段

新中国成立以后，百废待兴，各行各业都需要进行改革、改造，教育也不例外。《共同纲领》中指出要建立"民族的、科学的、大众的教育"。当时的教育方针即"为工农服务，为生产建设服务"。随后中央人民政府于1951年10月颁布了《关于改革学制的决定》，奠定了新中国学制的基础。这些都没有明确体现办重点中学的思想，但在对教育工作的评价中，已经看到教育

第三章 班级共同体：班级管理模式的创新

工作中存在的缺点和不足，认为"教育缺乏计划和远见，与经济发展不够协调，盲目冒进，在扫盲和小学教育中，注重了数量忽视了质量"。因此，1953年5月，中共中央政治局举行会议讨论教育工作，毛泽东提出、会议决定"要办重点中学"。这是最早提出要办重点中学的思想。同年6月，教育部在北京召开了第二次全国教育工作会议，提出了《关于有重点地办好一些中学与师范学校的意见》，这是最早关于办重点中学的政策文件。从此也就开始了重点中学的实践与探索。

2. 重点中学的建设阶段

1962年12月，教育部发出了《关于有重点地办好一批全日制中小学的通知》，要求各省、市、自治区选定若干所中学，"基础好的地区可以多一些，基础差的地区可以少一些。"在这一政策影响下，很多省、市、自治区都迅速办了一些重点中学，致使非重点中学特别是半工半读、半农半读的农村中学大幅度下降，1960年农业中学最高时达到22597所，在校生230万人。1962年锐减至3715所，在校生26万人。❶ 由于重点中学都非常关注升学率，因而就开始了学校之间的竞争，导致学生的课业负担非常沉重。1964年3月6日北京铁路二中校长魏莲一向中央写信，反映了中小学生负担十分沉重的问题。毛泽东在这封信上批示："现在的学校课程太多，多学生压力太大，讲授又不甚得法。考试方法以学生为敌人，举行突然袭击。这三项都是不利于培养青年们在德智体诸方面生动活泼地主动地得到发展。"❷

3. 重点中学的停滞与恢复阶段

20世纪70年代，由于"文化大革命"的影响，出现了学校即社会、学校即工厂、学校即农厂的现象，使学校放弃了知识的传授，放弃了学术的标准，放弃了对人进行真善美的教育，致使学校几乎走向了崩溃的边缘。20世纪70年代末以后，经过十年"文革"的洗礼，又需要重新认识党和国家的教育方针和政策，需要确立新的教育思想、教育政策和教育制度，以补救"文革"十年对人才培养的损失。为了多出人才、快出人才，邓小平明确提出

---

❶ 袁振国. 论中国教育政策的转变：对我国重点中学平等与效益的个案研究［M］. 广州：广东教育出版社，1999：28.

❷ 转引自：袁振国. 论中国教育政策的转变：对我国重点中学平等与效益的个案研究［M］. 广州：广东教育出版社，1999：28.

"办教育要两条腿走路，既注意普及，又注意提高。要办重点小学、重点中学、重点大学。要经过严格考试，把最优秀的人集中在重点中学和大学"。❶ 1978年1月，经国务院批准，教育部颁发了《关于办好一批重点中小学试行方案》，指出："切实办好一批重点中小学，以提高中小学的质量，总结经验，推动整个中小学教育革命的发展。"

4. 重点中学的大力发展阶段

1980年7月28日至8月4日，教育部在哈尔滨召开了全国重点中学工作会议，讨论修改了《关于分期分批办好重点中学的决定》（以下简称《决定》）。同年10月，经国务院批准，教育部颁发这个《决定》。《决定》在指出重点中学所存在问题的同时，更进一步地肯定了重点中学的积极作用，认为重点中学有助于更快更好地培养人才，能够起到示范作用，能够进一步推动社会主义现代化建设等。1983年8月，教育部在《关于进一步提高普通中学教育质量的几点意见》中，重申了办好重点中学的必要性，并提出，重点中学应"成为模范地贯彻党的教育方针，教育质量较高，具有示范性、实验性的学校。重点中学应逐步成为本地区中学开展教育、教学研究活动的中心"。

5. 重点中学发展的新阶段

20世纪90年代重点中学又有了新的发展，1995年国家教委发出《关于评价验收1000所左右示范性普通高级中学的通知》，提出根据有计划、有步骤、分期分批建设的原则，将于1997年前后分三批评估验收1000所左右示范性高中。虽然没有提重点中学的概念，但其本质是一样的，再次强调了办好重点中学的思想。

（二）重点中学发展的现实争论

经过50多年的发展变化，重点中学一直在曲折中前行，发展至今，人们开始对重点中学产生了质疑，于是也就引起了关于重点中学应不应该办的争论。出现了支持者与反对者，支持者认为，重点中学应该继续发展下去，而且应该加大发展的力度，比如，傅禄建提出《应当办好重点中学》（《教育参

---

❶ 邓小平文选［C］（第二卷）．北京：人民出版社，1994：40.

第三章 班级共同体：班级管理模式的创新

考》1996年第一期），方勋臣《重点中学可以休吗？》（《教育参考》1996年第二期），王厥轩《重点中学还是要办好》（《教育参考》1996年第三期），吴兆宏《重点中学现象还将延续》（《教育参考》1996年第三期）。反对者有之，比如，钟启泉《"重点校"政策可以休矣》（《教育参考》1996年第一期），张华《"重点学校"的消亡与"特色学校"的回归》（《教育参考》1996年第二期），钟启泉《再论"重点校"政策可以休矣》（《教育参考》1996年第三期），钟启泉《三论"重点校"政策可以休矣》（《教育参考》1996年第四期），邓志伟《重点校政策的病理分析》（《教育参考》1996年第四期），张炳元《"重点学校"及其政策理应成为历史》（《教育参考》1996年第五期）等。持续了半年之久的论争可谓精彩纷呈，也进一步促进了人们对重点学校的认识与了解，从而做出理性的思考，同时也为教育行政部门提供了制定相应政策的理论基础。

双方都从不同层面论证了各自的观点，研究者对上述争论进行了梳理。支持者认为重点中学之所以存在有其必然性。

第一，是培养优秀的具有适应社会发展能力、潜力人才的需要。重点中学集中了各地区优秀的师资，具有丰富的教育资源，能够满足一部分精英人才的需求，也能够为国家培养一批高精尖的人才，是早出、快出人才的一条捷径，无疑具有重要的现实意义。

第二，事物的发展总是不平衡的，不平衡是必然的。社会的发展总是有差异的，不可能是一致的、均衡的。学校的发展也不可能同步，它也会在一定时间、一定条件下侧重于某一方面的发展，然后倾向于另一方面的发展，总会有好学校与差学校之分，也总会有重点学校与一般学校之别，最后求得整体的提高。因此，重点学校的高质量能够带动一般学校教育质量的提升。

第三，适应了社会分工发展的需要。一个国家、一个社会的发展需要有不同的社会分工，社会分工的发展总是要求进行不同类型、不同层次的教育和培训，而重点学校则能够为社会培养更高层次的人才，也能够培养不同类型的复合型人才。

第四，重点中学有助于优化教育资源，使有限的教育资源实现其价值利益的最大化。由于我国现在还处于社会主义初级阶段，还属于发展中国家，教育资源相当有限，不能够满足教育的发展需求，还不可能使教育走向均衡化与均等化，只能使一部分学校先发展起来，然后通过他们先进的办学思想、办学经验、办学模式去影响其他的一般学校，从而使所有学校都能够获得整体上更好的发展，进而提高整个国家的教育质量。

第五，也适应了国际教育发展的潮流。世界上很多发达国家也办起了重点学校，如美国的布朗克斯理科中学，宗旨是"对一批天资比较聪明的孩子，从小给予专门的训练，以充分发挥他们的智力，使他们早日成为出色的科学人才"。还有法国的路易十四中学、日本的东京国际高中，都属于世界一流的"重点中学"。即使在一些发展中国家里，也存在着类似的重点中学，朝鲜民主主义共和国的第一高等中学，其"培养目标是向大学输送全面发展的优秀学生，树典型，创造经验，带动一般高等中学"，等等，可见创办重点中学是与国际教育发展相接轨的。

第六，满足了不同家庭对子女接受不同教育的需求。社会上由于每个家庭的经济、文化背景的差异，他们对教育的需求也是有差异的，他们可以根据自己的实际情况选择不同的教育，这在某种意义上也适应了市场经济发展的需要。

上述理由可谓合情合理。当然，反对者也提出了情真意切的观点。

第一，重点中学培养了一定数量的优秀人才却是以牺牲绝大多数学校绝大多数学生为代价换来的。由于大批的优秀教师都被送进重点中学，大量的教育经费被重点中学"瓜分"，使得一般学校失去了应有的教育师资和经费，最终导致少数学校的"富有"和绝大多数学校的"贫穷"，这使本来就不平等的教育又进一步被人为地拉大了差距，由此带来的不仅是学校之间的"贫富"不均，更多的是对教育"产品"带来极大的伤害，使得教育公平在法律面前显得那么虚伪。

第二，重点中学根本没有起到示范的作用，相反它在某种意义上却起到失范的作用。多年来，人们一直期待着重点中学能够为一般中学带来示范作用，即重点中学用自己先进的办学理念、有效的办学目标、科学的办学机制和良好的文化氛围去影响和带动一般学校的发展。其实，现实并没有想象的那么美好，这最多也只是办重点中学人的一厢情愿，因为他忽略了学校之间的根本差异性，一般学校在办学人力、物力、财力及文化底蕴等方面都与重点中学有质的差别，所以，重点中学的那一套办学思想、模式很显然不适应于一般学校。而在教育的失范行为方面重点中学却起了带头作用，也即重点中学之间的"高升学率"的竞争导致了所有学校之间的"唯升学率"的竞争，致使学校教育对人的身心发展产生了一定的负面影响。

第三章　班级共同体：班级管理模式的创新

第三，重点中学政策不符合《中华人民共和国教育法》的基本精神。1995年9月1日开始实施的《教育法》第一章第九条规定："公民不分民族、种族、性别、职业、财产状况、宗教信仰等，依法享有平等的受教育机会。"第五章第三十六条规定："受教育者在入学、升学、就业等方面依法享有平等权利。"重点中学的存在无疑使学生失去了享有平等接受教育尤其是优质教育的机会，它只是使少部分人能够享有该权利，很显然是对《教育法》的蔑视。在我国进行依法治国的今天，在我们倡导依法治教的今天，在人人享有平等权利的法的面前，我们还能够允许这种人为造成的不平等的教育存在吗？

第四，重点中学不是使教育资源得到优化，相反却是造成了教育资源的垄断。社会历史发展的规律告诉我们，垄断是特定历史时期的产物，是生产社会化程度不高，社会市场机制发育不够健全，法制建设不够完善所产生的结果。而且垄断带来的是市场发展的不合理竞争和无序性竞争，它也不可能给社会带来更大的发展空间。所以，重点中学所产生的教育资源的垄断也不可能使教育资源得到优化，而更多的是使教育资源产生有形和无形的浪费，并进而导致教育发展的低水平和低层次。

第五，国际上根本不存在"重点中学"现象。在当今发达国家，作为公立的基础教育学校，包括作为义务教育阶段的小学、初中和作为准义务教育阶段的普通高中，都不存在"重点中学"。这是他们的义务教育制度所不容许的，也是负有纳税义务的公民所不容许的。尽可能地均等分配教育资源乃是改革教育政策的基本原则。

第六，满足了不同家庭对教育的不同需求也只是虚伪的谎言。作为任何一个健康的社会人，任何一个家庭，他们都希望获得优质的教育资源，他们也都希望接受良好的教育。没有一个人，也没有一个家庭希望自己孩子只能获得差等的教育，即使对富有家庭来说，他们也同样不希望付出更多的代价让自己的孩子去上重点中学，只是因为人为地把教育分成优差之别而被迫为之。所以，作为公共资源的教育是每个家庭、每个孩子都希望获得的，政府理应为每个家庭提供相对公平的享有教育资源的环境。

上述争论表明，重点中学政策与实践隐含着教育的不公平、不平等，这样的不公平、不平等现象进一步延伸到教育很多方面，致使教育中很多问题难以解决。同时，这一过程中也体现出教育伦理道德问题，没有能够把教育资源的公共性、公益性真正地体现出来，这种教育中伦理道德行为的存在无疑给教育的有效发展及公平发展带来了极大的障碍。而班级共同体所内含的价值取向却与之恰恰相反，班级共同体更多的是要求班级教育的公平、合理、平等，要求班级中体现出伦理的价值和道义的色彩，进而实现让学生去过一种有道德的生活。所以，重点中学政策与实践更多地带有历史的局限，它能够满足特定时期教育发展的需求，但随着社会的不断进步，教育发展整体水平的不断提升及人的思想意识的不断改进，这种局限已越来越明显，它与我们教育改革发展的大趋势已出现了很多矛盾的地方，尤其是班级共同体作为学校教育变革中的重要思想与行为，已体现出了当前学校教育改革的主流倾向，因此，这种悖论无疑需要我们去更好地解决，以便于为学校教育改革发展提供良好的教育环境与氛围。

（三）重点中学发展的可能倾向

上述分析，也给我们思考重点中学发展的趋向提供了一个大致的方向，或者说，通过上面的分析也提供了一种内在的价值取向。中学教育是基础教育，重点中学也同样如此。那么，什么是基础教育呢？1974年联合国教科文组织在内罗毕召开的高级教育计划官员讨论会上提出："基础教育，是向每个人提供的并为一切人所共有的最低限度的知识、观点、社会准则和经验。它的目的是使每一个人能够发挥自己的潜力、创造性和批判精神，以实现自己的抱负和幸福，并成为一个有益的公民和生产者，对所属的社会发展贡献力量。"❶《教育的使命——面向二十一世纪的教育宣言和行动纲领》也指出："每一个儿童、青年和成人都应能获得旨在满足其基本学习需要的受教育机会，基本学习需要包括基本的学习手段（如读、写、口头表达演算和问题解决）和基本的学习内容（如知识、技能、价值观念和态度）。而这些内容和手段，是人们为生存下去、充分发展自己的能力。有尊严地生活和工作、充分地参与发展、改善自己生活质量、明智地做出有见识的决策并能继续学习所需要的。"❷ 这里无疑体现了基础教育中关于人的全面发展观与公平发展观。反观我国基础教育的发展历程，既没有体现全面发展观，也没有体现公平发

---

❶ 谢宁. 面向21世纪的基础教育和民族教育［M］. 北京：气象出版社，1992：33.

❷ 赵中建. 教育的使命——面向二十一世纪的教育宣言和行动纲领［M］. 北京：教育科学出版社，1996：16.

第三章 班级共同体：班级管理模式的创新

展观，而在整个教育中更多地体现为人的片面发展和不公平的发展。重点中学现象即如此。可以说，我们从20世纪到现在一直在做着失败的尝试——人为地制造出不公平的、片面的而又低效的教育。我们知道，基础教育的基本任务在于培养国民的基础素质和掌握基本技能，这是国家提升国民素质的重要途径，是国家实现精神文明和物质文明良性发展的重要基础，也是国家实现现代化、走向腾飞的必要条件。所以我们没有理由再去大力发展重点中学而忽略一般中学的发展与建设，也没有理由再去仅仅关注少数学生的发展而牺牲大多数学生的利益。无疑，重点中学政策已经受到了来自各方面的质疑与挑战。

1. 政策层面

重点中学政策已经开始受到教育政策本身的质疑与挑战。所谓教育政策是指政府在一定时期为实现一定的教育目的而制定的关于教育事务的行动准则。❶ 我们知道，重点中学是新中国成立之后为解决"早出人才、快出人才"而做出的决定，是特定历史时期的产物。因此，随着我国社会主义现代化进程日益加快，国家的教育目的也发生了很大的变化，教育已不再仅仅为政治经济服务，而更多地要求实现人的和谐发展，也不再仅仅追求"早出人才、快出人才"这一功利目的，而更多地关注"多出人才、出好人才"这一现代化发展目标。所以，随着时代主题的发展变化，国家的教育政策自身也应该做出调整，以便于体现出政策的时代特征与特色，也才能够体现教育政策自身的价值与使命。

2. 法律层面

《教育法》第九条规定："公民不分民族、种族、性别、职业、财产状况、宗教信仰等，依法享有平等的受教育机会。"第三十六条规定："受教育者在入学、升学、就业等方面依法享有平等权利。"什么是"平等的受教育机会"呢？什么又是"入学、升学的平等权利"呢？赫梅尔指出："教育机会均等的原则意味着任何自然的、经济的、社会的或文化方面的低下状况，都应尽可能从教育制度本身得到补偿。"❷ 它是目前"全世界所有国家和所有与教育有

---

❶ 吴志宏，等. 教育政策与教育法规 [M]. 上海：华东师范大学出版社，2003：4.
❷ 查尔斯·赫梅尔. 今日的教育为了明日的世界 [M]. 赵惠生，译. 北京：中国对外翻译出版公司，1983：68.

关的人最关心的"[1]教育民主化的核心问题。因此，重点中学的出现致使教育机会均等原则失去了本来的意义，也失去了实践的基础，它也是对"法律面前人人平等"法律精神的蔑视。所以，在我国进行依法治国、依法治教的今天，重点中学政策无疑已经失去了法律的保障，而在法律上不受保障的教育现象还有其生存与发展的空间吗？

3. 价值层面

重点中学政策的价值取向是为国家培养精英人才，这一价值取向也是与我国当时社会政治、经济、文化的发展水平相适应的，更多地体现为一种精英教育。而随着我国综合国力的提升，精英教育已经不能满足社会发展的需要，已经开始由精英教育转向大众教育。那么，培养精英人才的重点中学政策还能够适应并满足大众教育的需求吗？少数精英人才的发展能够带来整个国民素质的提升吗？少数精英人才的发展能够实现国家的现代化发展目标吗？在西方很多发达国家已经实现大众化教育的今天，在他们已经实现国民整体素质提升的今天，我们没有理由再去人为地制造不公平的、低效的教育，再去让不公平的教育重复着"昨天的故事"，始终不能走出这种教育的怪圈。我们理应让纳税人的钱花得其所、花得有效，进而为大众化教育的发展打下坚实的物质基础。

4. 事实层面

重点中学真的能够起到示范作用吗？重点中学质量的提升真的能够带动整个学校教育质量的提升吗？重点中学真的能够有效地培养人才吗？在上文的争论中已经明确指出重点中学不能起到示范作用，也不能带来学校教育质量的整体提升。至于能否有效地培养人才也需要做出反思，在现实中，人们总能够看到某某重点中学升学率名列第一的报道，由此，人们也就认为该中学效益很高，具有非常强的竞争力。但问题是，是因为重点中学的教育使它们具有了特别的竞争力，还是优秀的生源本身具有强劲的竞争力呢？如果没有重点中学，这些学生是不是就不具有较强的竞争力呢？这里的归因可能就不是那么简单，也许并不是重点中学的教育产生了效益，而是优秀生源自身

---

[1] 查尔斯·赫梅尔. 今日的教育为了明日的世界 [M]. 赵惠生，译. 北京：中国对外翻译出版公司，1983：68.

第三章 班级共同体：班级管理模式的创新

的能力使重点中学看上去有效益。换句话说，如果没有重点中学，国家照样能够出现很多优秀的人才，依然会出现很多竞争力很强的佼佼者。事实也告诉我们，重点中学政策真的应该休矣！

因此，在教育改革洪流不断推进的今天，在教育发展更加公平、民主、平等的今天，在我国不断推行依法治教的今天，我们的确没有理由再去人为地制造教育的不平等，再去把教育环境人为地搞得"乌烟瘴气"，使教育环境缺乏其应有的伦理价值，缺少其应有的道德使命。只有在教育大环境本身更加和谐、民主、平等的基础上，我们学校教育发展与完善才可能有生命力，班级共同体的实施与实践才有其可能性，班级共同体的内在价值要求才能够得以在教育实践中不断发扬光大，公平、平等的教育及教育的公平与平等才会获得应有的发展空间，伦理的教育及教育的伦理也才可能随之在教育实践中出现，有道德的教育及教育的道德使命也才可能在实践中真正地实现。

第四章　班级再造：班级管理智慧的生成

> 班级管理智慧是智慧型班主任的智慧所为。智慧型班主任应该有什么样的教育思想与行为？智慧型班主任在教育实践中应该有什么样的态度？对智慧型的班主任而言，至少应该在班级智慧场域中学会激励、学会表达、学会创新、学会思维、学会挑战、学会管理、学会表扬以及学会"游戏"等。相信，班主任若能在教育实践中把握这些因素，并能够在实际中把这些思想、行为付诸实践，就能够对学生的良性发展及班级教育目标的实现起到积极的促进作用，进而实现班级的再造。

一、学会激励：从负面发现走向正面启迪

　　班主任的工作是繁忙而又琐碎的，涉及学生的学习、生活、心理、情感等，而班级学生则是个性各异、千差万别的，这就必然要求班主任在工作中要尽可能地去发现、认识、理解每一个学生，这种发现、认识与理解不仅仅是表面的，而更应该是深层次的，也就要求每个班主任要能够真正地走进学生的内心世界。但在我们的现实班级教育管理实践中，很多班主任则更多的是没有能够做到去真正地理解学生并走进他们的内心世界。不仅如此，班主任反而从学生的反面去认识他们，也即班主任更多地成了一个学生发展的负面发现者，经常会说学生学习不好、不守纪律、不能够适

应新环境、心理脆弱等，并且会对学生某个方面的负向因素进行夸大，以至于以点带面、以偏概全，甚至可能会因此而把学生视之为所谓的"差生"。反之，作为班主任，如果能克服负面发现的弊端，从正面去观察、认识和了解学生的话，则可能会有很多新的发现，甚至可能会给班级管理带来新的气息和新的创造。

我们先来看看下面这个小故事，或许能给班主任上述不良行为的改变带来些许省思。

在一个大厅里有许多艺术家。

他们被邀请评判这场全国性的艺术节收到的来自全国三千多件艺术品。

厅很大。

门很大。

进进出出的人很多。

有一个小孩经过这里。他想看看热闹。

他手中提着一个刚买回来的生日蛋糕。

蛋糕是他爸爸要他提回来的。

他提着蛋糕进了艺术品评判大厅。

人很多。

人很挤。

他怕蛋糕被挤坏，于是他想现在还早，再看会儿没关系，于是他把蛋糕放在靠门的角落里，等到回家时再提走不迟。

厅内艺术品太多太多。

他看得眼花缭乱，心随景变。

半个小时后，看的人越来越多。

于是，保安开始维持室内秩序。

许多无证件的人被请了出去。

小孩也被吼出去了。

他早已把生日蛋糕的事忘到九霄云外了。

此时，室内的保安在门角处看到一蛋糕盒子便用脚踢了一下，走开了。

后来，评审员在门角处发现了蛋糕。

奇怪的事出现了。

班级管理新思维

　　他们没想到这蛋糕是小孩遗忘在这里的。
　　他们还以为它也是送来参加艺术品评判的。
　　他们把蛋糕盒小心地打开。
　　他们看到了被踢了一脚的蛋糕。
　　于是他们惊奇这与众不同的蛋糕。
　　专家发表评论。
　　众评论员附和。
　　很快,这盒被踢了一脚的蛋糕成为这次艺术节的特等艺术品,而且被拍了不同角度的艺术照。
　　等到小孩再来时他却被门卫撵走了。
　　没有人会相信小孩说的"胡言乱语"。
　　这很明显,这群艺术评判员是采取了正面发现的眼光看待问题。

　　也许这个故事在我们现实生活中是不存在的,它却告诉我们一个哲理:即我们要用正面的眼光去看世界。如果真能够如此的话,在我们的生活中则可能会有更多的新发现。故事中被踢了一脚的蛋糕居然能够成为一件艺术品,其实,它可能未必真的是一件艺术品,但它为制造一件艺术品提供了一个新的视角、新的思维。当然这个故事到此还未结束,那个小孩瞅准机会溜进大厅把蛋糕提走了,回家后,家中正等着吹生日蜡烛呢,小孩的父亲把蛋糕盒子打开,看到被踢得不成形的蛋糕,火从心起,顺手给了孩子一巴掌,口中还骂骂咧咧。可见,孩子的父亲则是从负面去认识该问题的,结果自然也就不同了,但两种结果带给孩子的则是两种不同的精神"享受",而这两种不同的精神"享受"可能会给孩子带来不同的发展契机和空间。

　　反观我们的班级教育管理,我们则更多地发现班主任在采取负面发现的眼光去看问题,把学生视为"病人""犯人"及"敌人",更有甚者则把学生当成"非人",即把学生看作是被动接受知识的"容器",教育所面对的对象是活生生的"人",如果把对"物"的生产与对"人"的发展的要求一致化、统一化的话,很显然,人在某种意义上也就变成了毫无生机活力、死气沉沉、没有任何创造性可言的所谓的"物"了,也即"非人"教育的出现。其实,班主任这种教育管理则是一种缺乏宽容心的教育行为,它总是把学生当作必

第四章 班级再造：班级管理智慧的生成

须要严加管束的对象，以防止他们产生错误行为，并且给其设定严格的行为界限，不容许其逾越一步，如果学生行为失范或者行为没有达到规定的要求，班主任则可能采取严厉的惩罚措施。班主任这种严防学生错误的行为，表明学生好像天生就是具有不少毛病的人，如果不加以救治就会走上歧路。这种救治心态导致对学生的过分苛刻和严厉，导致对他们的过分监督和控制，也必然会使学生在班主任的控制之下而不敢有所创造和发展。表面看来，救治心态的教育观好像是为了学生的发展，其实是其教育权力意志在班级教育管理中的体现。同时，班主任的这种教育管理也是一种缺乏教育智慧的表现，研究者认为，在我们的班级教育管理中，所有对学生错误的惩罚和苛刻，都是在这种救治心态的"口实"中进行的；任何对其的惩罚都可以在这种心态的掩饰下找到合理的理由。所以，我们在班级教育管理中，应该充分地认识到学生比老师更具有犯错误的权利，他们在思想、表达、行动、想象等方面自由地尝试和探索，也必然会出现错误，他们也正是在自己的错误中不断学习和成长，错误给予了他们一种尝试的机会，使他们在错误中逐渐具有了反思的体验。因此，错误是锻炼学生理性能力的一种方式，是他们自由创新的必要步骤，作为班主任必须给予充分的关注，给予正面的认识。这样，才会使学生获得更大可能的发展。

然而，在班级教育实践中，我们缺乏的则是班主任的这种正面教育行为，缺乏的是班主任这种正面发现学生的眼光。正如诗人顾城所言：黑夜给了我黑色的眼睛，我却用它来寻找光明。这里体现出了一种积极的正面发现的心态。班主任在班级教育实践中更应该进行的是这种教育和管理，因为每个学生都是一个活生生的鲜活的生命个体，都有着自己丰富的精神世界，也有着与他人不同的人生观、价值观和世界观，若班主任采取一种专制式的班级管理方式，以一种压制、规训及控制的行为对待每一位学生，看不到学生的优势与特长，看不到学生积极乐观向上的一面，而更多地对学生百般挑剔，这种班级教育管理肯定不会给学生带来精神上的解放与快乐，学生可能更愿意把这样的班级视为桎梏自己发展的"藩篱"，在"藩篱"中挣扎而看不到自我超越之径。不仅如此，学生还会在这种学习中逐渐产生对专制者的权威崇拜，导致学生丧失自我，丧失自由，不能过一种自由的生活，也不能过一种有意义的生活，正如德国教育家雅斯贝尔斯所言："假如学校里游荡着权威的幽灵，对此学生也不反抗的话，那么，权威的思想将深深地印在他们稚嫩可

| 班级管理新思维

塑的本质里，而几乎不可变更。将来这样的学生在下意识里只知道服从与固执，却不懂得怎样自由地去生活。"❶ 这固然不是班级教育的真正价值追求，也不应该是班主任的教育所为。但它在我们的班级教育实践中却又大量地存在着，难道不应该引起我们的反思吗？

其实，上述教育思想和行为的发生，都与班主任更多的是一个班级教育管理负面发现者的身份紧密相关，正是由于班主任这种身份的存在及影响，他会在班级教育管理中处处设防，会以一种专制的教育思想和行为去对待学生，会因为学生一点点小的不好行为而莫名其妙地在班级发火甚至是愤怒，人为地制造班级的紧张氛围，学生生活在这种环境中则是整天提心吊胆，唯恐哪地方做得不好或不够好而受到班主任的"虐待"，这就人为地造成了班主任与学生之间的紧张关系，进而导致班级教育是一种缺乏爱的教育，是一种缺乏情感的教育，一旦教育没有了爱、没有了情感因素的渗入，教育也就失去了其应有的意义及价值，也就不可能成为给人的思想以自由天性启迪的活动。所以，通向学生幸福成长的班级，其教育管理行为应该是清新、快乐、欢畅的，那种严厉的纪律、残酷的惩罚、不通人性的强迫只会使人堕落和麻木，只会摧毁学生积极创造生活的热望；那种对学生的歧视和压制，只能养成他们不正义的行为态度和方式；班级中的那些不人道的训练，只能养成学生的怯懦、屈服、虚假和奴性，与精神的教化背道而驰。

班主任以一个班级教育负面发现者的身份出现，无疑已把班级变成了地地道道的心灵"监狱"，学生的身心在其中受到无情的摧残，致使他们不是去面对美好生活的教导，而是面对苛刻、恐怖和残酷；不是去得到心灵的陶冶，而是养成固执、残忍和暴虐的性格；不是去学习生活的真正的智慧，而是学会了服从、盲信和狡诈。因此，班主任唯有改变这种教育行为，以一个班级教育正面发现者的身份出现在班级学生面前，给学生以精神启迪与教化，去尊重学生的权利、尊重学生的自由、尊重学生生命的价值和尊严，去创造一种支持性的、鼓励性的教育环境和氛围，使学生在这样的教育环境中正确地发现自我、认识自我、寻回自我。这样，才能够实现学生更好地发展，才能够使每一个学生对未来的生活抱有美好的想象，才能

---

❶ 雅斯贝尔斯. 什么是教育 [M]. 邹进, 译. 北京：生活·读书·新知三联书店, 1991: 56.

第四章　班级再造：班级管理智慧的生成

使他们自由地构想如何选择自己的价值生存，才能承担自己行动的后果和责任，最终使他们成为一个具有理性精神的人。

二、学会表达：从话语霸权转向平等对话

话语权是每个社会人在法律社会中所拥有的基本权利，只要是正常生活在社会中的人都应该有平等的话语权，都应该有通过话语表达来达到满足自我内心感受、体现自我行为内涵、实现自我个人意愿的权利。教育作为一种社会现象或行为，它的实现在一定意义上也需要借助于师生双方话语的交流与沟通来完成。既需要班主任教学语言的传递与感染，也需要学生学习语言的参与和渗透，缺少任何一方的介入，我们正常的教育或教学都是不完善或完美的，甚至我们正常的教育也是很难发生的。但是，在我们的现实教育中，却存在话语权分配不均衡的现象，或者说是话语权被班主任独占的现象，由于我们的教育奉行着"教育以学校为中心，学校以教师为中心，教师以教学为中心，教学以教授为中心"的观念，教师是课堂教学中的绝对权威，"基本上是让教师充当着文化传统的传递者角色，而学生或儿童则扮演着'老人智慧'之被动的、驯服的接受者角色"。[1] 在这种教育观影响下，学生始终处于被动的弱势群体地位，班主任成为话语霸权的占有者，学生的积极性、主动性和创造性受到压制，自身潜能得不到挖掘，也不能实现主体人的真正价值。

对班主任而言，除了在课堂教学中拥有话语霸权之外，在班级管理中更是如此，处处体现出班主任所具有的话语权威，比如某中学一位班主任在校门口偶然碰上本班一位未请假准备回家的学生：

班主任：（吆喝）嗨，你过来！
学　生：（不快地）干吗？
班主任：（责问）你上哪儿去？

---

[1] 大卫·杰弗里·史密斯. 全球化与后现代教育学[M]. 郭洋生, 译. 北京：教育科学出版社, 2000：157.

班级管理新思维

  学 生：（不耐烦地）回家，家里有事。
  班主任：（生气地）你请假了吗？
  学 生：（抵触、不满地）没见到您。
  班主任：（恼怒地）你瞧你这态度，还倒有理了。
  学 生：（委屈地）我怎么了？

  显然，这位班主任生硬的批评引起了学生的抵触和不满。在师生你来我往的问答中，火药味越来越浓。倘若这位班主任不采用居高临下、咄咄逼人的责问方式，不是以班主任话语权的态势责怪学生，而是从关心的角度，以委婉的语气了解学生此时回家的原因，然后教育学生应当履行请假手续，师生之间的对立和矛盾冲突也许就不会发生。

  当然，还有些班主任把自己的话语权用到了极致，只许自己在课堂说话而不给学生任何说话的机会；否则，学生将会受到较为严厉的惩罚或受到较深的心灵伤害。例如，一个题为《顶嘴》和《胶带封嘴》的故事则告诉了我们全部。

顶 嘴

  我和姐姐是双胞胎，都上一年级，在同一个班级，平时几乎不讲英语。有一天，老师问姐姐一个问题，姐姐没有理解题意，于是就没有回答。老师因此就叫她"哑巴"。我很生气，回了一句，告诉老师姐姐没有明白问题的意思。老师感觉我在顶嘴，就把我带到洗手间，用肥皂洗我的嘴巴。从此，我再也没有回答过她的问题。但现在想来，我仍感到受伤害。令我不能理解的是，她为什么不试着理解我们，我们可是坐在教室的最后一排啊。

胶带封嘴

  上四年级时，我遇到的老师刚从大学毕业。她上课时禁止我们说话。一次听课的时候，我突然有些地方不明白，于是就问旁边的同学。老师见状，严厉地把我叫到讲台前，猛地将一个又大又宽的胶带贴在了我的嘴上。那一刻，我的眼泪哗地流了下来，我从未感到如此受侮辱。放学后，所有的学生都取笑我。

第四章 班级再造：班级管理智慧的生成

我们知道，语言是本体存在的重要形式，语言能够把一切东西界定清楚，规定明晰。在教育中，更能够体现语言的价值功能，班主任在运用语言传递文化知识的同时，语言也变成了对学生的一种控制。正如美国学者邓金所言："一旦人们学会并使用某种语言，这种语言便会赋予人们的生活经历以一定的结构性。从这一意义上讲，是语言在替人说话（而不是人在说语言），语言为讲述者提供一套特定的术语，让讲述者用来表达自身经历的意义，而且是其他术语无法表达的意义。"[1] 因此，作为班主任应该改变语言的表达方式，给学生以更多的表达自我、发展自我的机会，而改变班主任语言表达方式比较关键的因素包括以下几点。

首先，要打破"教师中心论"的观点。班主任自身应放平心态，不要以高傲的姿态去面对自己的学生，要能够在实践中深入学生群体，与学生一起实现对很多问题的认识与分析，让学生真正感受到老师的平易近人、和蔼可亲，而不是把学生拒绝于千里之外。所以，班主任应深深地认识到自己的威信来源于自身的知识、才能、人格、情感及对学生无条件的尊重与信任，因此"在教师与学生的反思性关系中，教师不要求学生接受这一权威；相反，教师要求学生延缓对那一权威的不信任，与教师共同参与探究，探究那些学生正在体验的一切。教师同意帮助学生理解所给建议的意义，乐于面对学生提出的质疑，并与学生一起共同反思每个人所获得的心照不宣的理解"[2] 这样一来，学生不致被抛弃，而班主任在思想上和行动上不致患僵化症。

其次，要建立师生对话机制。在传统教育教学中，班主任成为知识的传授者，由于知识传授方式的僵化、单一，导致师生之间是一种理性的、专制的、单向的交流，班主任无疑成为话语霸权的占有者，而学生只是被动地接受教导和训斥的工具。因此，在现实的教育教学中要推行班主任与学生的对话，通过对话增进师生之间知识、情感及心灵的交流与沟通，从而能够使班主任与学生围绕具体的问题情境，在各自不同的立场上给出自己的思考，通过沟通最终达成和解。对话关系有助于使班主任和学生发展起一种富有建设性的批判意识和民主气氛，有助于班主任超越单一视角，以广阔的背景来解

---

[1] 邓金. 解释性交往行动主义：个人经历的叙事、倾听与理解 [M]. 周勇, 译. 重庆：重庆大学出版社，2004：101.

[2] 多尔. 后现代课程观 [M]. 王红宇, 译. 北京：教育科学出版社，2000：135.

读问题情境，从而从各种权力话语的潜在影响中解放出来。

最后，要凸显学生的主体性。这就要求班主任要有"人"的意识和信念，一方面要使自己有独特而真实的表现，以富有人性的力量感召学生；另一方面要把学生当作有血有肉富有情感，更有独特个性和巨大创造性的个体对待，给学生以最大限度的尊重与关怀，这样才能够使学生充分认识到自我的价值与尊严，也才能够自信地最大限度地去挖掘自身的潜能，从而实现个体的良性发展。当然，我们也应该看到当前的教育更加强调制度化，加之升学应试竞争的激烈，学生应成为有尊严、有人格的人的价值观更是越来越模糊，他们常常得不到班主任的尊重和理解，得不到班主任在言行和态度上的平等相待，处于被动和劣势地位。这是非常不利于体现学生主体性的，这也是当前素质教育和基础教育课程改革内在要求所不允许的。因此，班主任的角色职能应做重新调整和定位，班主任应关心、尊重学生，应突破"传道、授业、解惑"的框架，由传统知识的传递者变为学生学习的帮助者、促进者和启发者，"从'独奏者'的角色过渡到'伴奏者'的角色，从此不再主要是传授知识，而是帮助学生去发现、组织和管理知识，引导他们而非塑造他们"❶。

美国学者林格伦告诉了我们一种判定你是否是"教师中心论者"的方法，它在一定程度上也有助于你更好地认识自己，认识到自身存在的不足，进而有助于改变自己的话语表达方式，使自己不再是一个话语权的占有者，而是一个能够与学生站在同一个平台上平等对话的真正意义上的教育者、引导者和启发者。

如果要判定一个人是学生中心论者，还是教师中心论者，可阅读下列关于学习的假设，并用5分制来表示自己的同意程度，5分表示坚决同意，1分表示坚决不同意。

（1）儿童生来就是好奇的，在没有成人干预的情况下，他愿意探索周围的环境；

（2）儿童的探索行为是自我坚持的；

（3）假如儿童的心里没有受到威胁的话，他们会自然而然地显示出自己

---

❶ 国际21世纪教育委员会向联合国教科文组织提交的报告. 教育——财富蕴藏其中［Z］. 联合国教科文组织总部中文科，译. 北京：教育科学出版社，1996：136－137.

第四章　班级再造：班级管理智慧的生成

的探索行为；

（4）自信是与学习能力、与影响一个人做出重要学习选择的因素有极大关系的；

（5）在一个丰富的、能提供大量操作材料的环境中的主动探索，将促进儿童的学习；

（6）在儿童早期，游戏不能与占优势的学习模式明显区别开；

（7）儿童对他们的学习既有能力也有权利采取重要的决定；

（8）如果让孩子们在学习材料的选择上有更大的自主权，学生就更有去学习的可能；

（9）如果有机会，孩子们将选择进行他们最有兴趣的活动；

（10）如果孩子们完全卷入一种活动并从中感到乐趣，学习就发生了。

如果你对以上问题的记分是40分以上，你就是一个学生中心论的支持者；记分若低于20分，就标志着你更倾向于教师中心论。❶

看看你自己是一个"教师中心论者"还是"学生中心论者"，若是前者，作为班主任的你又会做何打算呢？

三、学会创新：开启自我心智模式

教育是把双刃剑，它具有培养或压抑创新精神的双重力量，现代教育理念呼唤创新教育，关注学生创造意识的增强与形成，力避"压抑"之刃而磨砺"培养"之锋，力求回归教育之本源，实现教育本真的价值诉求。但由于长期深受传统教育思想的影响，班主任在实施班级教育管理的过程中，被禁锢、束缚、压抑得太多，接触新东西的机会并不多，即使接受了新的东西也放不开，教育思想、方法、手段则处于相对关闭或封闭状态，教育、教学及管理的思维模式呈现程序化、模式化、定型化，没有实现对自我发展与完善的超越，更没有做到对班级教育管理水平与质量的超越。

---

❶ 林格伦. 课堂教育心理学［M］. 章志光，等，译. 昆明：云南人民出版社，1983：408-409.

下面是几个关于心智训练的问题，通过对这些问题的回答，你可以体会到心智模式到底应该是什么。

1. 在荒无人迹的河边停着一只小船，这只小船只能容纳一个人。有两个人同时来到河边，两个人都乘这只船过了河。请问：他们是怎样过河的？

2. 篮子里有4个苹果，由4个小孩平均分。分到最后，篮子里还有1个苹果。请问：他们是怎样分的？

3. 一位公安局局长在茶馆里与一位老头下棋。正下到难分难解之时，跑来了一位小孩，小孩着急地对公安局局长说："你爸爸和我爸爸吵起来了。"老头问："这孩子是你的什么人？"公安局局长答道："是我的儿子。"请问：这两个吵架的人与公安局局长是什么关系？

4. 已将一枚硬币任意抛掷了9次，掉下后都是正面朝上。现在你再试一次，假定不受任何外来因素的影响，那么硬币正面朝上的可能性是几分之几？

5. 有人不拔开瓶塞，就可以喝到酒，你能做到吗？（注意：不能将瓶子弄破，也不能在瓶塞上钻孔。）

6. 抽屉里有黑白尼龙袜子各7只，假如你在黑暗中取袜，至少要拿出几只才能保证取到一双颜色相同的袜子？

请认真思考后，对照以下答案：

1. 很简单，两人是分别处在河的两岸，先是一个渡过河来，然后另一个渡过去。对于这道题，你大概"绞尽了脑汁"吧？的确，小船只能坐一人，如果他们是处在同一河岸，对面也没有人（荒无人迹），他们无论如何也不能都渡过去。当然，你可能也设想了许多方法，如一个人先过去，然后再用什么方法让小船空着回来，等等。但你为什么始终要想到这两人是在同一岸边呢？题目本身并没有这样的意思呀！看来，你还是从习惯出发，从而形成了"思维嵌塞"。

2. 4个小孩一人一个。对于这一答案你可能不服气：不是说4个人平均分4个苹果吗？那篮子剩下的一个怎么解释呢？首先，题目中并没有"剩下"的字眼；其次，那3个小孩拿了应得的一份，最后一份当然是最后一个孩子的，这有什么奇怪呢？至于他把苹果留在篮子里或拿在手上并没有什么区别，反正都是他所分得的，不是吗？

第四章 班级再造：班级管理智慧的生成

3. 公安局局长是女的，吵架的一个是她的丈夫，即小孩的父亲；另一个是公安局局长的父亲，小孩的外公。有人曾将这题对100人进行了测验，结果只有两人答对；后来对一个三口之家进行了测验，结果父母猜了半天拿不准，倒是他们的儿子（小学生）答对了。这是怎么回事呢？还是定式在作怪。人们习惯上总是把公安局长与男性联系在一起，更何况还有"茶馆""老头"等支持这种定式。所以，从经验出发就不容易解答。而那位小学生因为经历少，经验也少，就容易跳出定式的"魔圈。"

4. 二分之一，这道题本来很简单。硬币只有两面，不要说任意抛10次，就是任意抛掷1000次，正面朝上的可能性也始终是二分之一，不会再多，也不会再少了。对这道题，如果没有上题的那种定式在作怪，一般马上就可以说出答案来。

5. 可以将瓶塞压入瓶内。在多数情况下，人们总是拔开瓶塞后才喝酒的。但是，也可以将瓶塞压入瓶内，不过，只是人们不常这样做罢了。

6. 3只，这也是一个简单的问题。有人曾用这道题去考4名大学生，其中居然有3人回答说，至少要拿出8只，才能保证取到一双颜色相同的袜子。这个问题的关键是"相同"与"不同"。取一双颜色相同的，答案是3只；取一双不同的，答案才是8只。那么，既然题只要求取出颜色"相同"的又为什么会产生颜色"不同"的定式呢？这主要是由于题目中"黑白尼龙袜"和"各7只"的影响。

可见，心智模式对思维活动的影响是明显的。由于已有的知识、经验和习惯的束缚，人们在处理一些"似是而非"的问题时就往往囿于旧有框框，致使对很多问题的回答都缺少了一点新意，也缺少了相应创造性的思维。当然，一旦你摆脱了它，你的思维就能闪烁出创造性的火花。

现代寓言《"乌鸦喝水"的新故事》则给了我们关于心智模式的新思考。

有只乌鸦，口渴极了，可是附近没有水，只有一只被丢弃的长颈小瓶里盛有半瓶雨水。乌鸦伸过嘴去，可是瓶口很小，瓶颈很长，它喝不到。于是乌鸦想了一个办法，把一颗颗小石子投进瓶里去，这样，瓶里的水升高了，乌鸦很轻松地喝到了水。

这件事后来被寓言大师伊索写进了寓言，传遍了全世界，乌鸦也因此出了名，自然扬扬得意。

这只乌鸦是个有名的旅游爱好者。有一次，它飞到一个村庄去看热闹，这儿正发生干旱，溪水完全干了，田里开了裂缝。它渴极了，可是四处找不到水喝。忽然，它在村子后面发现了一口井，低头往里一看，井口小，井很深，但井底有水，模模糊糊地映照出它站在井口上的身影。

它试着想飞下去，可几次都碰到井壁上，眼儿冒出金星，只好又回到井台上来。忽然，它想到自己曾经"投石入瓶喝水"的光荣事迹，不禁高兴地叫道："呱！呱！我怎么把这经验忘了？"

于是它用嘴衔来一颗颗石子，都投到了水井里，谁知投了半天，井水仍然没有上来，树上的喜鹊说："喳喳！乌鸦先生，您别忙了，这是水井，不是您原先的那个长瓶子，怎么还是用那个老办法呢？喳喳！"

"你懂什么？呱呱！"乌鸦不屑地斜了喜鹊一眼，"我的方法是经过专家鉴定的，上过寓言作家的书本，到哪里都可以用，放之四海而皆准，怎么会'老'呢？呱！呱！"

乌鸦继续向井里投石子……

那结果，我想大家会想得到了。

这则寓言对于班主任应该有很深的启迪，要培养有创新精神、创造意识的学生，就需要有创新精神的班主任。而班主任要想实现班级教育管理的创新与创造，则必须打开关住自己的门，打破自己已有的思维定式。

寓言中的乌鸦囿于自己已有的经验，满足于自己曾经的思维创造，在遇到新事物、新情况的时候，还是采取原有的一套做法和思维模式，以为自己相当聪明，能够完成对新事物的控制，实际上，由于时空的变化，外界很多因素都出现了不同程度的发展与变化，怎么还能以自己以前的思维成果来对新事物进行鉴定呢？所以，这次乌鸦必定会失败，甚至可能会因为它自身的无知与固执而葬身野外。

联系到我们现实的教育，可以发现教育中存在大量扼杀学生创造性的现象，但创造性人才的培养又需要由创造性的教育来完成，这是一对矛盾。存在这一矛盾的根本原因是：教育中许多知识及知识观都带有既定的思维定式，并且教育者产生了对此类思维定式的无意识。比如，在传统的班级教育管理中，班主任非常关注班级教育的标准化、模式化及程序化等，在这样的教育

第四章 班级再造：班级管理智慧的生成

环境中，学生则没有了"问题意识"，他们关注的则是问题的标准答案，而不会有所谓的质疑意识和批判精神，同时，学生也进一步地去延续老师已有的思维模式，把老师的思维与行为作为模仿和学习的"榜样"，而不去追求对事物的再思考。

作为班主任，应打破这种思维定式，以一种全新的姿态和教育管理意识出现在班级学生面前，给学生以智慧的启迪与教育，对此，班主任需要具有以下几种班级管理意识。

一是问责管理意识。问责既含有对上级部门负责的内涵，也有对下级部门和下属人员负责的要求。就班级教育管理问责而言，要求班主任既要对学校领导负责，更要对班级学生及家长负责。但在我们现实的班级教育管理中则并非如此，由于班主任更多的是关注上级教育行政领导对自己的看法，因此，班主任在班级教育中只是对上级领导负责，只要他们满意即可，而很少能够较好地关注学生的成长与发展。致使班级教育管理工作成为一种班主任应付学校管理者的责任，班级教育行为在一定意义上已变成一种工具性活动，这些既没有体现班主任自身的教育教学的自主性和创造性，也没有体现学生在班级中所具有的主体性。班主任的这种仅仅对学校管理者负责的意识很显然已经不能够满足现代学生的发展要求，所以班主任更应该具有对社会、家庭及学生负责的现代管理意识，因为班级教育是培养人的身心和谐发展的活动，更多的是为了满足社会、家庭对教育的需求，也只有满足了社会、家庭对教育的需求之后，班级教育才可能会赢得更好的教育市场，也才能够在未来的社会发展竞争中拥有自己更多更大的发展空间。所以，班主任具有问责管理意识既是班级教育发展的趋势要求，更是适应未来社会发展的需要。

二是悖论管理意识。即班主任应该具有把班级教育管理中各种看来相互矛盾、冲突的思想意识糅合起来，把彼此相悖的教育力量聚合起来，形成教育合力，从而更好地发展班级教育的管理意识。这就要求班主任要在班级教育管理中要有悖论管理意识，一方面，班主任要善于利用班级领导者所赋予自己的教育行政权利，实现班主任与学生之间在班级权力场中的和谐与统一，能够把彼此之间对立、冲突的权力因素整合起来，形成一股有利于班级教育发展的教育合力，而不是影响班级教育发展的破坏力；另一方面，班主任也要善于发展自我的内在品性，也即发展自己的非权力性因素——学识、能力、人格魅力等，通过非权力性因素的更好发展来实现对班级学生更好的引导与协调，班主任尤其要能够使自己在内在品质发展与管理中起到带头作用，以便于实现班级内涵品位的提升。无疑，班主任具有悖论管理意识有助于班级教育力量的聚合，有助于班级教育管理的有效发展。

三是意义管理意识。意义管理意识要求班主任要能够在班级管理中构建一个意义世界，使班级真正能够发挥教育机构所具有的发展人及培养人的基本职责和功能。一方面要求班主任要注重班级物质文化的建设，追求班级环境人文化、管理制度人性化及管理机制科学化，通过这种对班级环境、制度及机制的建构性地改造，将有助于学生更好地学习及自我发展，使他们在潜移默化中接受班级教育的陶冶与教化，从而焕发出学生所具有的天性及生命活力；另一方面也要求班主任更加关注与教师、家长、学生之间的联结，通过这种联结，教师、家长及学生能够发现他们的生活是有益的、实实在在的、有价值的，也即班主任更加注重人际之间信息的交流与交往，如互相交流什么是重要的？什么是应当优先考虑的？互相之间的责任义务是什么？师生之间的最大困惑是什么？如何更好地实现班级教育的和谐发展？等等。这种联结实现了人与人之间的彼此尊重与信任，实现了教师的教学自主与创新，也实现了学生生命意义的建构——学生生命的健康发展。因此，班主任具有意义管理意识很大程度上在于要求班级能够进行人文化的教育和管理。

四是参与管理意识。班级不是班主任一个人的班级，是班主任与学生共同生活、工作及学习的场所；班级管理也不是班主任一个人进行家长式的管教，而是班主任与学生之间共同参与、共同创造的结果。因此，过去那种由班主任一个人制订计划，然后让所有人去执行的命令式管理已经不能够适应现代班级教育管理发展的需要了，现代班级管理既需要班主任的主观努力，更需要每一位学生的参与。通过他们的参与，一方面能够改变过去班主任一人单打独斗的局面，有助于实现"众人拾柴火焰高"，实现管理思想与智慧的融合；另一方面能够改变过去班级缺乏生机与活力的局面，使每个人能够产生对班级的认同感及自我归属感，有助于实现学生积极性、主动性和创造性的极大发挥；再一方面就是能够改变过去班级管理"目中无人"的现象，实现班级管理从"以物为本"向"以人为本"的转变，从而挖掘出人的内在潜能和实现价值的最大化，随之"一种参与式的追随便会出现"。

五是依法管理意识。依法治校是班主任具有依法管理意识的重要前提。随着我国法制社会建设的日益完善，在班级教育中也更需要依据法律进行教

第四章 班级再造：班级管理智慧的生成

育、教学和管理。若班主任的法制意识淡薄、法律知识缺乏的话，在现实的教育管理中可能出现这样或那样的问题，进而会影响到班级教育的正常进行，也可能会给班级带来物质上或精神上的损失。所以，班主任具有依法管理意识，首先能够净化班级教育环境，使班级教育在法制轨道上有序地行进，避免班主任的教育权力"寻租"及损害学生身心发展的现象出现；其次能够更好地实现教育平等，因为法律面前人人平等，不管是教师还是学生，在班级法制化的环境中都能够实现自己利益上的保护与人格地位上的平等；最后能够推动社会法制化环境的更好建设，通过班级法制化教育，更有助于实现全社会法制化的进程。

班主任具有现代管理意识既是班主任自身发展的需要，也是班级教育更好发展的需要，更是社会发展对班级教育的诉求。因此，在教育改革日新月异的时代，随着素质教育的大力推进和基础教育课程改革的深化实施，这些无疑都会对现代班级教育提出更多更大的挑战，而班主任的现代管理意识的形成与构建则在很大程度上能够更好地回应这一挑战，甚至可能会超越这一挑战，进而实现班级教育和人的有效和谐发展。也正是因为班主任有了现代班级教育管理意识，才可能更好地实现对自己班级传统教育管理思维的改变与超越，原有的班级教育管理的心智模式才会逐渐退出班级发展的历史舞台，进而会出现班级管理的创新与创造，为创新型人才培养目标的实现创设良好的发展空间和氛围。类似于下面这个《木匠无"好门"》的现象才不会出现。

一个木匠，造得一手好门，他费了好多时日给自家造了一个门，他想这门用料实在、做工精良，一定会经久耐用。

后来，门上的钉子锈了，掉下一颗，木匠找出一颗钉子补上，门又完好如初；后来又掉了一颗钉子，木匠就又换上一颗钉子，后来又一块木板朽了，木匠就又找出一块板换上；后来门栓损了，木匠就又换上一个门栓；再后来门轴坏了，木匠就换上一个门轴……若干年后，这个门经过木匠的精心修理，仍坚固耐用。木匠对此甚是自豪：多亏有了这门手艺，不然门坏了还不知如何是好。

忽然有一天邻居对他说："你是木匠，你看看你们家这门。"木匠仔细一看，才发觉邻居家的门一个个样式新颖、质地优良，而自己家的门却又老又破，布满了补丁。木匠很是纳闷，但一想又禁不住笑了，"是自己的这门手艺阻碍了自己家门的发展。"

于是木匠一阵叹息："学一门手艺很重要，行业上的造诣是一笔财富，但也是一扇门，能关住自己。"

四、学会思维：谨防思维裂痕的出现

思维是人的智力因素中最核心的因素，思维的深刻程度在一定意义上是一个人在做事过程中是否具有创造性的体现。而创造性则是我们教育所一直追求的，在学校教育中，我们关注着教师工作的创造性，尽可能地要求每位老师都能够在自己的工作岗位上实现对教育、教学及管理的创新与创造，这既是教育本质内涵的体现，也是学生自身成长与发展的需要。通过老师创造性的教育与教学，将有助于学生自我思维的发展与完善，有助于学生智慧的提升及自身内涵品质的提高。但在我们现实教育中却并非如此，很多班主任在班级开展各种工作不是自己创造性思维的实现，而是更多地体现为自己思维的断裂，更多地体现为教师自身的思维缺乏连续性、深刻性和启发性，对班级很多问题的处理与把握缺乏科学性、合理性，致使班主任自身对班级工作失去信心和兴趣，而学生则产生更多的抱怨和不满，认为自己学习不得要领，潜能没有能够得到更好的挖掘与发挥。所以，班主任更应该做的是实现自我思维的延续与创造，而不是使自己的思维出现裂痕，有裂痕的思维是不完善的思维，是很难进行创造性工作的思维，更是难以达到教育智慧要求的思维。

一则《买猫的故事》则给了我们很深的启发。

美国有一位工程师和一位逻辑学家，是无话不谈的好友。一次，两人相约赴埃及参观著名的金字塔。到埃及后，有一天，逻辑学家住进宾馆后，仍然习惯地写起自己的旅行日记。工程师则独自徜徉在街头，忽然耳边传来一位老妇人的叫卖声："卖猫啊，卖猫啊！"

工程师一看，在老妇人身旁放着一只黑色的玩具猫，标价500美元。这

第四章　班级再造：班级管理智慧的生成

位妇人解释说，这只玩具猫是祖传宝物，因孙子病重，不得已才出卖以换取住院治疗费。工程师用手一举猫，发现猫身很重，看起来似乎是用黑铁铸就的。不过，那一对猫眼则是珍珠的。

于是，工程师就对那位老妇人说："我给你300美元，只买下两只猫眼吧！"

老妇人一算，觉得行，就同意了。工程师高高兴兴地回到了宾馆，对逻辑学家说："我只花了300美元竟然买下两颗硕大的珍珠！"

逻辑学家一看这两颗大珍珠，少说也值上千美元，忙问朋友是怎么一回事。当工程师讲完缘由，逻辑学家忙问："那位妇人是否还在原处？"

工程师回答说："她还坐在那里。想卖掉那只没有眼珠的黑铁猫！"

逻辑学家听后，忙跑到街上，给了老妇人200美元，把猫买了回来。工程师见后，嘲笑道："你呀，花200美元买个没眼珠的铁猫！"

逻辑学家却不声不响地坐下来摆弄琢磨这只铁猫，突然，他灵机一动，用小刀刮铁猫的脚，当黑漆脱落后，露出的是黄灿灿的一道金色的印迹，他高兴地大叫起来："正如我所想，这猫是纯金的！"

原来，当年铸造这只金猫的主人，怕金身暴露，便将猫身用黑漆漆过，使其俨然如一只铁猫。对此，工程师十分后悔。

此时，逻辑学家转过来嘲笑他说："你虽然知识很渊博，可就是缺乏一种思维的艺术，分析和判断事情不全面、不深入。你应该好好想一想，猫的眼珠既然是珍珠做成，那猫的全身会是不值钱的黑铁所铸吗？"

可见，故事中的工程师在一定意义上是自己的思维出现裂痕的表现，是自己的思维没有连续性、深刻性的表现，是一种缺乏创造性思维联想的表现。正是这种带有创造性的思维能力的缺失，使他没有能够创造性地去分析、解决问题，而是主动把更多挣钱的机会"让"给了逻辑学家，这也就不足为奇，就像股票市场上常流行这样一句话，"人们不去的地方，自有通往金山的道路。"

作为班主任，在班级教育中应该尽可能地避免类似事情的发生，因为，一旦班主任自身的思维出现了裂痕，就不像故事中道理那么简单了，即工程师出现思维裂痕导致的仅仅是经济上的损失，这种损失在一定的时刻是可以通过自己的努力挽回的，但对班主任而言就不一样了，班主任出现思维的裂

班级管理新思维

痕则会影响到学生的成长与发展，由于学生的身心发展不具有可重复性和修复性，错过了学生发展的最佳期是无法弥补的。我们可以看看以下几个小故事，它在一定程度上则告诉了我们教师出现思维裂痕对孩子的影响。

  有人做过这样一个实验：在黑板上画一个圆，然后分别问了一些人画的是什么。结果，幼儿园的小朋友给出了各种各样的答案，说是太阳、月亮、月饼、篮球、盘子、气球、眼睛、鼻孔……初中生和高中生的答案就明显减少，而大学生们的唯一答案——这是一个圆。

  从这件事看，随着年龄的增长，知识的"丰富"，人的想象力反而越来越低甚至丧失了。创新是一个民族的灵魂，而没有想象就没有创造，一个失去想象力的民族是可悲的。那么，到底是什么扼杀了人们的想象力呢？

  我们再看看老师的一些行为，在学校，老师问："一加一等于几？"假如有位充满想象力的孩子，想到一个爸爸加一个妈妈成了三口之家而回答说等于三，也许老师会"无意识"地导演哄堂大笑，让他当场难堪，因为老师及老师的老师们早已"钦定"了"标准答案"。现在的考试还有多少题目需要学生动破脑袋，无非是要求学生去无限接近那些"标准答案"而已。

  老师再问："树上有两只鸟，被打死一只，树上还有几只鸟？"有人终于鼓足勇气站起来说："还有两只，一只死了但挂在树上，另一只耳朵聋，没听见枪声……"也许还没等他话说完，头上已经挨了一颗"板栗"。丰富的想象力在固定僵化的思维模式面前结果只有碰壁。

  其实这些更多的是教师（班主任）自身思维不够深刻的体现，也是教师自身思维没有能够实现自我延伸与创造的体现。苏轼在遥远的宋代仰望天空的明月说："我欲乘风归去，又恐琼楼玉宇，高处不胜寒。"一直以来，月亮都是人们焕发想象力的最佳媒介和对象之一。然而，当我们这些大人们告诉了孩子，说月亮其实是什么什么，上面没有什么什么，那还会有"寂寞嫦娥舒广袖，吴刚捧出桂花酒"的丰富想象吗？猴子捞月时，世界上至少还有两个月亮，但自从猴子捞月的故事被大人们当作"经典教材"后，这个世界上也只剩下了一个月亮。

  也许，我们很多教师或班主任都在不约而同、空前团结地这样训斥教导着，对于无辜的孩子来说，他们最需要的不是大人们自以为是的粗暴干

第四章 班级再造：班级管理智慧的生成

涉和禁锢，而是需要保持一颗童心、一点童趣，需要一对想象的翅膀、一片自由的天空。当他们从天真烂漫、活泼好奇、富于想象的儿童一个个都被训练成为有"知识"的小大人时，这才是真正的悲剧！所以，对每一位教师或班主任而言，请手下留情、嘴上留意，因为每个孩子都是唯一。可见班主任应该在班级教育管理中体现自己的智慧，实现自己的思维延伸与创造，以便于更好地影响、发展与完善学生的思维与想象，进而达到学生自我智慧的升华。

那么，什么是创造性思维呢？班主任又应该如何认识及发展自己的创造性思维呢？创造性思维是人脑思维活动的高级层次，是智慧的升华，是人脑智力发展的高级表现形态。创造性思维在一定意义上已成为智慧的象征，已成为决定一个人工作质量高低的重要因素。创造性思维的产生来自于新思想的出现，而新思想则是在旧思想的基础上添加一些东西，把它们结合起来或进行的修改。比如在某一个制笔行业里，有一个机灵鬼认识到，只要是有笔的地方，就一定要有墨水，那么为什么不把两者结合起来呢？结果自来水笔诞生了。这就是创造性思维的体现。对创造性思维产生极大推动作用的新思想的产生，一般认为大约要经过五个步骤。

最初的观念：你有一个问题要解决或有一件事要做；你想找一个更好的工作；你想寻求一种更好的教育方法；你想把你的教育思想转化为你的教育实践等。这些都属于最初的观念。

准备阶段：尽可能多地收集有关那方面的资料，阅读有关书籍，记笔记，和别人交谈，提出问题。要善于接受新东西。这些都是开动我们想象力的跳板。

酝酿阶段：这一阶段应该让你的潜意识活动起来。散散步，睡个午觉，洗个澡，做做其他的工作或消遣消遣，把问题留到以后再解决。

开窍阶段：这是创造过程的最高阶段。脑子一下子明亮起来，一切东西都突然变得井井有条。开窍是创造过程中最令人兴奋和愉快的阶段。

核实阶段：你的预感或灵感都要经过逻辑推理加以肯定或否定。你要回过来尽可能客观地看待你的设想。你征求别人的意见，对这出色的设想加以修正，使之趋于完善。而且经过核实，你往往会得出更新更好的见解。

所以，班主任在班级教育管理中，思维出现裂痕并不可怕，最主要是要保持一颗清醒的头脑，能够充分认识到自己思维的特性，尽可能在工作中克服出现思维裂痕的因素，实现对班级工作的创造性开展。下面这则《把木梳卖给和尚》的寓言则告诉了我们什么是创造性思维。

有一家效益相当好的大公司，决定进一步扩大经营规模，高薪招聘营销主管。广告一打出来，报名者云集。

面对众多应聘者，招聘工作的负责人说："相马不如赛马。为了能选拔出高素质的营销人员，我们出一道实践性的试题：想办法把木梳卖给和尚。"

绝大多数应聘者感到困惑不解，甚至愤怒：出家人剃度为僧，要木梳有何用？岂不是神经错乱，拿人开涮？过一会儿，应聘者接连拂袖而去，几乎散尽。最后只剩下三个应聘者：小尹、小石和小钱。

负责人对剩下的三个应聘者交代："以十日为限，届时请各位将销售成果向我汇报。"

十日期到。

负责人问小尹："卖出多少？"答："1把。"

"怎么卖的？"小尹讲述了历尽的辛苦，以及受到众和尚的责骂和追打的委屈。好在下山途中遇到一个小和尚，一边晒着太阳一边使劲挠着又脏又厚的头皮。小尹灵机一动，赶忙递上了木梳，小和尚用后满心欢喜，于是买下一把。

负责人又问小石："卖出多少？"答："10把。""怎么卖的？"小石说他去了一座名山古寺。由于山高风大，进香者的头发都被吹乱了。小石找到了寺院的住持说："蓬头垢面是对佛的不敬。应在每座庙的香案前放把木梳，供善男善女梳理鬓发。"住持采纳了小石的建议。那山共有10座庙，于是买下10把木梳。

负责人又问小钱："卖出多少？"答："1000把。"负责人惊问："怎么卖的？"小钱说他到一个颇具盛名、香火极旺的深山宝刹，朝圣者如云，施主络绎不绝。小钱对住持说："凡来进香朝拜者，多有一颗虔诚的心，宝刹应有所回赠，以做纪念，保佑其平安吉祥，鼓励其多做善事。我有一批木梳，你的书法超群。可先刻上'积善梳'三个字，然后便可做赠品。"住持大喜，立即买下1000把木梳，并请小钱小住几天，共同出席了首次赠送"积善梳"的仪式。得到"积善梳"的施主和香客，很是高兴，一传十，十传百，朝圣者更多，香火也更旺。这还不算完，好戏跟在后头。住持希望小钱再多卖一些不同档次的木梳，以便分层次地赠给各种类型的施主与香客。

五、学会挑战：走向思维的自我

学生是什么？学生是主体的人，这是很多人都会说的话，也是很多人的正常思维逻辑。果真如此吗？其实，在我们的现实教育中学生根本就没有被当作主体的人来看待，而是作为一个被动地接受知识的容器或客体，他们更多的是被训练成接受班主任所传授的知识和标准答案，致使学生思维走向僵化而缺少应有的分析解决问题的能力和水平，并且会在学习实践中把这一僵化的思维不断延伸和发展，最终成为思维的仆人。

下面这个小故事则是对这一现象的极好映照。

> 一个老人和一个小学生在阳光下晒太阳。
> 老人想考考小孩的智力。
> 老人对小孩说：
> 有一个大肚长颈小口的透明玻璃瓶。
> 先将一只小鹅从瓶口放入。
> 瓶口很小。
> 小鹅刚好能进去。
> 于是，小鹅被主人喂养着。
> 两个月后，小鹅长大了。
> 仅仅脖子能伸出瓶口，身子却已不可能。
> 他问小孩，要怎样才能将那瓶中的鹅取出来，且不能打坏长颈瓶，也不能让鹅受伤。
> 小孩抓耳挠腮，不得其解。
> 他是一个聪明的小孩，有头脑的小孩。
> 他相信他的思考力。
> 问题刚一提出，他便开始顺着问题向下去分析推理了。

他受过逻辑教育。

结果,他向下推断,但没得出答案。

他只好向老人请教。

老人笑着说:

这只是一个假设,在现实生活中是没有人这样做的。

也就是说,这本来就不是一个真正的问题,鹅从来就不会被养在瓶子里。

鹅从来都没进去过,又何必去找出答案呢?

当然喽,你们从来都是这么受教育的,老师提问,学生回答。只要有问题,就一定有答案,我们的大脑就会立即投入寻求答案的逻辑思考之中去。

  作为班级管理的班主任又是如何进行的呢?班主任在班级管理中则更多的是提供给学生"是什么"的问题,而没有"为什么"的问题,学生也正是在班主任这种思维影响下,形成了"1+1=2"的线性思维,从来不去考虑问题本身的性质,这必然会使学生的思维进入思考单一化、模式化的境地,所以,学生问题意识的丧失也就成为顺理成章之事。反言之,班主任如果不是为学生提供这种思维的模式,而是让学生多去思考几个为什么,多去想一想问题本身所富有的性质和内涵,无疑会使学生思维更加多元化,也不致使学生的问题意识缺失。所以,德国教育家博尔诺夫指出:"教育者控制儿童发展方向也取决于教育者如何看待儿童。如果把儿童看作是诚实的、可靠的、助人为乐的……那么儿童的这些品质就会得到激发和增强。教育者的信赖可增强他所假定的儿童具有的那种出色能力。反之也完全一样:如果教育者把儿童视为好说谎的、懒惰的、阴险的……儿童就不会抵制这些行为,他们肯定说谎、偷懒、耍诡计,正如教育者所猜疑的那样。"[1]《学习的革命》一书也告诉我们:"如果一个孩子生活在批评之中,他就学会了谴责;如果一个孩子生活在敌意之中,他就学会了争斗;如果一个孩子生活在恐惧之中,他就学会了忧虑……如果一个孩子生活在鼓励之中,他就学会了自信;如果一个孩子生活在忍耐之中,他就学会了耐心;如果一个孩子生活在表扬之中,他就学会了感激……如果一个孩子生活在友爱之中,他就学会了这世界是生活的

---

[1] 博尔诺夫. 教育人类学[M]. 李其龙,译. 上海:华东师范大学出版社,1999:47.

第四章 班级再造：班级管理智慧的生成

好地方；如果一个孩子生活在真诚之中，他就学会了头脑平静地生活。"❶ 可见，教育者的教育意向与教育者所创造的教育环境对受教育者的影响是非常深刻的，作为教育管理者的班主任有理由、也更有责任为学生创造适合其自身身心发展的教育情境和氛围。让学生在此情境和氛围中，多一份思考，多一种责任，多问一个为什么，以便于使学生产生"元思维"或"元问题"意识，而不是让学生在"思维"中丧失自我。

作为班主任，应该在班级教育管理中进行更加多元化的思维方式的训练，不能够仅仅让学生知道是什么，而更应该让学生知道为什么，不应该让学生被问题所左右，而应该更多地让学生在分析问题时要多一种对问题本身思维的能力，不要陷入了就问题而分析问题的思维路径，否则会进一步限制学生对问题分析思考的能力，而看不到问题解决的超越之径，故事中的小孩原本是个很聪明的孩子，而且也具备了一定的逻辑思维能力，但由于他被问题本身所限，陷入了"当局者迷的思维困境"，这也可以说是对人思维本身的限制与约束，每个学生都是当局者，如果他们都身陷思维的"囹圄"而不能超越的话，他们就很难看清楚"庐山真面目"，也就很难能够在学习道路上有更多的创造与创新，而缺少创造与创新的学生最多是一个学习的模仿者，是一个别人思维的延续者，是一个缺乏主见并很难更好适应社会的人，他就永远不可能成为真正的自我，他只能生活在被模仿者的阴影之下，而这与教育本身的内在价值追求即培养人的身心的和谐发展是极不相称的。

学生在班级中的主要任务是学习，而班主任则在这一过程中起着重要的作用，作为学生的一系列行为模式和规范不仅要受到社会传统观念和文化习俗等的影响，而且还要为确定的制度所规定。师生之间存在着制度化的，各自都负有制度所规定的权利和义务，甚至负有法律上的责任。苏联有一个教育家怀着同情心、富有幽默感地对学生这个社会角色做了这样的描述和评论：学生这种职业是人世间一切职业中最艰苦的职业，唯独这种职业的工作者——学生，是不可能按个人意愿去改换职业的。他至少得在八年内坚守学生职业的岗位，不能另谋出路。可见，学生这个社会角色需要成人社会的理解。几乎在一切社会制度和一切时代，在师生之间的组织制度关系中，班主任总是施教者，学生总是受教育者；班主任总是领导者，学生总是被领导者；

---

❶ 戈登·德莱顿，等. 学习的革命 [M]. 顾瑞荣，等，译. 上海：上海三联书店，1998：76.

班级管理新思维

班主任总是具有控制学生的欲望和权力，学生总是要服从班主任要求，听从班主任领导。这是宏观社会的经济关系和社会关系结构在班级关系模式中的独特反映和折射。同时，在班级教学过程中，从教学目标的确定和课程的选择及教学方法运用上看，也同样体现了这一关系。首先，班主任作为教学过程的组织者和领导人，为了形成与社会经济、文化和科技发展相一致的个性，并使之符合特定的价值标准，把教学内容以系统的理论知识的形式从外部灌输给学生，也就是说，教学目标、教学大纲、教科书和教学是强加于学生的。这就必然在师生的社会关系上刻上权力主义、强制和不民主的烙印。其次，班主任和学生在教学过程中的分工和交互作用又形成了一种不平等的社会关系：班主任的职责是教、控制和训导，学生则只能学、服从和被塑造。如果学生不就范，班主任拥有迫使、强制其服从社会意志的种种手段：规章制度、惩罚措施及分数等。这样教学过程就成了两个对立面的统一物：一方面，拥有社会给予的权力和负有社会责任的班主任强制学生学习和掌握知识；另一方面，丧失选择自由、被迫从事学习的学生则把班主任的行为看成是对他们人格及真正需要的侵犯，他们厌学、懒惰和抄袭作业，扭曲地反抗班主任的"教育侵略"。

何以如此？其实在我们的学校教育中，这种现象是非常普遍的，这更多的与学校教育功利化的价值取向紧密相关，通过这种教育价值的影响，班主任获得的是更多的荣誉，是别人对其大加赞赏；而学生获得的则是在这种僵化的教学情境中去寻找所谓的标准答案，在这一过程中学生则忘记了思维。正如赫特（John Holt）所言："实际上我们在学校所做的所有事情都是要使学生以答案为中心。首先，正确的答案可以得到高分。学校仿佛是一种祈求'正确答案'的殿堂，而且提前获得答案的唯一方式便是把大量的答案摆放在祭坛上。而班主任本身很可能也是以答案为中心的。他们所做的，以及他们根据这种以答案为中心的所作所为，也就是他们在过去或现在所告之去做的。或者是书上所说的，或者是他们长期以来的习惯。一个具有讽刺意味的结果是，孩子们忙于寻找答案，以至于不能进行自己的思考。"[1]

班主任是受过专业教育并从事教育教学管理的人，班主任本身是接受社

---

[1] 麦克·F. D. 扬. 知识与控制：教育社会学新探 [M]. 谢维和，等，译. 上海：华东师范大学出版社，2002：117.

会的正式委托,以在学校中对学生的身心施加特定影响为其职责的人,而在我们的教育实管理践中班主任则成了理性的典范、道德准则的模范、文化学识的权威和特定社会价值标准的维护者。这样,班主任也就拥有了权力,他有权决定学生成功还是失败,赋予学生权利还是剥夺学生权益,表扬学生还是批评学生,促进学生进步还是抑制学生发展。正是因为班主任拥有了这些权力资本,他的权力蕴含在其说与不说、做与不做、教与不教、管与不管之中。而学生也在他的这种教育权力暗示和影响下,不知如何应对学习生活中的很多问题,为了能够赢得班主任老师的信任与信赖,赢得班主任老师的喜欢,干脆就使自己成为班主任老师的任务的执行者、思维的延续者及行为的模仿者,而自己也正是在任务执行、思维延续及行为模仿中,学会了听话、学会了服从、学会了"唯唯诺诺",成了一个缺乏锐气、朝气而"奴性"意味十足的人,其实这些更多的则是因为他们没有能够成为自己思维的主人而仅仅是思维仆人的因素所限。

对此,我们的学生应该逐渐摆脱这种困境,应该向自己的思维极限挑战,应该学会说"NO";而作为教育者的班主任,也应该逐步解放自己的思想,摆正自己的位置,放平自己的心态,以一个学生学习的合作者、参与者、鼓励者的角色去影响、激励学生,去实现学生思想的解放和思维的超越,也应该学会向传统的班级教育管理说"NO"。总之,作为班级教育管理者的班主任,则应更多地为学生的发展创设良好的教育氛围和空间,应该使学生在思维发展上成为自己思维的主人,而不是不会思维的仆人。

六、学会管理:学生是"人"不是"物"

学生是什么?在知道学生是什么之前,我们先看看教师是什么?教师是辛勤的园丁,教师是人类灵魂的工程师,教师是工厂的生产者等,园丁的本职工作在于给园内的花草树木浇水、施肥并使其整齐划一,工程师的工作在于完成对物的有效协调与管理,工厂的生产者在于加工和塑造产品。既然把教师比喻成他们,也就意味着教师所面对的不是人而是物。于是,也就有了学生是祖国的花朵、是接受教育改造的被动客体、是需要教师塑造加工的

班级管理新思维

"产品"、是接受知识灌输的"容器"等之说,从关于教师的比喻及对学生的描述中,你看到了什么?在你的潜意识里有何感想?

从这些关于教师是什么的比喻及学生是什么的描述中,我们完全可以看出,学生已经被当作"物"了,不管是教师还是一般的社会人,都已在自己的心底里产生了这样的观念,在这种观念的影响下,整个教育过程"就如同汽车的装配线一样,学生从一个年级到又一个年级,当学生流过每个教师面前时,教师给学生添加某些价值(教会他们一些具体的知识);考试的等第被用作质量控制的尺度,以便分出产品的优劣,褒奖最好的,贬抑最差的;学校和工厂一样,分成许多层级:校长、副校长、教师、学生;学校的各层通过一系列规章制度来进行管理,这些规章制度由谁来做?做什么?怎么做?何时做?这些方面的自由空间极小;教育工作者和工厂里的工人一样分工精细,特别是在中学,划分了历史、语言、数学等许多学术专业领域,而整个过程的质量控制则建立在学生的测验成绩之上"。❶ 很显然,学生在这样的环境里是按照所谓"科学"管理思想以"物"的标准来进行控制和管理的,如果把对"物"的生产与对"人"的发展的要求一致化、统一化的话,那么,人在某种意义上也就变成了毫无生机活力、死气沉沉、没有任何创造性可言的所谓的"物"了,进而也就出现教育的"异化"现象,也即"教育失去了它在本义上的作为人培养下一代使之更好地创造自然和社会的手段,而反过来操纵了下一代人,使教育的目的成为下一代人的发展的目的,而人的发展则成了达到教育目的的手段"。❷

以下这篇题为《先说"是人"再说"做人"》的杂文,读后感受颇深。

"司马光砸缸"的故事妇孺皆知,可偏偏有人提出个怪异的问题:如果砸缸救人的司马光自己掉进缸里,而身边又没有另一个司马光,那该是怎样的情形?回答是,也许他救得了别人却救不了自己,从此中国就再也不会有主编千古名史《资治通鉴》的司马光了。

这个问题看似怪异,其实一点也不怪:中国传统的对人的教育方式从来都是先教如何"做人",而几乎不言每个人都"是人",没有把自己放在人这

---

❶ 冯大鸣. 沟通与分享:中西教育管理领衔学者世纪汇谈 [M]. 上海:上海教育出版社, 2002:71.
❷ 万作芳. 浅谈"教育异化" [J]. 上海教育科研, 2001 (1):7—10.

第四章 班级再造：班级管理智慧的生成

个主体的显赫位置，也不注意对自我的诊视，于是在危难之时自然也就不善于或没有能力进行自我保护了。

中国传统文化是重视教人如何做人的，比如与汉字相关的俗语就多如牛毛：安常处顺、逆来顺受、唾面自干、夹着尾巴做人、看人脸色行事、得饶人处且饶人，等等。人活着首先不是以自我为主体，甚至不知道自己首先是个人，几乎是在为别人活着，很看重别人怎么看我，怎么评价我。即使强调实现自我价值，那往往也是披肝沥胆、肝脑涂地、视死如归、粉身碎骨、杀身成仁，将自己置于另一个极端，为了实现某种目的而漠视自己的生命，很少有人喊出"人是世界之轴""人是一个小宇宙""人间最高贵的事就是成为人"这样肯定自我、尊重自我、敢于大呼"我是人"的振聋发聩的声音。

不错，马克思说过，人是社会关系的总和。不善于"做人"定不能与社会相融。可同时马克思也说："人是能思想的存在物。"假若一个人连自己是不是"有思想的存在物"都不知道，他又如何做得好人呢？

人有没有"我是人"的理念，表现出的行为是不一样的。"是人"是"做人"的前提，一个懂得自己"是人"的人往往也会懂得别人也"是人"，他就会尊重别人的权利和选择，这是对别人最大的尊重，也是最重要的"做人"。

有一种现象也许我们已经感受到了，那就是尽管我们一再对人进行"做人"的教育，而有时效果却十分有限，比如有的人不仅见死不救，反而呼喊跳楼自杀者赶紧往下跳。这其中一个重要原因就是我们许多人并未感受到自己"是人"，如果有这样一种意识，那么他自然就不会有做人的自尊及做人的良知，也就不会推己及人。从这个角度说，不知"是人"便无法"做人"，也做不好人。

显然，"是人"是"做人"的重要前提，如果人在本质上已经失去了人之所以为人的特性的话，也就不可能会有做人的事情发生，只有自己首先承认自己是人并去推己及人，才会在实践工作中以人的标准和要求去做事和做人。相反，若连自己是人的特性都没有认识和把握的话，也就谈不上所谓的"做人"。教育是一种培养人的身心和谐发展的活动，如果首先不承认人是人，教育也就失去了其应有的内涵。联合国教科文组织在一份题为《教育——财富蕴藏其中》的报告中指出教育有四个支柱：一是"学会认知"，"这种学习更多的是为了掌握认识的手段，而不是获得经过分类的系统化知识"。二是

· 187 ·

> 班级管理新思维

"学会做事",即通过学习"不仅获得专业资格,而且从更广泛的意义上说,获得能够应付许多情况和集体工作的能力"。三是"学会共同生活",即"在开展共同项目和学习管理冲突的过程中,增进对他人的了解和对相互依存问题的认识"。四是"学会生存",即是"充分地发展自己的人格,并能以不断增强的自主性、判断力和个人责任感来行动。为此,教育不应忽视人的任何一种潜力:记忆力、推理能力、美感、体力和交往能力等"。教育就是"要让像财富一样埋藏在每个人灵魂深处的所有才能都发挥出来"。❶ 不管是学会认知、做事,还是学会共同生活与生存,其在本质上都在于使人能够真正地学会做人。学会做人固然是我们教育所追求的,但在追求学会做人的同时,我们一定不能忘记或忽视自己是人的前提。

可是在我们的现实班级教育实践中,我们的很多班主任、教师则更多的是没有把学生当作真正意义上的人来看,记得我在实习的时候曾发生一件事情,当时我准备接手一个班级的实习班主任工作,在进入班级开展活动之前,该班级的班主任就把他的一些教育管理"心得"告诉我,他说:你若在班级开展活动或者上课感到很紧张的话,最好的办法就是不要把学生当人看,这样你就不会感到紧张了。还有一次,研究者在一所学校开展教育行动研究,去访谈一位身肩"火箭班"的班主任,他得意地告诉我,班级管理就是把自己的主观意志强加于学生,通过高压、管制实现对学生的教育和管理,只有这样,才能让学生比较"绵羊"。可见,在我们的现实班级教育中,班主任的这种不把学生当人看的思想还是比较严重的。既然学生在班主任的眼中已经不是什么活生生的鲜活的生命个体了,那么,他们的教育方法和手段自然也就是"非人"的,比如,很多班主任在话语上则强调以一种训斥的甚至带有侮辱性的口吻对学生进行"教育",这种话语在一定意义上已经对学生的心理造成了很严重的伤害;在行为上则强调一种整齐划一的管理模式,不允许有个性学生出现所谓的个性化倾向,有幅漫画最能反映问题,即学生在上学之前,脑袋分别呈三角形、菱形、矩形、圆形及椭圆形等,而学成毕业之后,却统一变成了三角形。的确,班级管理追求学生发展的共性是必要的,但若以学生共性发展而扼杀多样化个性发展则是不应该的,也与教育基本规律是

---

❶ 国际21世纪教育委员会向联合国教科文组织提交的报告. 教育——财富蕴藏其中 [Z]. 联合国教科文组织总部中文科,译. 北京:教育科学出版社,1996:76-87.

第四章 班级再造：班级管理智慧的生成

相悖的。

当然，我们在现实中，也经常看到很多学校挂着非常醒目的标语：一切为了学生，为了学生的一切，为了一切学生。这个看起来是非常有助于所有学生各方面发展的，看似是以学生发展为中心的，但是，只要我们深入教育实践第一线就会发现，标语只是标语而已，根本没有所谓的以学生为中心的影子。学校和班级所遵循的一个基本的教学、教育、管理的逻辑还是"学校以教学为中心，教学以教师为中心，教师以教材为中心"，没有涉及学生的责任与任务，没有能够真正围绕学生做出新的教育思考。之所以会如此，还是与学生的主体性没得到充分发挥紧密相关，与"目中无人"的教育实践的影响是紧密相连的。由此观之，传统班级管理从某种意义上说，忽视学生的价值与尊严，漠视学生的主观能动性，扼杀学生的个性发展，在本质上是忽视学生具有人性化特征的根本表现。因此，探寻并建设一种能够承认人、尊重人的价值与尊严，培养人的主观能动性，发展人的个性的新的班级管理模式已成为时代的要求。所以，研究者认为改变过去班级管理以"物"为中心的思想已成必然，重视人的因素、强调以人为本的班级教育理念的建设则势在必行，但以人为本不是仅仅表现在口头上，而应在实践中给予充分的体现，这里就有一个重要的前提即班级人本管理首先要有学生是人的理念，忽视了这一理念，所有的教育、管理都是没有意义的。

所谓的班级人本管理是指管理者（班主任）在管理班级的过程中，充分尊重被管理者（学生）的价值与尊严，发展其个性，挖掘其潜能，调动其积极性、主动性和创造性，使其得到良性发展的一种班级管理模式。人本主义教育理念是20世纪60年代在美国兴起的，现已发展成为一个重要的教育学派。人本主义教育理念强调以人为本，也即把人的因素当作教育主体，强化人的本性特征，最大限度地满足人的种种合理需要，尊重人的价值和尊严，调动人的主动性、创造性，使教育者不是靠行政命令和强硬措施来进行调控，而是通过共同的奋斗目标、细致的思想工作、正确的决策及以身作则、言传身教，使受教育者真正从内心接受教育。

班级人本管理具有非强制性、民主性及科学性等特点。非强制性即要求管理者不是采取行政命令或强硬的措施、手段对学生进行控制，而是要求管理者通过建立科学、可行有效的班级管理运行机制及良好的班级文化和心理氛围，激励学生以主人翁的姿态参与管理，进而达到"不治"或"自律"的境地。民主性即要求打破以往班主任单打独斗的育人局面，要求师生互动，班主任对班级实行宏观管理，进行宏观上的决策、服务、指导和评价，学生主动参与，进行自我设计，创设班级的民主氛围，使每一位同学真正感受到自我的存在和自身的价值；同时，班级实行班干部轮换制，通过角色换位，让更多的同学形成责任意识，充分发挥自身的潜能，实现班级的全员管理和全面发展。科学性即要求班级管理以人为本，按照学生的身心发展特点制定班级发展规划，在学生个性得到充分发展的基础上，培养学生的健全人格，实现班级管理育人、科学育人的目标。因此，班级人本管理的非强制性、民主性及科学性特征体现了发展人、完善人的要求，也进一步规范了管理者的行为，能够实现主体人的自我发展目标。

班主任要能够指导学生去充分认识自我，发现自我。因为人本管理本身就要求管理者要能够充分地相信人、尊重人，让人自身的潜能得到充分地发挥。但对学生而言，由于长期受传统教育观念的影响，认为一切都应在教师的指导、支配和控制之下发展自我，始终没有摆正自己的位置，认为自己处于从属地位，甚至有些同学认为教师在人格上也高于自己一等，在教师面前缩手缩脚自惭形秽，把自己当作是被动接受教育的客体，从而限制了自我主观能动性的发挥，阻碍了自身潜能的充分挖掘及自我创造性的培养。因此，指导学生转变观念，认识自我，摆正自己的位置十分重要，告诉学生在同教师交往和交流时以及在学习工作中应采取积极主动的态度，大胆地提出自己的观点和设想，充分发挥自己的想象力和创造才能，主动付诸实践，对自己充满信心，真正实现主体人的自我价值。所以，这种教育理念适应了当今学生自我发展的要求，也成为良好班级发展的重要理论基础，值得我们在教育实践中去积极探索与尝试。

七、学会表扬：感受表扬的艺术

表扬是一种进行正面引导的教育方式，也是一种较为有效的教育管理方式，通过对学生进行更多的表扬，有助于实现学生自信心的提升，增强其对自我更好的认知，进而提升其学习效率和效益。美国学者曾对此做过研究。

第四章　班级再造：班级管理智慧的生成

奖或惩对于学习效率都有影响，已是尽人皆知的常识，但其详情如何，却很少有人深究。为了解决这一问题，外国心理学家哈洛克曾做过一项奖惩混合的比较研究。

哈洛克选择了许多数学程度相等的学生，将他们分为四组。在给第一组上课时，每次课前都赞扬作业成绩优良者。对第二组则刚好相反，对他们好的成绩不予赞扬，仅对成绩差者严厉谴责。对第三组既不赞扬、又不谴责，但让他们知道第一组和第二组每天发生的情形。第四组则控制安置在其他地方，不使他们知道其他三组每天的情形，对他们的成绩既不赞扬也不谴责。

不久，受赞扬的第一组和受谴责的第二组的作业成绩立刻有显著的进步，计约改进了35%~40%。第三组的成绩也有进步，但只有一组、二组的一半。但如此继续下去，情形却有显著的改变，那受赞扬的第一组成绩进步到79%，那受谴责的第二组和不受奖惩的第三组的成绩又低落下去，那隔离的第四组的成绩，也有轻微的降低，但不明显。

在这方面，美国心理学家桑戴克进行的一些实验也得到了类似的结果，比如他所谓的"效果律"是：当一项行为带来满意或鼓励的结果时，该项行为则保持而增强；反之，如行为结果得不到鼓励，或得到惩罚时，该项行为则倾向于不再重复。

上述实验，主要说明了赞扬和谴责对学生学习的影响问题，同时也表明了谴责和惩罚的真正性质。从短时间看，谴责好像与赞扬有同样效果；但从长时间看，可知赞扬的效果要大得多。所以，对学生应以鼓励为主；责罚只宜在适当的时候用一下，而不能当作提高学习效率的武器。表扬是教育的最主要的、也是最有效的手段。表扬的目的是把它作为一种积极的强化手段，对学生良好的思想行为给予肯定。恰当适时的表扬不但可以使学生看到自己的长处和优点，激励其进取和自信，而且还会对其他学生的思想行为起导向作用。但是许多班主任教师对学生的表扬太少，好像教师的话"一字千金"，轻易不出嘴。还有一些教师表扬手法单调，效果没有达到最佳。我们认为班主任不要吝啬自己的"赞美"与"表扬"，学生有了进步，不妨表扬；与以前相比，学习成绩有所进步，也可以表扬。表扬是学生进步的阶梯，学生会踏着表扬的阶梯不断进步。

表扬具有先导性。榜样是班集体中同学们学习、赶超的对象，这就决定了表扬具有先导性。班主任在学生的学习生活中，要做善于从多角度透视的有心人，务必练就一双善于观察、善于发现的眼睛。班主任只有充分发挥表扬的先导性作用，同学们才学有目标，赶有方向。

表扬具有准确性。由于认识的偏差，有些班主任所树的"榜样"值得推敲。如我们经常听到这样的表扬：某同学高烧不退，仍然坚持到校上课。这里班主任所表扬的，是不是值得广大同学效仿？班主任应积极劝说学生先去医院治疗，因为高烧对学生的身体和学习都是不利的。因此，班主任的表扬准确性要强，所树的"榜样"要的确是积极意义上的榜样，以防对学生产生误导。

表扬具有含蓄性。表扬在很多场合应该大张旗鼓，才可以发挥出表扬的功效；但有些时候，注重表扬的含蓄性不失为一种积极的策略。比如，班主任要求的某种事，班上大部分同学都做得很好，只有少部分做得较差时，选择的方法策略是请做得好的人站立一下。这样做，对受表扬的人来说，一切尽在不言中；让做得差的人"心有所动"而又不过分难堪。

表扬的层面性。表扬的"多层性"是从一个角度反映表扬对象从较好走向更好、很好的成长历程；表扬的"多面性"是从多个角度反映表扬对象的闪光点。苏联教育家苏霍姆林斯基在谈起教育技巧时说，教育者与自己对象的每次接触，归根到底是为了激励对方的内心活动。在班集体生活中，班主任要特别注意运用好表扬的多层性、多面性的特点，让榜样的形象变得丰满，使每一次表扬都有效地"激励"每一个学生的"内心活动"，充分发挥表扬的强大功效。

班主任在对学生进行表扬时，既不能夸大，也不要缩小，必须实事求是，分寸适度，真实可信。班主任要做学生的贴心人，工作上的细心人，善于发现学生身上的细小进步，了解他们的长处和短处。学生表现出一点点进步的苗头，班主任就应该给予适时适度的表扬。表扬是一种非常好的教育方法，如果一时没有发现学生身上的闪光点，就要创造机会，让学生闪光。比如在课堂上提一个比较简单的学生能够回答的问题让学生回答，回答出来了，教师便及时给予表扬。另外，如果一时学生没有值得表扬的方面，可以用赞美的方式，鼓励他们的积极性、进取心等。要知道，赞美会在人心里引起积极的反应，并且可能产生积极的连锁反应，也许就因为你一句赞美的话，学生上课注意听讲了，发言积极了，作业认真了，这一切又形成了更多的闪光点，这些闪光点又成了班主任表扬的契机。所以说，一句表扬或赞美的作用是不

第四章 班级再造：班级管理智慧的生成

可低估的，也许就是因为一句赞美的话，激发了学生的学习动力和内在潜力，使其学习生活形成良性循环。

美国学者琼斯把有效表扬与无效表扬进行了对比分析，具有一定的借鉴价值。见表4-1。❶

表4-1 有效表扬的指导原则

有效的表扬	无效的表扬
1. 及时而具体	1. 随意而笼统
2. 指向具体的突出长处	2. 指向一般的积极行为
3. 体现出真诚性、多样性，针对的是值得注意的学生成就	3. 表现出乏味的划一性，针对的是不值得过分注意的条件反应
4. 对达到具体指标的（包括努力指标）成就才给予奖励	4. 只要参与就给予奖励，而不考虑参与过程和结果
5. 向学生提供其能力和成绩价值的信息	5. 不向学生提供任何信息或只提供有关其地位的信息
6. 引导学生赏识自己完成任务的行为并思索如何解决问题	6. 引导学生拿自己与其他学生比较并思考如何竞争
7. 拿学生过去的成绩作为解释现在成绩的依据	7. 将同学的成绩作为解释学生现在成绩的依据
8. 看重学生在完成艰巨任务时付出的努力或取得的成功	8. 不考虑学生付出的努力或成功的意义
9. 将成功归功于学生的努力和能力，暗示将来还会有类似的成功	9. 将成功仅仅归功于学生的能力或外在因素，如运气、任务简单等
10. 促进学生的内源归因观（学生认为自己努力完成学习任务是因为自己喜欢学习或想发展完成任务的技能）	10. 促使学生的外源观归因（学生认为自己努力学习是因为某些外在因素，如取悦教师，或赢得一场比赛或一个奖赏）
11. 使学生的注意力放在完成任务的行为上	11. 使学生的注意力全都放在教师身上，把教师看成是支配自己的外在权威人物

---

❶ 琼斯，等. 全面课堂管理：创建一个共同的班集体 [M]. 方彤，等，译. 北京：中国轻工业出版社，2002：93.

续表

有效的表扬	无效的表扬
12. 促使学生在完成任务后对完成任务的行为进行欣赏和合理的归因	12. 插在完成任务的过程之中，分散对完成任务行为的注意

上述有效表扬的指导原则在一定意义上确实有助于班主任教育行为的改进。我们知道，每个学生都有接受班主任表扬或赞美的愿望与期待，但作为班主任在运用表扬的教育手段时，应该做到以下"八忌"：一忌频繁无度；二忌不把握时机；三忌不因事、因人而异；四忌不分场合；五忌不公正、公平；六忌漫无目的；七忌无深度、广度；八忌假、大、空。

表扬是一种教育艺术，班主任在日常班级管理中做与不做，做得好与差，都将产生不同的甚至是本质上的区别。若班主任认真地做了，并且做的效果也非常好，其所带来的教育效果也是积极的、向上的、健康的，甚至可能会对学生生命价值的实现起到重要的作用。下面这个故事就是最好的例证。

有一个生长在孤儿院中的小男孩，常常悲观地问院长："像我这样没人要的孩子，活着究竟有什么意思呢？"

院长总是笑而不答。

有一天，院长交给小孩一块石头，说："明天早上，你拿这块石头到市场上去卖，但不是'真卖'，记住，无论别人出多少价钱，绝对不能卖。"

第二天，男孩拿着石头蹲在市场的角落，意外地发现有不少人好奇地对自己的石头感兴趣，而且价钱越出越高。回到院里，男孩兴奋地向院长汇报，院长笑笑，要他明天拿到黄金市场去卖。在黄金市场上，有人出比昨天高10倍的价钱来买这块石头。

最后，院长叫孩子把石头拿到珠宝市场上去展示，结果，石头的身价又涨了10倍，更由于男孩怎么都不卖，竟被传扬为"稀世珍宝"。

男孩兴冲冲地捧着石头回到孤儿院，把这一切告诉院长，并问为什么会是这样。

院长没有笑。望着孩子慢慢说道：

"生命的价值就像这块石头一样，在不同的环境下就会有不同的意义。一块不起眼的石头，由于你的珍惜、惜售而提升了它的价值，竟被传为稀世珍宝。你不就像这块石头一样？只要你自己看重自己，自我珍惜，生命就有意义，就有价值！"

可见，班主任在班级教育中应善于运用表扬的方式来实现对学生的教育，同时，学生在接受表扬的时候应更好地认识自己，也只有自己把自己当回事，自我的生命价值才可能在教育中得以实现。相反，如果我们班主任不善于运用表扬对学生进行教育和引导，并且在教育中力图批评、惩罚甚至是体罚，可能就会产生另外一种结果。就像下面这个寓言故事中的跳蚤变成爬蚤的情形一样。

有这样一个实验：科学家把跳蚤放在桌子上，跳蚤迅速跳起，跳的高度均在其身高的100倍以上，堪称世界上跳得最高的动物。后来，科学家在跳蚤的头上罩上一个玻璃罩，再让它跳，这一次跳蚤只能触到玻璃罩。连续多次后，跳蚤终于改变了起跳高度以适应环境，每次跳跃总保持在罩顶以下高度。接下来，逐渐改变玻璃罩的高度，跳蚤都在碰壁后主动改变自己的起跳高度，最后玻璃罩接近桌面，这时跳蚤已无法再跳了。科学家于是将玻璃罩打开，再拍桌子，跳蚤仍然不会跳，变成"爬蚤"了。

跳蚤变成"爬蚤"，并非它丧失了跳跃的能力，而是由于一次次的受挫学乖、习惯以致麻木了。最可悲的是，实际上玻璃罩已经不存在了，而它连再试一次的勇气都没有了。玻璃罩潜意识地罩在跳蚤的心灵上，行动的欲望和潜能被扼杀。这是多么可怕的事实啊！

八、学会"游戏"：打破对日常行为规则的迷信

俗话说，不以规矩，不成方圆。在社会生活中，这个规矩就是规则。一般认为，规则是一种可以从正当与否的角度来加以评价的有关人类行动的普遍的规范性命题，是一种由群体共同设定并超越个人意愿的行为规定。因此规则是带有价值判断，对群体行为具有约束力的，可以说，规则是人们社会

生活的重要组成部分，是保证人们社会生活正常进行的行为规范。那么，什么是规则呢？我们可以从下面 S 学校的学生日常行为规则中窥视一二。

S 学校学生日常行为基本规则

一、课堂常规

1. 预备铃响后应迅速回到教室坐好，将课本等学习用品放在课桌两半角，坐姿端正，保持安静。

2. 教师宣布上课，学生应全体起立，立正、站直，向教师问好。下课时，全体起立，向老师致意。

3. 上课应保持良好的坐姿，不要把头伏在桌上，不随便讲话，不做小动作，不做其他作业，不看与本节课无关的书刊、报纸。

4. 上课应仔细听讲，积极思考、积极发言；要求发言的学生，一律举右手，举高不超过头顶；回答问题时要起立，老师叫坐下再坐下；并按教师要求做好笔记。

5. 下课后值日生应立即擦干净黑板、整理教室，其余同学到室外休息或活动，上下楼靠右走，脚步要轻。

二、学习常规

1. 上学之前，对照课表备齐学习用品。

2. 努力做到"课前预习、课内专心、课后复习、独立作业"的十六字学习方法。

3. 按时、认真、独立完成作业。不抄袭、不漏题、不缺交，有差错必须订正或重做。作业格式符合老师要求。

4. 认真对待每一次测验与考试，及早复习。考时仔细审题，书写整洁，杜绝一切作弊行为。

5. 考后认真总结，及时订正，做到考后一百分。

三、校内常规

1. 按时到校，穿校服、戴校徽、少先队员佩戴红领巾或队徽，共青团员佩戴团徽。小干部戴好标志。

2. 在校见到老师主动问早问好，傍晚放学主动说再见。进入老师办公室要先打招呼，得到允许方可进入。

3. 课间与午休时间文明休息。不大声喧哗，不追逐吵闹，不乱扔杂物，

第四章 班级再造：班级管理智慧的生成

不损坏公物，未经许可不擅自离校。

4. 同学之间，团结友爱，不讲脏话、不骂人、不打架。不准约校外青年进校或在校门口等候。

5. 放学后按时离校回家。不滞留在校打球，玩耍。

四、卫生常规

1. 自觉维护校园内环境卫生。不乱抛纸屑杂物，不随地吐痰，不损坏花草树木。

2. 自觉保持教室及公共场地环境卫生，努力做到"六无"（地上无纸屑，墙上无印迹，室内无垃圾，桌内无杂物，窗沿无积灰，台面无涂画）。

3. 园内不准骑车。自行车整齐停放在指定地点。

4. 校内不能吃零食，点心与冷饮包装纸放在废物箱内，不准随地乱扔。认真做好值日生工作和卫生大扫除。平时见到地面纸屑杂物要随手捡起。

五、集体活动常规

1. 升旗仪式，早操，集队要努力做到快、静、齐。中间过程要保持安静。离场时队伍仍要排整齐，安静有序地退场。

2. 外出活动要严格遵守纪律，服从安排，听从指挥。不争先恐后，不大声喧哗。不乱扔杂物，遵守公共场所的规章制度。

3. 进入会场和公共场所，要保持安静。观看电影、演出、开会不中途离场，不随意走动，不买零食、冷饮，不带任何吃的东西进场，保持会场、场地干净、整洁。

4. 在校收听广播，收看影视，不讲话、不做无关的事、不看其他书报杂志、不做作业。

5. 要参加集体活动必须事先请假，不迟到，不早退，外出活动时要相互关心，确保安全。

我们看到，该校的这份学生行为规则对学生身体的权限进行了十分详细而全面的规定，学生在班级中受到较为严厉的规则控制。规则是什么？从词源上看，现代英语中的规则（rule）一词在中古英语中为"reule"，它来源于古法语，并可进一步追溯到拉丁文的"regula"和"regere"（它们分别是"直尺、标尺"和"指导、统治、管理"的意思)，后来"rule"有的引申为"规则、规章、规定、条例"等，同时也有依规章来"指导、统治、管理"

的意思。在哲学辞典中，规则往往被用来指称"行动或行为的指导"，并被分为游戏规则、形式系统中的规则、语言的规则、道德的规则和法律的规则等；另外，规则还表示一种经验的常规型（an empirical regularity）。

规则是对学生行为的指导与强制，规则把学生在校的一切行为进行编码，比如要求学生做操时要认真、有力，姿势正确，动作到位，符合节奏；又如，要求发言的学生，一律举右手，举高不超过头顶；回答问题时要起立，老师叫坐下再坐下；学生入场或退场时，要精神饱满，队伍整齐，步伐一致，体现班级风貌，弘扬团队合作向上的精神。通过行为的编码，进而控制整个弥散的"非法"活动领域。在这种背景下，教师不再是气势汹汹的鞭笞体罚的执行者，而是作为"教育警察"的形象出现，以一种相对温和的方式对学生进行着"谆谆教诲"。这样，"教育警察"不是从犯错的角度，而是从防止其重演的角度来计算一种惩罚。班主任老师有一个惩罚规则——"过一过二不过三"，也就是说第一、第二次都可以原谅，但是第三次还犯同样的错误，则要受到严厉的处罚。

这种规则还意味着一种不间断的、持续的强制，从学生入校门到离校，从上课到吃饭，规则几乎无所不包，将任何可能发生的事情都加以明文规定。规则监督着活动过程而不是结果，根据尽可能严密地划分时间、空间和活动的编码来进行的。这些方法使得教师有可能对学生的学习活动加以精心的控制，并强加给这些学生以一种驯顺服从的关系。由此，在班级场域中，规则变成了一般的支配方式。它的高雅性在于，它无须"体罚"这种昂贵而粗暴的关系就能获得很大的实际效果。各种各样或外显或内隐的规则规定了班主任如何控制学生的肉体，通过所选择的规训技术，不仅在"做什么"方面，而且在"怎么做"方面都要符合制度化教育的愿望。

当然，这些规则的存在，也是有其一定教育价值的，主要体现在两个方面，一是对学生本身的价值；二是对于学生之外的集体及教师的价值。首先，对学生本身来说，对学校规则的逐渐理解和遵守，可以促进其社会性的发展。在社会学的理解中，规则更多的是人类行为的一种规范，来源于人所生活的社会、群体，是人们共同生存的保证。学校规则更多的是社会规则的一种投射，甚至直接来源于社会规则，学生在学习、游戏、活动的过程中，为了组织参与学习、游戏或活动，为了维护其有序地进行，他们需要理解规则的含义，知道什么是游戏过程中可以做的，什么是不可以做的，同时不断提醒自

第四章 班级再造：班级管理智慧的生成

己遵守规则来顺应游戏的进行。因此，学生在遵守学校规则的同时，也学会了遵守社会的规则并增强其社会适应性。其次，对于集体活动来说，规则对于集体活动的维护是有重要价值的。一群有着较好规则意识的学生，更能适应集体的生活，保证集体生活的有序进行。而且，游戏过程也是传递生活规则的过程，教师会把学生需要遵守的规则贯穿在游戏活动过程中，不断提醒，不断重复遵守，从而养成班级发展的常规，教师就可以更便利有效地管理自己的班级，简言之就是可以"省心省事"。

不管是对于学生本身的价值，还是对于学生之外的集体及教师的价值，在研究者看来，更多地表现为游戏规则的外在价值，这个外在价值表明受游戏规则之外的主体对之的需要，也即更多地体现为除学生之外的教育者对之的需要。但是，如果过高地估计规则的外在价值，可能就会贬低其内在的价值，即一种满足学生的需要，为学生的自我发展服务的价值。因为就学生日常行为进步规则整体而言，它未必都是学生所真正需要的，也未必是符合他们身心发展特点的，但为了适应这些规则的需要，学生则不得不拖延、中断甚至是牺牲自己的需要、兴趣与愿望，不得不抑制自己的积极性、主动性及创造性，从而使自己失去了儿童所具有的"特性"，失去了主体性，进而使自己变成了"小大人"，这难道就是我们规则所要追求的价值所在吗？何以会出现如此现象呢？

第一，规则内容来源于成人社会。规则是具有"人为性的"，是人们根据经验及客观规律制定出来的，上述的学生日常行为规则实际上都是成人社会的一种智慧成果的体现，是社会在长期的发展过程中沉积下来的成人社会的规范对学生实施约束与控制的反映。"这些规则无不是在成人经验的基础上形成的准则，这些秩序也是成人习以为常的逻辑的反映，代表的是成人所认可的一类思维及行为的规范。"❶ 同属于人类社会，自然有许多规则是共同的，但是学生的世界毕竟与成人有区别，他们之所以"游戏"只是因为"游戏"本身吸引他们，在"游戏"中他们体验的是对世界的控制，可是成人过多的规则约定，让他们局限在规则之下根本无法自由发挥、想象，体验不到"游戏"带来的自由支配的欲望，更多的是他们无法理解却又无处不在的规定，这样的"游戏"学生怎么可能喜欢。

---

❶ 郑三元. 幼儿园班级制度化生活 [M]. 北京：北京师范大学出版社，2004：88.

第二，规则的目的不是为了学生。制定规则的过程是包含有价值导向的，不管是成人还是儿童，他们做出某种规定或者更改某些规定，不可避免带有自己的主观目的，而且也一定是为了达到一定的目的或目标来制定规则，即具有规则的功利性和功效性。就内部规则而言，比如游戏本身或游戏材料所包含的规则，教师规定的玩法及协商制定的规则，一般是游戏发展过程中自发形成的规则，它们一般是平等适用于客观游戏情境中所有人的，是普遍的正当行为规则，这些规则一般是独立于个人目的的，也就是说它是游戏进行的保障，是所有人的目的而非单个人的目的，因此所有人都要自觉维护这种规则。对外部规则来说，一般是教师或成人规定的游戏的附加规则，还有游戏者中比较强势的儿童进行的强制性的个人规定，这种规则反映的是某些人的意志，在哈耶克看来，"乃意指那种只适用于特定之人或服务于统治者的目的规则。尽管这种规则仍具有各种秩序的一般性，而且也指向各种各样特定事例，但是它们仍将在不知不觉中从一般意义上的规则转变为特定的命令。它们是运作一个组织或外部秩序所必要的工具。"[1] 因此，学生日常行为规则也就成为完善他人目的的一种手段和工具。而且残忍的是，对于儿童来说，他们喜欢游戏的心理恰恰为成人所利用，游戏不再是目的，更多的是工具，成为达到成人"方圆"的工具。

不管是游戏规则还是日常生活的规则，其之所以产生与存在，是因为人们需要，而规则满足了人们的需要。因此，人们制定规则、遵守规则是有一定先决条件的，这个条件是否就是学生所接受、遵守规则的条件呢？现在已经有敏感的教师发现，在以往的教学过程中，经常给学生灌输遵守规则的重要性及应该遵守什么规则，可是发现他们还是经常违反规则，纪律还是得不到维持。因此，真正的规则不是来自于上对下的规范，而是来自于学生自身的体验与感悟。

学生日常行为规则是为限制无度的自由而存在的，它主要的目的是保障每一个学生可以最大限度地获得学习生活的乐趣。因此，规则是学习者的规则，应该由学习者共同制定，尤其是活动的外部规则应该尽量减少，让学生以一种轻松的心态进行学习与"游戏"。

---

[1] 陈洪涛. 自由、秩序、规则——哈耶克法律观述要 [J]. 宁夏社会科学, 2005 (3): 10-15.

结　　语

　　《班级管理新思维》是一本适应素质教育基本价值诉求和基础教育课程改革发展需要的书，是一本为班主任提供班级教育管理新思想、新观念、新视角的书。本书以传统的班级控制向现代的班级共同体转变为线索，以鲜明的个案和带有批判性的语言阐述班级管理新思维的形成，班级管理新思维的形成也是造就有智慧班主任的过程。对班主任的发展、成长与完善将会具有一定的积极意义。

　　教育是什么？班级教育的发展目标又是什么呢？教育是给人的思想以自由天性启迪的活动。班级则是一个充满诗意生活的地方，是一个充满生命活力的地方，也是一个充满思想智慧的地方。而班级教育管理自然也就承担着实现这些使命的重任，班主任则更是实现这一重任的主要承担者。这也无疑会要求班主任要摒弃传统专制的教育思想和行为，为学生创造一个自由、和谐、充满智慧挑战的学习环境，使学生学会过一种自由的生活，过一种有意义的生活。

　　德国教育家博尔诺夫指出："教育者控制儿童发展方向也取决于教育者如何看待儿童。如果把儿童看作是诚实的、可靠的、助人为乐的……那么儿童的这些品质就会得到激发和增强。教育者的信赖可增强他所假定的儿童具有的那种出色能力。反之也完全一样：如果教育者把儿童视为好说谎的、懒惰的、阴险的……儿童就不会抵制这些行为，他们肯定说谎、偷懒、耍诡计，正如教育者所猜疑的那样。"《学习的革命》一书也告诉我们："如果一个孩子生活在批评之中，他就学会了谴责；如果一个孩子生活在敌意之中，他就学会了争斗；如果一个孩子生活在恐惧之中，他就学会了忧虑……如果一个孩子生活在鼓励之中，他就学会了自信；如果一个孩子生活在忍耐之中，他就学会了耐心；如果一个孩子生活在表扬之中，他就学会了感激……如果一个孩子生活在友爱之中，他就学会了这世界是生活的好地方；如果一个孩子生活在真诚之中，他就学会了头脑平静地生活。"可见，教育者的教育意向与教育者所创造的教育环境对受教育者的影响是非常深刻的，作为教育者的班主任有理由、也更有责任为学生创造适合学生自身身心发展的教育情境和氛围。

这就需要班主任要具有自由、民主、平等的教育观念，真正把学生当作学生而不是成人来进行教育和引导。学生毕竟拥有自己独立的人格、思维及生活习惯，如果一味地按照成人的思维视角去要求和规范学生，既会形成班主任的责任"无限"，也会造成学生责任的丧失。班主任要能够逐渐改变自我对学生认知的思维定式，改变自我的教育行为，改变自我不合适的教育角色，从而使自己在班级教育和管理中，以一种自由的精神、民主的姿态和平等的人格去面对班级一个个活生生的生命个体，以一个班级学生发展的精神关怀者、学习引导者、生活促进者及活动参与者的角色从事班级教育活动。进而改变过去班主任与学生之间不和谐、不民主、不平等的师生关系，建立一种既有利于班主任进行班级教育与管理，体现班主任的价值，也有利于实现学生主体性，发展学生自主精神的师生关系。所以，有智慧的班主任无疑需要改变自己以前不好的或者是不科学的班级管理思想，力求使自己成为班级管理的引导者、促进者和变革者，使自己成为真正意义上的智慧型的班主任。

本书在写作过程中，追求以下几种倾向。

其一是在写作思维上强调思维的批判性、探究性和原生性。强调思维的批判性主要是要求改变过去那种以一种句号的意识实现对很多问题的接纳与认同，而更应该以问号的形式实现对知识的理解与掌握，只有我们有了更多的批判意识，才可能在学习、生活及工作过程中产生更多的问题意识，也才可能更好地实现自己对问题的分析与解决。探究性是在批判性思维发展的基础上所进行的实践行为，要求我们能够对研究中的很多问题通过自己的思索而进行一定的实践探究，进而提升自我研究的水平与能力。原生性即体现为思维发展的原创性，不应该更多去模仿别人，而应更多地实现自己独立的思考，一味地模仿别人、沿着别人的思维去发展，将使自己永远生活在别人的"阴影"之下，达不到发展自我、超越自我的目的。

其二是在写作内容上强调内容的学术性、前沿性、思想性。内容的学术性主要是指所写的内容是建立在研究、分析与总结的基础之上的，学术性的

结　语

内容是实现对问题更深入思索与分析的重要保证。前沿性主要是在写作过程中，能够把当前关于班主任工作的最新研究成果纳入到研究的视野之中，以便于更好地适应知识发展与更新的要求。思想性主要是要求在叙事中，通过对案例、寓言、故事等内容的分析，力求提炼出思想性的知识要素，以实现思维的启发和思想的启迪。

其三是在叙事上强调叙事的启发性、思辨性和可接受性。主要是要求在对叙事材料选择的过程中，要能够体现材料的启发性和思辨性，这是实现思维发展的重要环节，如果叙事内容平淡无奇、波澜不惊，也就达不到叙事的目的。关于可接受性主要是针对班主任工作的实际而设计的，要尽可能让其保持对叙事内容的兴趣，这样会更有利于实现对班主任工作的启发与启示，也有助于实现对班主任自身思维的超越与改造。

本人带着一种如履薄冰的心情把这本书奉献给读者，唯恐书中有不成熟的思想、观点影响您的阅读。本书的写作过程是我个人思想不断发展、思维不断得到启迪、知识视野不断开阔的过程，更是使我研究能力得到提升的过程。期望本书的出版能够得到更多同行、专家及学者的批评指正。当然，本书若能对班主任工作及班主任自身的发展带来一点点的启迪，我心愿已足矣！

最后，本书的出版得到了知识产权出版社的大力支持，非常感谢贺小霞编辑为本书的出版编辑付出的心力与智慧！

徐金海

2017 年 3 月

参考书目

[1] 鲁洁. 教育社会学 [M]. 北京：人民教育出版社，1990.

[2] 陈桂生. 教育原理 [M]. 上海：华东师范大学出版社，2000.

[3] 冯建军. 生命与教育 [M]. 北京：教育科学出版社，2004.

[4] 吴志宏，冯大鸣，等. 新编教育管理学 [M]. 上海：华东师范大学出版社，2000.

[5] 吴志宏，等. 教育政策与教育法规 [M]. 上海：华东师范大学出版社，2003.

[6] 刘云杉. 学校生活社会学 [M]. 南京：南京师范大学出版社，2000.

[7] 张海鹏，等. 中国传统文化论纲 [M]. 合肥：安徽教育出版社，1996.

[8] 吴康宁. 教育社会学 [M]. 北京：人民教育出版社，1998.

[9] 马和民. 新编教育社会学 [M]. 上海：华东师范大学出版社，2002.

[10] 冯大鸣. 沟通与分享：中西教育管理领衔学者世纪汇谈 [M]. 上海：上海教育出版社，2002.

[11] 石中英. 教育哲学导论 [M]. 北京：北京师范大学出版社，2004.

[12] 孙孔懿. 教育失误论 [M]. 南京：江苏教育出版社，1997.

[13] 顾明远，孟繁华. 国际教育新理念 [M]. 海口：海南出版社，2003.

[14] 常健，等. 欧美哲学通史 [M]. 天津：南开大学出版社，2003.

[15] 李福华. 高等学校学生主体性研究 [M]. 合肥：安徽人民出版社，2004.

[16] 范国睿. 学校管理的理论与实务 [M]. 上海：华东师范大学出版社，2003.

[17] 陈孝彬. 教育管理学 [M]. 北京：北京师范大学出版社，1999.

[18] 赵祥麟，王承绪. 杜威教育论著选 [M]. 上海：华东师范大学出版社，1981.

[19] 康永久. 教育制度的生成与变革——新制度教育学论纲 [M]. 北京：教育科学出版社，2003.

[20] 滕守尧. 文化的边缘 [M]. 北京：作家出版社，1997.

[21] 胡东芳，等. 困惑及其超越——解读创新教育 [M]. 福州：福建教育出版社，2001.

[22] 金生鈜. 规训与教化 [M]. 北京：教育科学出版社，2004.

[23] 陈时见. 课堂管理论 [M]. 桂林：广西师范大学出版社，2002.

[24] 谭保斌. 班主任学 [M]. 长沙：湖南师范大学出版社，1998.

［25］范捷平．德国教育思想概论［M］．上海：上海译文出版社，2003．

［26］黄全愈．素质教育在美国——留美博士眼中的中美教育［M］．广州：广东教育出版社，1999．

［27］博尔诺夫．教育人类学［M］．李其龙，译．上海：华东师范大学出版社，1999．

［28］弗洛姆．爱的艺术［M］．萨如菲，译．北京：西苑出版社，2003．

［29］卢梭．社会契约论［M］．何兆武，译．北京：商务印书馆，2003．

［30］杜威．学校与社会·明日之学校［M］．赵祥麟，等，译．北京：人民教育出版社，1994．

［31］阿克顿．自由与权力［M］．侯健，等，译．北京：商务印书馆，2001．

［32］琼斯，等．全面课堂管理：创建一个共同的班集体［M］．方彤，等，译．北京：中国轻工业出版社，2002．

［33］弗洛姆．健全的社会［M］．孙恺祥，译．贵阳：贵州人民出版社，1994．

［34］罗素．权力论［M］．吴友三，译．北京：商务印书馆，1991．

［35］保罗·弗莱雷．被压迫者教育学［M］．顾建新，等，译．上海：华东师范大学出版社，2001．

［36］马丁·布伯．人与人［M］．张健，等，译．北京：作家出版社，1992．

［37］筑波大学教育学研究会．现代教育学基础［M］．钟启泉，译．上海：上海教育出版社，1986．

［38］麦克·F.D.扬．知识与控制：教育社会学新探［M］．谢维和，等，译．上海：华东师范大学出版社，2002．

［39］约翰·E.丘伯，等．政治、市场和学校［M］．蒋衡，等，译．北京：教育科学出版社，2003．

［40］福柯．规训与惩罚［M］．刘北成，等，译．北京：生活·读书·新知三联书店，2003．

［41］萨乔万尼．校长学：一种反思性实践观［M］．张虹，译．上海：上海教育出版社，2004．

［42］托尼·布什．当代西方教育管理模式［M］．强海燕，译．南京：南京师范大学出版社，1998．

［43］维迪努．从现在到2000年教育发展的全球展望［M］．马胜利，等，译．北京：教育科学出版社，1996．

［44］玛格丽特·米德．文化与承诺——一项有关代沟问题的研究［M］．周晓红，等，译．石家庄：河北人民出版社，1987．

[45] 菲利普·库姆斯. 世界教育危机 [M]. 赵宝恒, 等, 译. 北京: 人民教育出版社, 2000.

[46] 迈克·富兰. 变革的力量——透视教育改革 [M]. 中央教育科学研究所, 加拿大多伦多国际学院, 译. 北京: 教育科学出版社, 2000.

[47] 萨乔万尼. 道德领导: 抵及学校改善的核心 [M]. 冯大鸣, 译. 上海: 上海教育出版社, 2002.

[48] 国际 21 世纪教育委员会向联合国教科文组织提交的报告. 教育——财富蕴藏其中 [Z]. 联合国教科文组织总部中文科, 译. 北京: 教育科学出版社, 1996.

[49] 联合国教科文组织国际教育发展委员会. 学会生存——教育世界的今天和明天 [M]. 华东师范大学比较教育研究所, 译. 北京: 教育科学出版社, 1996.

[50] 卡尔·雅斯贝尔斯. 什么是教育 [M]. 邹进, 译. 北京: 生活·读书·新知三联书店, 1991.

[51] 里茨尔. 社会的麦当劳化 [M]. 顾建光, 译. 上海: 上海译文出版社, 1999.

[52] 林格伦. 课堂教育心理学 [M]. 章志光, 等, 译. 昆明: 云南人民出版社, 1983.

[53] 大卫·杰弗里·史密斯. 全球化与后现代教育学 [M]. 郭洋生, 译. 北京: 教育科学出版社, 2000.

[54] 苏霍姆林斯基. 帕甫雷什中学 [M]. 赵玮, 等, 译. 北京: 教育科学出版社, 1983.

[55] 内尔·诺丁斯. 学会关心——教育的另一种模式 [M]. 于天龙, 译. 北京: 教育科学出版社, 2003.

[56] 卢梭. 爱弥尔 (上卷) [M]. 李平沤, 译. 北京: 人民教育出版社, 1985.

[57] 纳希. 道德领域中的教育 [M]. 刘春琼, 等, 译. 哈尔滨: 黑龙江人民出版社, 2002.

[58] 阿普尔, 等. 教科书政治学 [M]. 侯定凯, 译. 上海: 华东师范大学出版社, 2005.

[59] 克里夫·贝克. 优化学校教育——一种价值的观点 [M]. 戚万学, 等, 译. 上海: 华东师范大学出版社, 2003.

[60] 克拉克. 学习型学校与学习型系统 [M]. 铁俊, 等, 译. 北京: 中国轻工业出版社, 2004.

[61] 彼得·圣吉. 第五项修炼——学习型组织的艺术与实务 [M]. 郭进隆, 译. 上海: 上海三联书店, 1998.